COLLECTION JULES VERNE

COLLECTION JULES VERNE
BAND 55

Zwei Jahre Ferien

Band 1

Pawlak Taschenbuch Verlag, Berlin, Herrsching

Nachdruck mit freundlicher Genehmigung des
Verlages A. Hartleben, Inh. Dr. Walter Rob, Wien I.
Die Vorlagen für die Umschlagillustrationen der
Collection Jules Verne sind Jules Verne Bänden,
erschienen im A. Hartleben's Verlag, Wien, entnommen.
Umschlaggestaltung: Bine Cordes, Weyarn
Die Orthographie wurde der heutigen Schreibweise angeglichen.

Gesamtherstellung: Elsnerdruck GmbH, Berlin
Printed in Germany
ISBN: 3-8224-1055-1

COLLECTION JULES VERNE
BAND 55

Zwei Jahre Ferien

Band 1

Pawlak Taschenbuch Verlag, Berlin, Herrsching

Nachdruck mit freundlicher Genehmigung des
Verlages A. Hartleben, Inh. Dr. Walter Rob, Wien I.
Die Vorlagen für die Umschlagillustrationen der
Collection Jules Verne sind Jules Verne Bänden,
erschienen im A. Hartleben's Verlag, Wien, entnommen.
Umschlaggestaltung: Bine Cordes, Weyarn
Die Orthographie wurde der heutigen Schreibweise angeglichen.

Gesamtherstellung: Elsnerdruck GmbH, Berlin
Printed in Germany
ISBN: 3-8224-1055-1

Inhalt

Erstes Kapitel

Der Sturm. – Ein verirrter Schoner. – Vier Knaben auf dem Verdeck des »Sloughi«. – Das Focksegel in Stücken. – Im Innern der Yacht. – Der halberstickte Schiffsjunge. – Land in Sicht durch den Morgennebel. – Die Klippenbank.

In der Nacht des 9. März 1860 beschränkten die mit dem Meere fast zusammenfließenden Wolken die Sehweite bis auf wenige Fadenlängen.

Auf dem empörten Wasser, dessen Wogen, fahle Lichter werfend, einherstürmten, flog ein leichtes Fahrzeug fast segellos dahin.

Es war eine Yacht von hundert Tonnen – ein Schoner, mit welchem Namen man in England und Amerika solche Goeletten bezeichnet.

Dieser Schoner führte den Namen »Sloughi«; doch vergebens hätte man denselben am Achter des Fahrzeugs zu lesen gesucht, da die betreffende Tafelplanke durch irgendeinen Zufall – durch Anprall der Wogen oder Kollision – unter der Reling zum größten Teil abgesprengt war.

Es war jetzt um elf Uhr nachts. Unter den Breiten, wo sich das Schiff befand, sind die Nächte zu Anfang des März noch kurz. Das erste Tagesgrauen war etwa gegen fünf Uhr morgens zu erwarten. Doch verminderten sich damit, daß die Sonne den Weltraum erleuchtete, die Gefahren, welche den »Sloughi« bedrohten? Blieb das gebrechliche Fahrzeug nicht noch immer der Gnade der ungeheuren Wogen anheimgegeben? Unzweifelhaft; nur die Besänftigung der hohlen See, das Abflauen des wütenden Sturmes konnte dasselbe vor dem entsetzlichsten Schiffbruch bewahren, vor dem auf offenem Meere, fern von jedem Land, auf dem die Überlebenden vielleicht hätten Rettung finden können.

Auf dem Hinterteil des »Sloughi« standen drei Knaben, der eine im Alter von vierzehn, die beiden andern in dem von dreizehn Jahren, und außerdem ein zwölfjähriger Schiffsjunge von Negereltern, am Steuerrad. Hier vereinigten sie ihre Kräfte, um den seitwärts anstürmenden Wellen, welche die Yacht querzulegen drohten, Widerstand zu leisten. Es war ein hartes Stück Arbeit, denn das trotz ihres Entgegenstemmens sich drehende Rad schien sie jeden Augenblick über die Schanzkleidung schleudern zu können. Kurz vor Mitternacht brach auch einmal eine solche Wassermasse über die Seite der Yacht herein, daß es ein Wunder zu nennen war, als das Steuer derselben noch glücklich standhielt.

Die Knaben wurden zwar von dem Stoße umgeworfen, konnten sich aber sofort wieder erheben.

»Gehorcht es noch dem Steuer, Briant?« fragte einer derselben.

»Ja, Gordon«, antwortete Briant, der seinen Platz schon wieder eingenommen und offenbar die gewohnte Kaltblütigkeit bewahrt hatte.

Darauf wandte er sich an den Dritten.

»Festhalten, Doniphan«, rief er, »und auf keinen Fall den Mut verlieren ...! Es gilt, außer uns auch noch andere zu retten!«

Diese Worte wurden englisch gesprochen, doch verriet der Tonfall bei Briant die französische Abkunft.

Dieser kehrte sich nachher nach dem Schiffsjungen um.

»Du bist doch nicht verletzt, Moko?«

»Nein, Herr Briant«, erklärte der Gefragte. »Doch lassen Sie uns darauf achten, die Yacht gerade gegen die Wellen zu halten, sonst laufen wir Gefahr, versenkt zu werden!«

Eben wurde die Kappentür der nach dem Salon des Schoners hinabführenden Treppe heftig geöffnet.

»Briant ...!. Briant!« rief ein Kind von neun Jahren. »Was ist denn geschehen?«

»Nichts, Iverson, gar nichts«, erwiderte Briant. »Geh mit Dole wieder hinunter, aber recht schnell!«

»Ach, wir fürchten uns so sehr!« ließ sich das zweite, noch etwas jüngere Kind vernehmen.

»Und die anderen?« fragte Doniphan.

»Die anderen auch!« versicherte Dole.

»Nun geht nur alle hinunter«, ermahnte Briant. »Schließt euch fest ein, sucht eure Lagerstätten auf und macht die Augen zu, dann werdet ihr keine Furcht mehr spüren. Gefahr ist nicht vorhanden.«

»Achtung . . .! Wieder eine große Welle!« rief Moko.

Ein gewaltiger Anprall erschütterte das Hinterteil der Yacht. Diesmal schlug die See glücklicherweise nicht über, denn wenn das Wasser in größerer Menge durch die Treppentür gedrungen wäre, hätte sich die noch weiter belastete Yacht bei dem starken Seegang schwerlich wieder aufrichten können.

»Macht doch, daß ihr hineinkommt!« rief Gordon. »Hinunter, oder ihr bekommt's mit mir zu tun!«

»Geht, geht hinunter, ihr Kleinen!« setzte Briant in freundlicherem Ton hinzu.

Die beiden Köpfe verschwanden gerade in dem Augenblick, wo ein anderer am Treppenausgang erscheinender Knabe fragte:

»Du bedarfst unser nicht, Briant?«

»Nein, Baxter«, antwortete dieser. »Du magst mit Croß, Webb, Service und Wilcox bei den Kleinen bleiben. Wir vier sind uns genug.«

Baxter schloß wieder sorgfältig die Tür.

»Die anderen fürchteten sich auch!« hatte Dole gesagt.

Aber befanden sich denn ausschließlich Kinder auf diesem vom Orkan verschlagenen Schoner? – Ja, nichts als Kinder. – Und wie viele waren es? – Fünfzehn, unter Einrechnung Gordons, Briants, Doniphans und des Schiffsjungen. – Durch welche Zufälligkeiten diese allein mit ihrem Schiff abgesegelt waren, werden wir später erfahren.

Und auf der Yacht befand sich kein erwachsener Mann? Kein Kapitän, um diese zu führen? Kein Seemann zur Bedienung des Segelwerkes und der Takelage? Kein Steuermann, um bei diesem Sturm das Steuer zu handhaben? – Nein, kein einziger!

Ebenso hätte keine lebende Seele an Bord genau angeben können, an welchem Ort auf dem Ozean der »Sloughi« sich befinde . . . Weler Ozean war es überhaupt . . .? Der ausgedehnteste von allen, das Stille Weltmeer, das sich über 140 Längengrade von der Landmasse Australiens und den Küsten Neuseelands bis zur Küste von Südamerika erstreckt.

Was mochte hier vorgegangen sein? War die Besatzung des Schoners durch einen Unfall verungückt? Hatten malaiische Seeräuber sie entführt und an Bord die jungen Passagiere, deren ältester kaum vierzehn Jahre zählte, ihrem Schicksal überlassen? Eine Yacht von hundert Tonnen erfordert mindestens einen Kapitän, einen Obersteuermann und fünf bis sechs Leute, und von diesem zur Führung des Schiffes unentbehrlichen Personal war ein Schiffsjunge allein übrig . . .! Woher endlich kam dieser Schoner, aus welchem australischen Gebiet oder welchem ozeanischen Archipel? – Und wohin war er bestimmt? Auf diese Fragen, welche jeder Schiffer gestellt hätte, wenn ihm der »Sloughi« in diesen einsamen Meeresteilen begegnet wäre, würden die Kinder wohl haben Antwort geben können; es war jedoch weder ein Segel in Sicht noch einer jener transatlantischen Dampfer, deren Reiserouten sich auf den Meeren Ozeaniens kreuzen; ebensowenig eines der unter Segel oder Dampf laufenden Kauffahrteischiffe, welche Europa, wie Amerika, zu Hunderten nach den Häfen des Großen Ozeans entsendet. Doch hätte auch eines jener mächtigen Fahrzeuge, durch seine Dampfmaschine oder seine große Besegelung gegen den Sturm ankämpfend, sich in dieser Gegend gezeigt, so würde es doch nicht in der Lage gewesen sein, der von der rollenden See gleich einem Spielball umhergeworfenen Yacht Hilfe zu leisten.

Inzwischen wachten Briant und seine Gefährten so gut sie konnten darüber, daß der Schoner nicht nach der einen oder der anderen Seite abgedrängt wurde.

»Was tun wir nun . . .?« fragte da Doniphan.

»Alles, was uns mit Gottes Hilfe möglich sein wird, uns zu retten«, antwortete Briant.

In der Tat verdoppelte der Sturm jetzt scine Gewalt. Der Wind wehte »fuderweise«, wie die (französischen) Seeleute zu sagen pflegen, und wiederholt schien es, als müsse der »Sloughi« bei dem schauerlichen Unwetter in Trümmer gehen. Seit achtundvierzig Stunden redelos, der Großmast vier Fuß über den Deckbalken abgebrochen, hatte man kein Schönfahrsegel hissen können, um das Schiff sicherer zu regieren. Der nur seiner Obcrbramstange beraubte Fockmast stand zwar vorläufig noch fest, doch war jede Minute zu befürchten, daß er, wenn die Wanten (Schiffsleitern) desselben rissen, sich auf das Deck herabsenken würde. Vorn flatterten und klatschten die Fetzen des kleinen Klüversegels so laut wie der Knall einer Feuerwaffe. Als einziges Segelwerk war nur das Focksegel übrig, welches aber ebenfalls zu zerreißen drohte, da die Knaben nicht Kraft genug hatten, durch ein eingezogenes Reff seine Oberfläche zu verkleinern. Kam es auch noch dazu, so konnte der Schoner nicht mehr im Strich des Windes gehalten werden; die Wogen rollten dann von der Seite her über ihn herein, brachten ihn zum Kentern und zum Sinken, und damit verschwanden seine Passagiere im schauerlichen Abgrund.

Und bisher war nach der offenen See zu keine Insel entdeckt worden, keine Linie festen Landes im Osten aufgetaucht! Sich mit einem Schiff auf den Strand zu setzen, ist ein entsetzliches Rettungsmittel, und doch würden diese Kinder es weniger gefürchtet haben als das Wüten des grenzenlosen Meeres. Jedes beliebige Ufer hätten sie trotz etwaiger Untiefen, Klippen, trotz des darauf stürmenden Wogenschwalles und der Brandung, welche unaufhörlich gegen die Felsmauern donnert, als winkende Rettung begrüßt, als festes Land unter den Füßen anstelle des Ozeans, der sie jeden Augenblick zu verschlingen drohte.

Auch nach einem Lichte, auf das sie hätten zusteuern können, spähten sie vergebens . . .

Kein freundlicher Schein durchdrang das tiefe Dunkel der Nacht.

»Der Fockmast ist gebrochen!« rief Doniphan.

»Nein; nur das Segeltuch hat sich von den Saumtauen losgerissen«, erklärte der Schiffsjunge.

»Wir müssen uns desselben entledigen«, meinte Briant. »Gordon, bleib du mit Doniphan am Rad, und du, Moko, hilfst mir!«

Wenn Moko als Schiffsjunge einige nautische Kenntnisse besitzen mußte, so gingen diese auch Briant nicht vollständig ab. Da er auf seiner Fahrt von Europa nach Ozeanien den Atlantischen und den Stillen Ozean durchschifft, hatte er sich mit der Führung eines Schiffes einigermaßen vertraut gemacht. Das erklärt es, weshalb die anderen Knaben, welche davon gar nichts verstanden, Moko und ihm die Sorge, den Schoner zu führen, hatten überlassen müssen.

In einem Augenblick waren Briant und der Schiffsjunge unerschrocken nach dem Vorderteil der Yacht geeilt. Um deren Drehung zu verhüten, mußten sie dieselbe von dem Focksegel befreien, dessen unterer Teil eine Art Tasche bildete und durch Abfangen des Windes den Schoner so bedenklich nach seitwärts neigte, daß dieser fast die Wellenkämme berührte. Kam es aber erst soweit, so konnte dieser sich nicht wieder aufrichten, wenn nicht der Fockmast nach Sprengung seiner metallenen Puttings gekappt wurde; wie hätten Kinder das indes ausführen können?

Unter diesen schwierigen Umständen bewiesen Briant und Moko eine wirklich erstaunliche Geschicklichkeit. In der Absicht, an Leinwand so viel wie möglich zu behalten, um den »Sloughi« während der Dauer des Sturmes vor dem Winde zu erhalten, bemühten sie sich – und zwar mit Erfolg – das Hißtau der Rah zu lösen, welche sich nun bis auf vier bis fünf Fuß über dem Deck herabsenkte. Nach Lostrennung einzelner Fetzen des Focksegels mittels Messer, wurden dessen untere Ecken durch einige Hilfsbrassen an den Pflöcken der Schanzkleidung befestigt, wobei die zwei mutigen Knaben freilich zwanzigmal in Gefahr kamen, von Sturzseen weggespült zu werden.

Unter dieser bis aufs äußerste verminderten Segelfläche konnte dem Schoner wenigstens die Richtung gesichert werden, die er jetzt schon lange Zeit einhielt. Schon der Druck des Windes an seinem Rumpf allein genügte übrigens, ihn mit der Schnelligkeit eines Torpedobootes dahinzujagen. Das war von Wichtigkeit, weil es darauf ankam, schneller als die nachrollenden Wogen fortzutreiben, um von zu schweren Sturzseen über Backbord frei zu bleiben.

Nach Durchführung ihrer Aufgabe kehrten Briant und Moko wieder zu Gordon und Doniphan zurück, um diese beim Steuern zu unterstützen.

Eben jetzt öffnete sich die Tür der Treppenkappe zum zweiten Mal. Ein Kind steckte den Kopf heraus. Es war Jacques, der um drei Jahre jüngere Bruder Briants.

»Was willst du, Jacques?« fragte ihn sein Bruder.

»Komm! Komm schnell!« erwiderte Jacques. »Im Salon steht Wasser!«

»Ist das möglich?« rief Briant erschreckt.

Eilenden Schrittes lief er nach der Kappe und sprang die Trppe hinunter.

Den Salon erleuchtete nur ganz notdürftig eine Hängelampe, welche bei dem Stampfen des Schiffes heftig schwankte. Beim Schein derselben erblickte man etwa zehn Kinder auf den Polsterbänken oder den Lagerstätten des »Sloughi«. Die kleinsten derselben – und es waren solche von acht bis neun Jahren darunter – hatten sich in ihrer Todesangst dicht aneinandergedrängt.

»Es ist keine Gefahr vorhanden!« rief ihnen Briant, der sie zunächst beruhigen wollte, zu. »Wir sind ja da! Fürchtet euch nicht!«

Darauf mit einer Signallaterne den Fußboden des Salons ableuchtend, mußte er sich überzeugen, daß eine gewisse Menge Wasser in der Yacht von einem Bord zum anderen hin und wieder flutete.

Jetzt galt es festzustellen, woher dieses Wasser kam und ob es wohl gar durch einen Sprung in der Seitenwand eingedrungen war.

Vor dem Salon befand sich das große Zimmer und weiterhin der Speisesaal, dann die Wohnung und darüber das Wachhaus der Mannschaft.

Briant durchsuchte alle diese Räumlichkeiten und erkannte, daß das Wasser weder ober- noch unterhalb der Schwimmlinie eingedrungen sein könne. Dasselbe war vielmehr nur durch das Aufbäumen des Vorderstevens hierhergeschleudert worden und rührte von Spritzseen her, welche, über das Vorderteil schlagend, teilweise durch die zur Mannschaftswohnung führende Treppenkappe Eingang nach dem Innern gefunden hatten. Von dieser Seite drohte also keine eigentliche Gefahr.

Briant beruhigte seine Leidensgefährten, als er wieder durch den Salon kam, und nahm auch selbst mit größter Zuversicht seinen Platz am Steuerrad wieder ein. Der sehr solide gebaute und erst unlängst frisch gekupferte Schoner zog kein Wasser und versprach auch dem Anprall der Wogen Widerstand zu leisten.

Es war jetzt ein Uhr nachts, und während schwere Wolken die Dunkelheit noch verschlimmerten, entfesselte sich der Orkan zur schlimmsten Wut. Die Yacht flog dahin, als wäre sie völlig in Wasser eingetaucht. Scharf drang dann und wann der Schrei eines Sturmvogels durch die Luft. Von deren Erscheinen konnte man jedoch keineswegs auf die Nähe eines Landes schließen, denn man begegnet denselben oft mehrere hundert Seemeilen von der nächsten Küste. Übrigens außerstande, gegen den Sturm aufzukommen, folgten die Vögel diesem vielmehr ebenso wie der Schoner, dessen Schnelligkeit keine menschliche Kraft zu hemmen vermocht hätte.

Eine Stunde später hörte man an Bord wieder etwas zerreißen. Der Rest des Focksegels war in Stücke gegangen und die Leinwandfetzen flatterten gleich riesigen Möwen durch die Luft.

»Nun haben wir kein Segel mehr«, rief Doniphan,

»und ein anderes zu setzen ist ganz unmöglich.«

»Tut nichts!« antwortete Briant. »Verlaß dich darauf, daß wir doch noch ebenso schnell vorwärts kommen.«

»Eine schöne Antwort!« erwiderte Doniphan. »Wenn das deine Art und Weise zu manövrieren ist . . .«

»Achtung auf die Wellen von rückwärts!« unterbrach ihn Moko. »Festgehalten oder wir werden weggeschwemmt . . .«

Er hatte den Satz kaum beendet, als mehrere Tonnen Wasser über das Backbord hereinstürzten. Briant, Doniphan und Gordon wurden gegen die Treppenkappe geschleudert, wo sie sich zum Glück noch anklammern konnten. Der Schiffsjunge dagegen war verschwunden mit der Wassermasse, welche sich in brodelndem Schwall von hinten nach vorne über den »Sloughi« ergoß und dabei einen Teil des Mastwerkes, die beiden Boote und die Jolle – obwohl diese ganz hereingeholt waren – sowie mehrere Schiffsbalken und das Kompaßhäuschen mit fortriß. Da jedoch gleichzeitig die Schanzkleidung streckenweise zerstört war, konnte das Wasser schnell wieder abfließen, was die Yacht vor dem Untergange durch diese ungeheure Überlastung bewahrte.

»Moko . . .! Moko!« rief Briant, sobald er wieder ein Wort sprechen konnte.

»Ist er etwa ins Meer geschleudert worden?« fragte Doniphan.

»Nein; doch man sieht und hört nichts von ihm«, erklärte Gordon, der sich über die Reling hinausgebeugt hatte.

»Wir müssen ihn retten – ihm eine Rettungsboje oder Stricke zuwerfen!« antwortete Briant.

Und mit lauter Stimme, welche während einiger ruhigerer Sekunden kräftig widerhallte, rief er noch einmal:

»Moko . . .! Moko.«

»Hierher . . .! Zu Hilfe!« erklang die Antwort des kleinen Negers.

»Er liegt nicht im Meer«, sagte Gordon. »Seine Stimme kommt vom Vorderteil des Schoners her.«

»Ich werde ihn retten!« rief Briant.

Sofort tastete er sich über das Deck hin unter steter Vorsicht, den Blöcken und Rollen auszuweichen, welche lose an den herabgelassenen Rahen hingen, und sich festklammernd, um bei den Bewegungen des Schiffes auf dem schlüpfrigen Verdeck nicht umgeworfen zu werden.

Noch einmal hörte er die Stimme des Jungen, dann war alles still.

Mit größter Anstrengung war es Briant gelungen, die Treppenkappe des Volkslogis zu erreichen.

Er rief laut ...

Keine Antwort.

War Moko etwa durch eine neue heftige Schiffsbewegung über Bord geschleudert worden, nachdem er den letzten Schrei ausgestoßen? In diesem Fall mußte der unglückliche Bursche schon weit von ihnen, weit hinter dem Winde treiben, denn die Wellenbewegung konnte ihn nicht mit gleicher Schnelligkeit wie der Sturm den Schoner mit fortgetragen haben; dann war er verloren ...

Nein; eben drang wieder ein schwacher Hilferuf bis zu Briant, der nach dem Gangspill eilte, in dessen Fuß das Ende des Bugspriets eingelassen war. Hier fand er einen sich umherwindenden Körper. –

Der Schiffsjunge war es, halb eingeklemmt zwischen die an der Spitze zusammenlaufende Schanzkleidung. Ein Hißtau, das er mit aller Kaft von sich abzudrängen suchte, schnürte ihm den Hals zu. Erst zurückgehalten durch dieses Hißtau, als die gewaltige Woge ihn wegspülte, war er jetzt nahe daran, durch dasselbe erwürgt zu werden.

Briant riß sein Messer heraus, und nicht ohne Mühe gelang es ihm, das Hanftau, welches den Schiffsjungen festhielt, zu durchschneiden.

Moko wurde nach dem Hinterteil zurückgeführt.

»Danke, Herr Briant, danke!« sagte er, sobald er die Sprache wiedererlangt hatte.

Dann nahm er seinen Platz am Steuerrad wieder ein,

und alle vier banden sich fest, um gegen die Wasserberge, welche sich hinter dem »Sloughi« auftürmten, gesichert zu sein.

Entgegen der Annahme Briants hatte sich die Geschwindigkeit der Yacht doch etwas vermindert, seitdem vom Focksegel gar nichts mehr übrig war – und darin lag eine neue Gefahr. Die jetzt schneller als jene laufenden Wellenberge konnten über das Hinterteil hereinbrechen und sie mit Wasser anfüllen. Doch war dagegen nichts zu tun und jedenfalls an das Aufhissen eines Segels gar nicht zu denken.

Auf der südlichen Halbkugel der Erde entspricht der März dem Monat September auf der nördlichen, und die Nächte sind noch nicht zu lang. Da es jetzt um die vierte Morgenstunde war, konnte es nicht mehr lange währen, bis der Horizont im Osten, also in der Richtung, nach der der »Sloughi« getrieben wurde, sich aufhellen mußte. Vielleicht nahm die Gewalt des Sturmes mit anbrechendem Tage etwas ab. Vielleicht kam auch ein Land in Sicht und das Los dieser Kindergesellschaft entschied sich binnen wenigen Minuten. Wir werden das erfahren, wenn das Morgenrot erst die Tiefen des Himmels färbt.

Gegen viereinhalb Uhr glitt ein schwacher Lichtschein bis zum Zenit empor. Unglücklicherweise beschränkte der Dunst in der Luft den Gesichtskreis auf kaum eine Viertelmeile. Man fühlte es fast, daß die Wolken mit ungeheurer Schnelligkeit dahineilten. Der Orkan hatte nichts an Kraft verloren, und weit hinaus verschwand das Meer unter dem Schaum der sich überstürzenden Wogenkämme. Kam der Schoner in horizontale Lage mit diesen, so wäre er, der jetzt einmal auf dem Scheitel einer Welle tanzte und dann in das Tal derselben hinuntergestürzt wurde, wohl zwanzigmal gekentert.

Die vier Knaben betrachteten unverwandt das Chaos der durcheinander wirbelnden Fluten. Sie ahnten wohl, daß ihre Lage, wenn das Meer sich nicht bald beruhigte, eine verzweifelte werden mußte. Nimmermehr hätte der »Sloughi« noch weitere vierundzwanzig Stunden dem

Anprall der Wogen, welche zuletzt doch die Treppenkappen wegreißen mußten, Widerstand leisten können.

Da ertönte aufs neue Mokos Stimme:

»Land!« rief er jubelnd. »Land!«

Durch einen Nebelspalt glaubte der Schiffsjunge vor ihnen im Osten die Umrisse einer Küste erkannt zu haben. Täuschte er sich nicht? Es ist oft gar so schwer, die schwachen Linien eines Landes zu unterscheiden, wenn von fern gesehen die Wolkenschichten unmittelbar darauf lagern.

»Ein Land.« ... hatte Briant geantwortet.

»Ja«, versicherte Moko, »... ein Land ... dort im Osten!«

Er wies dabei nach einem Punkt am Horizont, den jetzt schon wieder wallende Nebelmassen verhüllten.

»Bist du deiner Sache sicher ...?« fragte Doniphan.

»Ja ...! Ja ...! Ganz sicher«, behauptete der kleine Neger. »Wenn der Nebel wieder einmal zerreißt, so seht nur scharf dorthin, etwas nach rechts vom Fockmast ... da ... Achtung ... da unten ...!«

Die sich eben öffnenden Nebelmassen lösten sich allmählich von der Meeresfläche, um nach höheren Zonen aufzusteigen. Einige Augenblicke später war der Ozean auf die Strecke von mehreren Seemeilen vor der Yacht klar zu übersehen.

»Ja ... Land! ... Das ist Land ...!« rief Briant.

»Und ein sehr niedriges Land!« setzte Gordon hinzu, der die gemeldete Küste schärfer ins Auge gefaßt hatte.

Jetzt konnte kein Zweifel mehr aufkommen. Auf einer breiten Strecke des Horizontes zeichnete sich Land, ein Kontinent oder eine Insel, in deutlicher Linie ab. Dasselbe mochte fünf bis sechs Seemeilen von hier entfernt sein. Bei der Richtung, der er folgte und aus der abzuweichen der Sturm ihm gar nicht erlaubte, mußte der »Sloughi« binnen einer Stunde unbedingt auf dasselbe geworfen werden. Dabei war freilich zu befürchten, daß er zertrümmert wurde, vorzüglich wenn ihn Klippen aufhielten, bevor er den eigentlichen Strand erreichte.

Hieran dachten die Knaben jedoch gar nicht. In dem Lande, welches so unerwartet sich ihren Blicken darbot, sahen sie nur das Heil, die winkende Rettung.

In diesem Augenblick begann der Wind wieder stärker zu wehen. Wie eine Feder davongetragen, stürmte der »Sloughi« auf die Küste zu, welche sich scharf wie ein Tintenstrich vom weißlichen Grund des Himmels abhob. Hinter dem Strand erhob sich nämlich ein höheres Uferland, das aber nicht mehr als hundertfünfzig bis zweihundert Fuß aufsteigen mochte. Vor ihm dehnte sich ein gelblicher Strand aus, zur Rechten eingerahmt von abgerundeten Massen, welche einen Wald im Innern anzugehören schienen.

Oh, wenn der »Sloughi« dieses sandige Vorland erreichen konnte, ohne auf eine Klippenreihe zu stoßen, wenn die Mündung eines Flusses ihm Zuflucht bot – dann, ja dann konnten seine jungen Passagiere noch heil und gesund davonkommen!

Während Doniphan, Gordon und Moko am Steuer blieben, hatte Briant sich nach dem Vorderdeck begeben und betrachtete das sich sichtlich nähernde Land; so schnell schossen sie dahin. Vergebens suchte er aber eine Stelle, wo die Yacht hätte unter günstigen Bedingungen anlaufen können. Hier zeigte sich weder die Mündung eines Flusses oder Baches, noch selbst ein flach ins Meer abfallender sandiger Strand, auf dem man mit einem Stoße festfahren konnte. Vor dem Strand hin nämlich streckte sich eine Reihe von Klippen, deren schwärzliche Häupter bei den auf und ab schwankenden Wogen auftauchten und wieder verschwanden und an welchen das Wasser fortwährend schäumend brandete. Hier mußte der »Sloughi« beim ersten Stoß in Stücke gehen.

Briant sagte sich da, daß es besser sei, im Augenblick der Strandung alle seine Kameraden auf dem Deck zu haben. Er öffnete also die Tür der Kappe und rief hinunter:

»Alle, alle herauf!«

Sofort kam ein Hund herausgesprungen und ihm

folgten zehn Kinder, die sich nach dem Hinterteil der Yacht drängten. Die kleinsten stießen beim Anblick der bergehohen Wellen ein entsetzliches Angstgeschrei aus.

Kurz vor sechs Uhr morgens war der »Sloughi« bis an den Rand des Klippengürtels herangekommen.

»Jetzt festhalten!« rief Briant. »Tüchtig festhalten!«

Die Kleider halb abgelegt, hielt er sich bereit, denen zu Hilfe zu springen, welche der Wogenschlag etwa fortriß, denn sicherlich wurde die Yacht über die Klippen hin gewälzt.

Da machte sich ein erster Stoß fühlbar. Der »Sloughi« stampfte mit seinem Hinterteil auf einen Felsen, aber trotz der gewaltigen Erschütterung des ganzen Schiffsrumpfes drang doch kein Wasser durch dessen Plankenwand.

Von einer zweiten Welle gehoben, wurde er gegen fünfzig Fuß weiter getragen, diesmal ohne die Klippen zu streifen, welche an unzähligen Stellen emporstarrten. Endlich blieb er, nach Backbord geneigt, inmitten der kochenden Brandung liegen.

Wenn auch nicht im offenen Meer, so befand er sich doch noch eine Viertelmeile vom Strand entfernt.

Zweites Kapitel

In der Brandung. – Briant und Doniphan. – Die Küste. – Vorbereitungen zur Rettung. – Das umstrittene Boot. – Von der Höhe des Fockmastes. – Ein mutiges Unternehmen Briants. – Eine Folge der Springflut.

Die von der Nebelwand befreite Atmosphäre gestattete jetzt einen weiten Ausblick rings um den Schoner. Die Wolken flogen noch immer mit rasender Schnelligkeit am Himmel hin, der Sturm hatte noch immer nicht ausgewütet. Vielleicht peitschte er dieses unbekannte Gebiet des Stillen Ozeans aber doch nur mit seinen letzten Ausläufern.

Das war mindestens höchst wünschenswert, denn die Lage des »Sloughi« war jetzt nicht minder beängstigend als in der Nacht, wo er gegen das empörte Meer ankämpfte. Eines sich an das andere schmiegend, mußten diese Kinder sich verloren glauben, wenn eine Woge über die Schanzkleidung schlug und sie alle mit Schaum bedeckte. Die Stöße waren jetzt desto härter, da der Schoner denselben nicht frei nachgeben konnte. Jedenfalls erzitterte er bei jedem Anprall bis in alle Rippen und doch schien es nicht, als ob seine Wand geborsten wäre, weder als er den Rand der Klippen streifte, noch als er sich zwischen den Köpfen der Klippen sozusagen festkeilte. Briant und Gordon, die nach den unteren Räumen gegangen waren, überzeugten sich wenigstens, daß noch kein Wasser in den Rumpf eindrang.

Sie beruhigten in dieser Hinsicht nach Möglichkeit ihre Kameraden, vorzüglich die kleinsten derselben.

»Habt nur keine Angst ...!« wiederholte Briant immer wieder. »Die Yacht ist fest gebaut ...! Der Strand ist nicht mehr fern ...! Wartet nur, wir werden den Strand schon erreichen!«

»Und warum sollen wir warten?« fragte Doniphan.

»Ja ... Warum denn ...?« setzte ein anderer, zwölfjähriger Knabe, Wilcox mit Namen, hinzu. »Doniphan hat recht. Warum denn warten?«

»Weil der Seegang noch zu schwer ist und uns auf die Felsen schleudern würde«, erwiderte Briant.

»Und wenn die Yacht nun in Stücke geht ...?« rief ein dritter Knabe, namens Webb, der mit Wilcox etwa gleichaltrig war.

»Ich glaube nicht, daß das zu befürchten ist«, antwortete Briant, »mindestens nicht mehr, wenn die Ebbe eintritt. Sobald das Wasser sich soweit zurückgezogen hat, wie der Sturm das zuläßt, werden wir an unsere Rettung gehen!«

Briant hatte völlig recht. Obwohl die Gezeiten im Stillen Ozean verhältnismäßig schwach auftreten, so können sie doch zwischen Flut und Ebbe eine nicht unbeträchtliche Verschiedenheit des Wasserstandes hervorbringen. Es war also von Vorteil, einige Stunden zu warten, zumal wenn dann auch der Wind abflaute. Vielleicht legte die Ebbe einen Teil der Klippen trocken; dann war es leichter, den Schoner zu verlassen und die letzte Viertelmeile bis zum Strand zu überwinden.

So vernünftig dieser Rat indes erschien, zeigten sich Doniphan und zwei oder drei andere doch gar nicht geneigt, demselben Folge zu geben. Sie traten auf dem Vorderdeck zusammen und sprachen gedämpften Tones miteinander. Es trat schon klar zutage, daß Doniphan, Wilcox, Webb und ein anderer Knabe, namens Croß, keine Lust hatten, sich mit Briant zu verständigen. Während der langen Fahrt des »Sloughi« leisteten sie ihm noch Gehorsam, weil Briant, wie erwähnt, einige seemännische Erfahrung besaß. Sie hegten dabei aber stets den Gedanken, sofort nach dem Wiederbetreten eines Landes sich ihre Freiheit des Handelns zu wahren – vor allen Doniphan, der sich durch genossenen Unterricht und natürliche Veranlagung sowohl Briant wie allen seinen Kameraden überlegen dünkte. Diese Eifersucht Doniphans gegen Briant bestand übrigens schon seit langer Zeit, und schon weil letzterer von Geburt Franzose war, empfanden junge Engländer wenig Neigung, sich seiner Oberherrschaft zu fügen.

Es lag also die Befürchtung nahe, daß diese Umstände den Ernst der ohnehin beunruhigenden Lage noch verschlimmern könnten.

Inzwischen betrachteten Doniphan, Wilcox, Croß und Webb das schäumende, von Wirbeln aufgeregte und von Strömungen hingerissene Wasser, welches freilich schwer zu überwinden schien. Der geübteste Schwimmer hätte der Brandung des zurücksinkenden Meeres, welches der Sturm von rückwärts packte, nicht zu widerstehen vermocht. Der Ratschlag, einige Stunden zu warten, rechtfertigte sich also von selbst. Doniphan und seine Kameraden mußten das endlich einsehen, und so kehrten sie wieder nach dem Hinterdeck zurück, wo die Kleinen sich aufhielten.

Da sagte Briant zu Gordon und einigen anderen, die ihn umstanden:

»Wir dürfen uns auf keinen Fall trennen ...! Bleiben wir zusammen, oder wir sind verloren!«

»Du nimmst dir doch nicht heraus, uns Vorschriften machen zu wollen?« rief Doniphan, der jene Worte verstanden hatte.

»Ich nehme mir gar nichts heraus«, antwortete Briant, »und verlange nichts, als daß wir zum Heile aller vereinigt handeln.«

»Briant hat recht«, erklärte Gordon, ein ernster, schweigsamer Knabe, der nie sprach, ohne seine Worte reiflich erwogen zu haben.

»Ja ...! Ja ...!« riefen einzelne der Kleinen, welche eine Art geheimer Instinkt trieb, sich an Briant anzuschließen.

Doniphan erwiderte nichts mehr; doch er und seine Kameraden hielten sich abseits in Erwartung der Stunde, wo zur Rettung geschritten werden sollte.

Doch welches Land lag eigentlich vor ihnen? Gehörte es zu einer der Inseln des Stillen Ozeans oder zu einem Festland? Diese Frage mußte vorläufig offenbleiben, da der »Sloughi« sich viel zu nahe dem Ufer befand, um einen hinreichenden Gesichtskreis überblicken zu können. Seine hohle, eine geräumige Bucht bildende Masse lief in zwei Vorgebirge aus – das eine ziemlich hoch und nach Norden zu scharf abgeschnitten, das andere in einer nach Süden vorgestreckten Spitze endigend. Vergebens suchte aber Briant mit einem der an Bord befindlichen Fernrohre zu erkennen, ob das Meer jenseits dieser Vorberge die Uferlinien einer Insel badete.

Im Fall dieses Land nämlich eine Insel war, entstand die ernste Frage, wie man diese wieder verlassen könne, wenn es sich als unmöglich erwies, den Schoner wieder flottzumachen, den die nächste Flut schon dadurch, daß sie ihn auf den Klippen hin und her warf, elend zertrümmern mußte. Und war diese Insel obendrein unbewohnt – solche gibt es im Stillen Ozean gar viele –, wie sollten auf sich selbst angewiesene Kinder, die nichts besaßen, als was ihnen vielleicht von den Vorräten der Yacht zu bergen gelang, sich die notwendigsten Lebensbedürfnisse verschaffen?

Auf festem Land dagegen hätte sich die Aussicht auf Rettung entschieden verbessert, weil dieses Festland kein anderes als Südamerika sein konnte. Da mußten sie, auf dem Gebiet von Chile oder Bolivien, jedenfalls Hilfe finden und wenn auch nicht sofort, so doch wenige Tage nach stattgehabter Landung. Freilich waren auf diesen Nachbargebieten der Pampas mancherlei schlimme Begegnungen zu fürchten – jetzt handelte es sich aber einzig darum, überhaupt erst das Land zu erreichen.

Die Witterung war jetzt klar genug geworden, um alle Einzelheiten desselben zu erkennen, und deutlich unterschied man das Vorland des Strandes, das hohe, diesen im Hintergrund einrahmende Ufer, nebst verschiedenen, auf letzterem zerstreuten Baumgruppen. Briant erkannte sogar die Mündung eines Rio rechts am Ufer.

Wenn der Anblick dieser Küste auch nichts besonders Anziehendes bot, so wies doch der grüne Vorhang derselben auf eine gewisse Fruchtbarkeit hin, welche der der Länder unter mittlerer Breite zu entsprechen schien. Voraussichtlich zeigte die Vegetation jenseits der Uferhöhe, wo sie Schutz vor den Seewinden und gewiß noch günstigeren Boden fand, eher eine üppige Entwicklung.

Bewohnt schien der sichtbare Teil des Ufers nicht zu sein, wenigstens bemerkte man hier kein Haus und keine Hütte, nicht einmal an der Mündung des Rio. Vielleicht wohnten die Eingeborenen, wenn es solche gab, mit Vorliebe mehr im Innern des Landes, wo sie dem heftigen Ansturm des Westwindes am wenigstens ausgesetzt waren.

»Ich kann nicht den geringsten Rauch entdecken«, sagte Briant, das Fernrohr senkend.

»Und am Strand befindet sich kein einziges Boot«, bemerkte Moko.

»Wie sollte das der Fall sein, da hier kein Hafen vorhanden ist ...?« warf Doniphan ein.

»Ein Hafen ist dazu nicht gerade notwendig«, erwiderte Gordon. »Einfache Fischerboote können auch in einer Flußmündung Schutz finden, und es wäre möglich, daß diese des Sturmes wegen sich hätten weiter landeinwärts zurückziehen müssen.«

Gordons Bemerkung war ganz richtig. Mochte es nun diesen oder jenen Grund haben, jedenfalls war nirgends ein Boot wahrzunehmen, und in der Tat schien dieser Teil des Ufers keine Bewohner zu haben. Es mußte demnach die erste Aufgabe der jungen Schiffbrüchigen werden, festzustellen, ob dasselbe sich überhaupt als bewohnbar erweise.

Inzwischen sank das Wasser mit der Ebbe, doch sehr langsam, weiter zurück, denn der Wind von der Seeseite hemmte dessen Abfluß, obwohl dieser bei einer gleichzeitigen Drehung nach Nordwest schwächer zu werden schien. Jetzt galt es also sich bereitzuhalten für den Augenblick, wo die Klippenreihe einen Übergang gestatten würde.

Es war nun gegen sieben Uhr. Jeder beschäftigte sich damit, die für den ersten Bedarf notwendigsten Gegenstände auf das Deck zu schaffen, in der Hoffnung, die übrigen aufzufischen, wenn die Wellen sie ans Ufer trügen. Die Großen wie die Kleinen legten hierbei die Hände an. An Bord befand sich unter anderem ein großer Vorrat an Konserven, Biskuit, an gepöckeltem und geräuchertem Fleisch. Diese Nahrungsmittel wurden zu handlichen Ballen verpackt und sollten, unter die Größeren verteilt, von diesen ans Land geschafft werden.

Um das aber ausführen zu können, mußte die Klippenreihe erst einen trockenen Weg bieten, und niemand wußte doch, ob das Meer sich auch beim niedrigsten Stand soweit zurückziehen würde, um die Felsen bis zum Strand bloßzulegen.

Briant und Gordon beobachteten unablässig und aufmerksam das Meer. Mit der Veränderung der Windrichtung wurde die Luft merkbar ruhiger und die Gewalt der Brandung begann ebenfalls nachzulassen, so wie man leicht bemerken konnte, daß das Wasser an den hervorragenden Felsblöcken niedersank. Der Schoner selbst lieferte einen Beweis für diese Abnahme des Wasserstandes, da er sich noch etwas weiter nach Backbord überneigte. Es war sogar zu befürchten, daß diese Neigung noch ferner zunahm und er sich ganz auf die Seite legte, denn er hatte sehr feine Formen und einen schlank abgerundeten Rumpf mit hohem Kiel, gleich den schnellsegelnden Yachten. Wenn das Wasser dann das Vorderdeck des Fahrzeuges eher erreichte, als man das letztere verlassen konnte, mußte die Situation sich äußerst bedrohlich gestalten.

Wie beklagenswert erschien es nun, daß die Boote vom Sturme weggerissen worden waren. Diese hätten hingereicht, die ganze Gesellschaft aufzunehmen, und die jungen Leute wären jetzt schon in der Lage gewesen, einen Landungsversuch zu unternehmen. Und welche Bequemlichkeit eine Verbindung zwischen Schoner und Küste zu unterhalten, um vielerlei nützliche Gegenstände, die jetzt an Bord zurückgelassen werden mußten, fortzuschaffen! Wenn der »Sloughi« schon die nächstfolgende Nacht vielleicht in Stücke ging, was waren seine Wracktrümmer wert, nachdem die Brandung sie durch die Klippenreihe hingewälzt hatte? Konnten diese überhaupt noch nützliche Verwendung finden? Würden dann die noch übrigen Vorräte nicht vollständig havariert sein? Sahen sich die jungen Schiffbrüchigen nicht in kürzester Zeit allein auf die Hilfsquellen angewiesen, welche dieses Land ihnen bot?

Ja, es war ein beklagenswerter Umstand, daß kein Boot mehr vorhanden war, um die Ausschiffung zu bewerkstelligen.

Plötzlich ertönte vom Vorderdeck ein lauter Aufschrei. Baxter hatte eine jetzt hochwichtige Entdeckung gemacht.

Die für verloren gehaltene Jolle hatte sich unter dem Knie des Bugsprits in den Ketten des letzteren gefangen. Diese Jolle konnte freilich nur fünf bis sechs Personen aufnehmen; doch da sie sich unbeschädigt zeigte, was leicht zu erweisen war, nachdem man sie aufs Deck gezogen hatte, erschien es nicht unmöglich, sie zu benutzen, im Falle das Meer die Überschreitung der Klippen trokkenen Fußes verhinderte. Hierzu mußte man natürlich den niedrigsten Stand der Ebbe abwarten, und inzwischen kam es wieder zu einer lebhaften Auseinandersetzung, vorzüglich zwischen Briant und Doniphan.

Doniphan, Wilcox, Webb und Croß, die sich der Jolle bemächtigt hatten, gingen nämlich schon daran, sie wieder über Bord zu befördern, als Briant auf sie zutrat.

»Was beginnt ihr hier?« fragte er.

»Was uns paßt!« antwortete Wilcox.

»Ihr wollt dieses kleine Fahrzeug besteigen . . .?«

»Ja«, erwiderte Doniphan, »und du wirst uns nicht davon abhalten.«

»Das werd' ich doch tun, ich und alle die übrigen, die du verlassen willst.«

»Verlassen . . .? Wer sagt dir das?« antwortete Doniphan hochmütig. »Ich will niemand verlassen, verstehst du? Wenn wir erst am Strand sind, wird einer die Jolle zurückrudern . . .«

»Und wenn er nicht zurückkehren kann«, rief Briant, der sich nur mit Mühe beherrschte, »wenn sie zwischen den Felsen leck würde . . .«

»Einsteigen . . .! Zum Einsteigen fertig!« unterbrach ihn Webb, der Briant zurückdrängte.

Von Wilcox und Croß unterstützt, hob er schon das leichte Fahrzeug auf, um es ins Wasser zu bringen.

Briant packte dasselbe an dem einen Ende.

»Ihr werdet nicht einsteigen!« rief er.

»Das wollen wir doch sehen!« antwortete Doniphan.

»Ich sage euch, ihr steigt nicht ein!» widerholte Briant, entschlossen im allgemeinen Interesse Widerstand zu leisten. »Die Jolle muß zunächst für die Kleinsten zurückbehalten werden, im Falle auch bei niedrigem Meere zuviel Wasser stehenbliebe, um den Strand zu erreichen.«

»Laß uns in Ruhe!« schrie Doniphan aufbrausend. »Ich erkläre dir nochmals, Briant, du wirst uns nicht hindern zu tun, was wir wollen.«

»Und ich wiederhole dir, Doniphan«, herrschte ihn Briant ebenso laut an, »daß ich euch doch hindern werde!«

Die beiden Knaben waren schon bereit, aufeinander loszustürzen. Bei diesem Streit hätten Wilcox, Webb und Croß natürlich für Doniphan Partei ergriffen, während sich Baxter, Service und Garnett voraussichtlich auf Briants Seite stellten. Die Sache hätte die schlimmsten Folgen haben können, als Gordon sich noch ins Mittel legte.

Gordon, der älteste und besonnenste von allen, sah das Beklagenswerte eines solchen Zwischenfalls ein, und war vernüftig genug, sich zu Gunsten Briants auszusprechen.

»Halt! Halt, Doniphan!« rief er, »etwas Geduld! Du siehst doch, daß der Seegang noch stark ist und wir Gefahr laufen, unsere Jolle ganz einzubüßen.«

»Ich mag es nicht leiden, daß Briant uns Gesetze vorschreibt, wie er sich das seit einiger Zeit angewöhnt hat«, erwiderte Doniphan heftig.

»Nein...! Nein...!« ließen Croß und Webb sich vernehmen.

»Es fällt mir gar nicht ein, irgendwem Gesetze vorzuschreiben«, antwortete Briant, »ich werde das aber auch keinem anderen gestatten, wenn es sich um das Interesse aller handelt.«

»Das liegt uns ebenso sehr am Herzen wie dir«, schleuderte ihm Doniphan entgegen; »und jetzt, wo wir auf dem Lande sind...«

»Leider noch nicht«, fiel ihm Gordon ins Wort. »Trotze nicht ferner, Doniphan, und laß uns einen günstigen Augenblick abwarten, wo wir die Jolle verwenden können.«

Gordon trat zu sehr gelegener Zeit als Vermittler zwischen Briant und Doniphan – wozu er übrigens schon mehrfach Veranlassung gefunden hatte –, und die Kameraden fügten sich seinen Vorstellungen.

Der Wasserstand hatte jetzt um zwei Fuß abgenommen, und es entstand die Frage, ob sich zwischen den Klippen vielleicht eine Art Kanal hinziehe.

In der Meinung, von der Höhe des Fockmastes die ganze Anordnung des Klippengürtels besser übersehen zu können, begab sich Briant nach dem Vorderdeck, erklomm die Steuerbordwanten und kletterte dann noch an den Tauen der Bramstenge hinauf.

Quer durch die Klippenbank zeigte sich da eine Durchfahrt, deren Richtung durch viele, sie auf beiden Seiten begrenzende Felsblöcke angedeutet war und der man folgen mußte, wenn man mit Hilfe der Jolle nach dem Strand gelangen wollte. Augenblicklich freilich brodelte und wirbelte die Brandung hier noch viel zu heftig, um sich jener mit Erfolg bedienen zu können. Unfehlbar wäre die Jolle auf eine Felsspitze geworfen und damit schwer beschädigt, wenn nicht vernichtet worden. Es empfahl sich also, noch so lange zu warten, bis das sinkende Meer hier eine gefahrlosere Wasserstraße zurückließ.

Von der Oberbramrah aus, auf welcher Briant reitend sich anklammerte, bemühte sich dieser, das Uferland noch genauer zu besichtigen. Er suchte mit dem Fernglas Stück für Stück den Strand ab, bis zu der höher ansteigenden Hinterwand desselben. Zwischen den beiden, etwa acht bis neun Seemeilen voneinander entfernten Vorgebirgen schien die Küste völlig unbewohnt zu sein.

Nach halbstündigem Auslugen stieg Briant wieder hinunter und berichtete seinen Gefährten, was er gesehen. Wenn Doniphan, Wilcox, Webb und Croß ihm zuhörten, ohne etwas zu sagen, so fragte ihn Gordon dagegen:

»Als der ›Sloughi‹ strandete, Briant, war es da nicht gegen sechs Uhr morgens?«

»Ja«, antwortete Briant.

»Und wie lange dauert es bis zum niedrigsten Wasserstande?«

»Ich glaube fünf Stunden. – Nicht wahr, Moko?«

»Ja, zwischen fünf und sechs Stunden«, erklärte der Schiffsjunge.

»Das träfe also gegen elf Uhr ein«, fuhr Gordon fort. Dann wäre der günstigste Zeitpunkt zu dem Versuch, die Küste zu erreichen.«

»So hatte ich auch gerechnet«, bemerkte Briant.

»Nun wohl«, nahm Gordon wieder das Wort, »wir wollen uns für diese Zeit bereithalten und inzwischen etwas essen. Sind wir gezwungen, selbst ins Wasser zu gehen, so geschehe das wenigstens mehrere Stunden nach eingenommener Mahlzeit.«

Ein guter Rat, wie er von diesem klugen Knaben zu erwarten war. Jetzt ging's also an das erste, aus Konserven und Biskuit bestehende Frühstück. Briant besorgte und überwachte dabei vorzüglich die Kleinen. Jenkins, Iverson, Dole, Costar begannen sich bei der glücklichen Sorglosigkeit ihres Alters schon wieder völlig zu beruhigen und hätten gewiß ohne jede Rücksicht darauf losgegessen, denn sie hatten seit vierundzwanzig Stunden nichts über die Lippen gebracht. Alles ging jedoch gut ab, und einige Tropfen mit Wasser verdünnten Brandys lieferten ein anregendes Getränk.

Nach eingenommenem Frühstück begab sich Briant wieder nach dem Vorderteil des Schoners und beobachtete, auf die Schanzkleidung gestützt, die Klippenreihe.

Wie langsam wich doch das Meer zurück! Es lag aber auf der Hand, daß dessen Niveau sich erniedrigte, denn die Schieflage des Schoners nahm noch weiter zu. Moko hatte mittels eines Senkbleis gefunden, daß noch mindestens acht Fuß Wasser über der Bank standen. Daß die Ebbe so tief sinken würde, um jene völlig trockenzulegen, glaubte Moko nicht annehmen zu dürfen und teilte seine Ansicht Briant heimlich mit, um niemand unnötig zu erschrecken.

Briant setzte dann Gordon hiervon in Kenntnis. Beide begriffen, daß der Wind, obwohl er noch weiter nach

Norden umgegangen war, doch das Meer verhinderte, soweit zurückzusinken, wie es bei stillem Wetter der Fall gewesen wäre.

»Was beginnen wir dann also?« sagte Gordon.

»Ich weiß es nicht ... Ich weiß es nicht ...!« antwortete Briant. »Und welches Unglück, es nicht zu wissen ... welches Unglück, in unserer Lage fast noch Kinder und, wo es so nötig wäre, nicht Männer zu sein.«

»Die Notwendigkeit wird unsere Lehrmeisterin sein«, versicherte Gordon. »Verzweifeln wir nicht, Briant, und handeln wir klug!«

»Ja, handeln, Gordon! Wenn wir den »Sloughi« vor Wiedereintritt der Flut nicht verlassen haben, wenn wir noch eine Nacht an Bord bleiben müssen, sind wir verloren ...«

»Kein Zweifel, denn die Yacht wird dann zertrümmert werden. Wir müssen dieselbe auf jeden Fall verlassen haben ...«

»Gewiß; um jeden Preis, Gordon!«

»Wäre es nicht ratsam, eine Art Floß oder etwas wie eine Fähre herzustellen?«

»Daran hab' ich wohl auch gedacht«, antwortete Briant, »leider hat uns der Sturm aber alles dazu geeignete Material entführt. Die Schanzkleidung abzubrechen, um aus deren Teilen ein Floß zusammenzuzimmern, dazu fehlt uns die Zeit. So bleibt nur die Jolle übrig, deren wir uns aber bei dem schweren Seegange nicht bedienen können. Doch nein, wir könnten auch noch versuchen, ein Tau durch den Klippengürtel zu ziehen und dessen Ende an der Spitze eines Felsens zu befestigen. Vielleicht gelingt es uns, daran bis ganz in die Nähe des Strandes hingleiten zu können ...«

»Wer soll das Tau aber auslegen?«

»Ich«, erklärte Briant.

»Und ich werde dir helfen«, sagte Gordon.

»Nein, ich vollbring es allein«, versetzte Briant.

»Denkst du, dabei die Jolle zu benützen?«

»Das hieße, es wagen, sie ganz einzubüßen, Gordon,

und es ist besser, diese als allerletztes Hilfsmittel aufzubewahren.«

Bevor er zur Ausführung seines gefahrvollen Vorhabens schritt, wollte Briant jedoch, um jede unglückliche Möglichkeit auszuschließen, noch eine nützliche Maßregel treffen.

An Bord befanden sich verschiedene Schwimmgürtel, und er veranlaßte die kleinsten Gefährten, sich sofort mit denselben auszurüsten. Im Fall sie die Yacht verlassen mußten, während das Wasser noch so tief war, daß diese mit den Füßen keinen Grund fanden, würden diese Apparate sie schwimmend erhalten, und die größeren Knaben, welche an dem Tau hinglitten, sollten sie dann nach dem Strande zu vor sich herschieben.

Es war jetzt zehneinviertel Uhr. Binnen fünfundvierzig Minuten mußte die Ebbe den tiefsten Stand erreicht haben. Am Steven des »Sloughi« maß man nur noch vier bis fünf Fuß Wasser, es schien aber nicht, als ob dieser Stand sich noch mehr als wenige Zoll erniedrigen sollte. Gegen sechzig Yards weiterhin stieg der Grund freilich merkbar höher auf, das verriet sich deutlich an der mehr schwärzlichen Farbe des Wassers, sowie an den zahlreichen Spitzen, die längs des Strandes aufgetaucht waren. Die Schwierigkeit lag nur darin, über die tiefere Stelle vor dem Schiffe glücklich hinwegzukommen. Gelang es Briant, in dieser Richtung ein Tau auszulegen und es an einem Felsen haltbar zu befestigen, so mußte dieses Tau, nach dessen Anspannung mittels des Gangspills an Bord, es ermöglichen, eine Stelle zu erreichen, wo man wenigstens Grund fand. Holte man an demselben Kabel die Ballen mit Mundvorräten und Werkzeugen herüber, so gelangten diese voraussichtlich unbeschädigt ans Land.

Wie gefährlich dieser Versuch auch sein mochte, so wollte Briant doch niemand gestatten, für ihn einzutreten, und er traf demgemäß seine Vorbereitungen.

An Bord befanden sich mehrere schwächere Taue von etwa hundert Fuß Länge, welche gelegentlich zum Bugsieren gedient hatten. Briant wählte eines von mittlerer

Dicke, das ihm am geeignetsten erschien, und befestigte dasselbe, nachdem er sich halb entkleidet, am Gürtel.

»Jetzt, Achtung, ihr andern!« rief Gordon. »Seid bei der Hand, das Tau nachgleiten zu lassen. Hierher aufs Vorderdeck!«

Doniphan, Wilcox, Croß und Webb konnten ihre Mithilfe bei einem Unternehmen nicht verweigern, dessen Wichtigkeit sie einsahen. Trotz ihrer Mißlaune ließen sie sich dazu herbei, an dem Tau mit anzufassen und dieses je nach Bedarf nachschießen zu lassen, um Briants Kräfte möglichst zu schonen.

In dem Augenblick, wo dieser bereitstand, über Bord zu springen, näherte sich ihm sein Bruder und rief:

»Ach, Briant, was wagst du?«

»Keine Furcht, Jacques! Ängstige dich nicht um mich!« antwortete der mutige Knabe.

Gleich darauf sah man ihn schon im Wasser auftauchen und mit kräftiger Bewegung fortschwimmen, während das Tau ihm nachrollte.

Selbst bei ruhigem Meere wäre dieses Unternehmen sehr schwierig gewesen, denn die Brandung schlug stets heftig gegen das Felsengewirr. Strömungen und Gegenströmungen hinderten den unerschrockenen Knaben oft, eine gerade Richtung einzuhalten, und wenn sie ihn packten, hatte er große Mühe, sich wieder herauszuarbeiten.

Immerhin kam Briant dem Strand allmählich näher, während seine Kameraden das Tau nach Bedarf ablaufen ließen. Offenbar aber nahmen seine Kräfte ab, obwohl er sich fünfzig Fuß weit vom Schoner befand. Vor ihm tobte jetzt ein heftiger Wirbel, erzeugt durch verschieden aufeinandertreffende Wellen. Gelang es ihm, um diesen herumzukommen, so durfte er hoffen, sein Ziel zu erreichen, denn hinter demselben war das Wasser bedeutend ruhiger. Er versuchte also sich mit aller Anstrengung nach links zu werfen. Vergeblich! Auch der beste Schwimmer im kräftigsten Mannesalter wäre hieran gescheitert. Von der durcheinanderschießenden Wellenbewegung erfaßt, wurde Briant unwiderstehlich nach der Mitte des Wirbels gezogen.

»Zu Hilfe ...! Zieht an ...! Holt ein!« hatte er noch die Kraft zu rufen, bevor er verschwand.

An Bord der Yacht verbreitete sich ein unbeschreiblicher Schrecken.

»Holt ein ...!« rief Gordon kaltblütig.

Seine Kameraden beeilten sich, das Tau schnell einzuziehen, um Briant wieder an Bord zu holen, ehe er durch zu langes Verweilen unter Wasser erstickte.

Binnen weniger als einer Minute war Briant – freilich bewußtlos – an Bord geholt; er kam jedoch in den Armen seines Bruders bald wieder zu sich.

Der Versuch, ein Tau irgendwo an der Klippenreihe zu befestigen, war mißglückt und keiner hätte ihn mit Aussicht auf Erfolg wiederholen können. Die unglücklichen Kinder waren also darauf angewiesen, ruhig zu warten ... Auf was denn zu warten ...? Auf Unterstützung ...? Doch von welcher Seite und von wem hätte eine solche kommen können?

Jetzt war schon Mittag vorüber; die Flut machte sich bereits bemerkbar und die Brandung wurde stärker. Da gleichzeitig Neumond war, mußte die Flut sogar höher steigen als am vergangenen Tage. Wenn dazu der Wind wieder mehr nach der Seite des hohen Meeres zurückging, lief der Schoner Gefahr, von seinem Felsenbett noch einmal abgehoben zu werden ... Er streifte dann von neuem den Grund, er mußte an den Klippen entern! – Diesen endlichen Ausgang des Schiffbruchs hätte keiner überlebt. Und jetzt war nichts zu tun ... nichts!

Auf dem Achterdeck versammelt, die Kleinen in der Mitte der Großen, betrachteten alle das Wiederanschwellen des Meeres, das sich durch die nacheinander verschwindenden Klippenhäupter verriet. Leider war der Wind wieder nach Westen umgeschlagen, und wie in vergangener Nacht peitschte er das Land mit voller Wucht. Mit dem sich vertiefenden Wasser wuchsen auch die Wellen wieder an, hüllten den »Sloughi« in feuchte Dünste und mußten bald über denselben hinwegbranden. Gott allein konnte den jungen Schiffbrüchigen zu Hilfe kommen, und ihre Gebete vermischten sich mit ihren Angstrufen.

Kurz vor zwei Uhr hatte der Schoner sich wieder aufgerichtet und lag jetzt nicht mehr nach Backbord geneigt. Infolge seines Stampfens stieß er aber mit dem Vorderteil auf den Grund, obwohl sein Hintersteven noch auf dem Felsen festsaß. Bald wiederholten sich die Stöße ohne Unterlaß, und der »Sloughi« rollte dabei von einer Seite zur anderen. Die Kinder mußten sich fest aneinanderhalten, um nicht über Bord geschleudert zu werden.

In diesem Augenblick kam ein schaumgekrönter Berg von der offenen See her angestürmt und türmte sich zwei Kabellängen von der Yacht noch höher auf. Man hätte ihn für die ungeheure Woge einer Springflut, wie diese in einige große Ströme sich eindrängt, halten können. In einer Höhe von über zwanzig Fuß kam er herangedonnert, brauste über den Klippengürtel hinweg und hob den »Sloughi« auf, den er über die Felsen wegtrug, ohne daß sein Kiel die Felsen nur streifte.

Binnen weniger als einer Minute wurte der »Sloughi«, umhüllt von der gurgelnden Wassermasse, bis mitten auf den Strand und hier auf einen Sandhügel geworfen, so daß er kaum zweihundert Schritte von den Bäumen des hohen Uferrandes entfernt lag. Hier blieb er, diesmal auf dem festen Land, unbeweglich sitzen, während das wieder abflutende Meer den Strand trocken zurückließ.

Drittes Kapitel

Die Pension Chairman in Auckland. – Große und Kleine. – Ferien auf dem Meere. – Der Schoner »Sloughi«. – Die Nacht des 15. Februar. – Verschlagen. – Sturm. – Beratung in Auckland. – Was vom Schoner übrig ist.

Zur Zeit, da unsere Geschichte spielt, war die Pension Chairman eine der angesehendsten in Auckland, der Hauptstadt Neuseelands, jener bedeutenden englischen Kolonie im Stillen Ozean. Dieselbe zählte gegen hundert den besten Familien des Landes angehörige Zöglinge. Die Maoris, die Eingeborenen der Inselgruppe, konnten in derselben ihre Kinder nicht unterbringen, doch waren für letztere andere Unterrichts- und Erziehungsanstalten vorhanden. Die Pension Chairman besuchten nur junge Engländer, Franzosen, Amerikaner und Deutsche, lauter Söhne von Plantagenbesitzern, Rentnern, Kaufleuten oder Beamten des Landes. Sie erhielten hier eine allseitige Erziehung und Ausbildung, vollkommen entsprechend derjenigen, welche die ähnlichen Anstalten des Vereinigten Königreiches gewähren.

Der Archipel von Neuseeland besteht zunächst aus zwei Hauptinseln, nämlich Ika-Na-Mawi oder die Fischinsel im Norden und Tamaï-Ponamu oder Nephrit-Land im Süden. Durch die Cookstraße getrennt, liegen diese zwischen dem 34. und 45. Grad südlicher Breite, was auf der nördlichen Halbkugel etwa der Lage Nordafrikas und Italiens entspricht.

Die in ihrem südlichen Teil stark zerrissene Insel Ika-Na-Mawi bildet eine Art unregelmäßiges Rechteck, das sich nach Norden zu in einem durch das Kap Van Diemen abgeschlossenen Bogen fortsetzt.

Fast am Anfang dieses Bogenstückes und an einer Stelle, wo die Halbinsel nur wenige (englische) Meilen (zu je 1609 Meter) Breite mißt, ist Auckland erbaut. Die Stadt liegt also ganz ähnlich wie das griechische Korinth und hat wirklich auch den Namen »das südliche Korinth« erhalten. Im Westen und im Osten besitzt sie je einen offenen Hafen. Da der östliche, der im Hauraki-Golf liegt, nicht tief genug ist, hat man mehrere jener langen »Piers« (nach englischem Vorbilde) erbauen müssen, an denen wenigstens Schiffe von mittlerem Tonnengehalt anlegen können. Unter diesen befindet sich der »Commercial-Pier«, an welchem die Queens-Street, eine der Hauptstraßen der Stadt, ausmündet.

In der Mitte dieser Straße hat man die Pension Chairman zu suchen.

Am Nachmittag des 15. April 1860 traten aus genanntem Pensionat gegen hundert Knaben, begleitet von ihren Eltern und mit lustigen Gesichtern und freudiger Lebendigkeit – junge Vögel, deren Käfig man geöffnet hatte.

Es war nämlich der Beginn der Ferien. Zwei Monate Unabhängigkeit, zwei Monate Freiheit! Einer beschränkten Anzahl dieser Zöglinge winkte die verlockende Aussicht einer Seereise, welche schon lange Zeit vorher in der Pension Chairman der Gegenstand lebhafter Gespräche gewesen war. Wir brauchen wohl nicht zu schildern, welche freudige Erwartung diejenigen erregte, denen günstige Umstände gestatteten, sich an Bord der Yacht »Sloughi« einzuschiffen, um mit derselben an einer Umsegelung von ganz Neuseeland teilzunehmen.

Der von den Eltern der Zöglinge gecharterte hübsche Schoner war für eine Reise von sechs Wochen ausgerüstet. Er gehörte dem Vater eines derselben, Mr. William H. Garnett, einem ehemaligen Kapitän der Handelsflotte, zu dem man das beste Vertrauen haben konnte. Eine unter die verschiedenen Familien verteilte Subskription sollte die Kosten der Reise decken, die voraussichtlich die denkbar größte Sicherheit und Annehmlichkeit zu bieten versprach. Für die jungen Leute war das natürlich eine große Freude, und schwerlich hätte man die wenigen Wochen Ferien besser verwenden können.

In den englischen Pensionaten unterscheidet sich die Erziehungsmethode sehr wesentlich von der in ähnlichen französischen Anstalten. Man gönnt den Zöglingen daselbst mehr ein gewisses Recht der Selbstbestimmung und damit eine größere Freiheit, welche die Zukunft derselben recht glücklich beeinflußt. Mit einem Wort, die Erziehung hält hier gleichen Schritt mit der vielseitigsten Ausbildung. Daher kommt es, daß die meisten Zöglinge höflich und gewandt, zuvorkommend, sowie achtsam auf ihr Benehmen sind und, was wohl hervorgehoben zu werden verdient, zur Verheimlichung und Lüge kaum je Zuflucht nehmen, selbst wenn es sich darum handelt, einer verdienten Bestrafung zu entgehen. Dabei sei auch bemerkt, daß die Schüler dieser Lehranstalten weit weniger den Regeln gemeinsamen Lebens und den daraus hervorgehenden Vorschriften des Stillschweigens usw. unterworfen sind. Meist bewohnen dieselben besondere Zimmer, wo sie auch gewisse Mahlzeiten einnehmen, und wenn sie sich an die Tafeln eines gemeinsamen Speisesaales setzen, so steht es ihnen frei, nach Belieben zu plaudern.

Je nach dem Alter sind die Schüler in Abteilungen untergebracht, deren das Pensionat Chairman fünf zählt. Wenn in der ersten und zweiten die Kleinen sich gelegentlich noch an den Hals ihrer Eltern hingen, so ersetzten die Größeren schon den kindlichen Kuß durch den männlichen Händedruck. Dabei gab es keinen Lauscher, sie zu überwachen, das Lesen von Erzählungen und Zeitschriften war gestattet, Urlaubstage wurden häufig bewilligt, die Arbeitsstunden blieben möglichst beschränkt, während daneben auf Körperübungen, wie Turnen, Boxen und anregende Spiele in freier Luft, hoher Wert gelegt wurde. Als Dämpfer gegenüber jener Unabhängigkeit, welche die Schüler übrigens nur selten mißbrauchten, hatte man jedoch die körperliche Züchtigung, vorzüglich mit der Gerte, beibehalten. Gelegentlich ausgepeitscht zu werden, erschien den jungen Angelsachsen nicht als ehrenrührig, und sie unterwarfen sich widerspruchslos einer solchen Züchtigung, wenn sie dieselbe als verdient erkannten.

Jedermann kennt die bei den Engländern gewöhnliche Achtung vor der Überlieferung im privaten, ebenso wie im öffentlichen Leben, und diesen Überlieferungen, selbst wenn sie an sich unvernünftig erscheinen, trägt man auch Rechnung in den Lehranstalten des weiten Reiches. Wenn es den älteren Schülern obliegt, die jüngeren zu unterstützen, so geschieht das nur unter der Bedingung, das letztere es den ersteren durch gewisse häusliche Dienstleistungen, denen sie sich auf keine Weise entziehen können, vergelten. Diese Dienste, welche in der Herbeischaffung des Morgenimbisses, der Reinigung der Kleider sowie des Schuhwerkes, der Besorgung von Aufträgen u. dergl. bestehen, sind unter dem Namen »Faggisme« (etwa Fuchspflichten) bekannt, und diejenigen, welche sie zu leisten haben, heißen »Fags« (Füchse).

Es sind die Kleinsten, die Mitglieder der ersten Abteilungen, welche den Zöglingen der höheren Klassen als »Füchse« dienen, und wenn sie sich dessen weigerten, würde ihnen das Leben gewiß recht sauer gemacht werden. Daran denkt jedoch keiner, und das gewöhnt sie, sich einer Disziplin zu fügen, von der man z. B. bei den Zöglingen der französischen Lyzeen keine Spur findet. Die Überlieferung verlangt es hier einmal, und wenn es ein Land gibt, welches diese beachtet, so ist es das Vereinigte Königreich, wo sie den einfachsten Londoner Straßenjungen ebenso beherrscht wie die Peers des Oberhauses.

Die Zöglinge, welche an der Spazierfahrt des »Sloughi« teilnehmen sollten, gehörten verschiedenen Abteilungen der Pension Chairman an. Wie der Leser schon weiß, befanden sich an Bord des Schoners solche von acht bis zu vierzehn Jahren. Und diese fünfzehn Knaben, mit Einrechnung des Schiffsjungen, sollten weit weg verschlagen werden und die schlimmsten Abenteuer zu bestehen haben.

Wir führen nun nicht nur ihre Namen auf, sondern auch ihr Alter, Gewohnheiten, Charakter, Familienverhältnisse neben den Beziehungen, welche zwischen ihnen bestanden, als sie zur gewöhnlichen Zeit der beginnenden Spätsommerferien die Anstalt verließen.

Mit Ausnahme zweier Franzosen, der Brüder Briant, und Gordons, eines Amerikaners, sind alle englischer Abkunft.

Doniphan und Croß stammen aus der Familie reicher Landeigentümer, welche in der neuseeländischen Gesellschaft den ersten Rang einnehmen. Dreizehn Jahre und einige Monate alt, sind sie Vettern und zur Zeit Mitglieder der fünften Abteilung. Der elegante und auf seine äußere Erscheinung streng haltende Doniphan ist unstreitig der hervorragendste Zögling. Geistig geweckt und eifrig, bewahrt er ehrgeizig sein Ansehen, teils aus Neigung sich auszubilden und zu lernen, teils infolge des Wunsches, seinen Kameraden immer voranzustehen. Ein gewisser aristokratischer Stolz hat ihm den Spitznamen »Lord Doniphan« erworben, und sein selbstwilliger Charakter verleitet ihn dazu, überall herrschen zu wollen. Dem entstammt zwischen Briant und ihm jene Rivalität, welche schon mehrere Jahre andauert, die aber nur noch zugenommen hat, seitdem die Umstände Briants Einfluß auf seine Kameraden erweiterten. Croß ist ein gewöhnlicher Durchschnittszögling, jedoch durchdrungen von der Bewunderung für alles, was sein Vetter Doniphan denkt, spricht oder tut.

Der derselben Abteilung zugehörige dreizehn Jahre alte Baxter, ein verschlossener, überlegender, fleißiger Knabe, der sich durch Erfindungsgabe und besondere Handfertigkeit auszeichnet, ist der Sohn eines Kaufmannes in verhältnismäßig bescheidenen Vermögensumständen.

Webb und Wilcox, beide zwölfeinhalb Jahre alt, sind Zöglinge der vierten Abteilung. Von mittlerer Veranlagung, ziemlich eigenwillig und streitsüchtig, haben sie sich stets sehr streng bezüglich Beachtung der Regeln des Fuchswesens gezeigt. Ihre Familien sind reich und stehen unter dem Beamtenstande des Landes auf hoher Stufe.

Garnett, wie sein Genosse Service der dritten Abteilung zugehörig und beide zwölf Jahre alt, sind der eine der Sohn eines pensionierten Flottenkapitäns, der andere der eines wohlgeborgenen Farmers, und ihre Familien wohnen am North-Shore, d.h. am nördlichen Ufer des Hafens von Waitemala. Dieselben halten gute Nachbarschaft, und ihr vertrauter Umgang ist auch die Ursache, daß Garnett und Service voneinander ganz unzertrennlich geworden sind. Sie sind gutmütiger Art, aber etwas träge. Garnett hat außerdem eine beklagenswerte Leidenschaft für das auf der englischen Flotte so allgemein beliebte Akkordeon. Als Sohn eines Seemanns spielt er in jeder freien Minute sein Lieblingsinstrument und hat dasselbe natürlich auch an Bord des »Sloughi« mitgenommen. Was Service betrifft, so ist dieser der ausgelassendste der ganzen Gesellschaft, der richtige Bruder Lustig der Pension Chairman, der nur von Reiseabenteuern träumt und Robinson Cruso sowie den Schweizer Robinson, die er mit Vorliebe immer wieder liest, schon auswendig weiß.

Wir haben nun die Knaben von neun Jahren anzuführen. Da ist Jenkins, der Sohn des Vorsitzenden der Gesellschaft der Wissenschaften, der »New-Seeland-Royal-Society«; ferner Iverson, der Sohn des Pfarrers an der Metropolitankirche zu St. Paul. Zwar noch in der dritten, respektive der zweiten Abteilung, gelten sie doch als vorzügliche Schüler des Pensionats.

Es folgen hierauf zwei Kinder, Dole, achteinhalb, und Costar, acht Jahre alt, beide Söhne von Offizieren der englisch-seeländischen Armee, welche in der kleinen Stadt Duchunga, sechs Meilen von Auckland und am Ufer des Hafens von Manukau, wohnen. Sie gehören zu den »Kleinen«, von denen man nichts zu sagen hat, außer daß Dole ein rechter Starrkopf und Costar ein kleines Leckermaul ist. Wenn sie noch in der ersten Abteilung glänzen, so halten sie sich doch für nicht wenig fortgeschritten, da sie bereits lesen und schreiben können – und etwas anderem kann man sich in diesem Alter ja nicht wohl zu rühmen haben.

Es erübrigt nun noch von den drei anderen auf dem Schoner eingeschifften Knaben zu sprechen, von dem Amerikaner und den beiden Franzosen.

Der Amerikaner ist der vierzehnjährige Gordon. Erscheinung und Haltung desselben zeigen schon entschiedene Spuren der rohen Urwüchsigkeit des »Yankee«. Obwohl etwas linkisch und schwerfällig, ist er doch sozusagen der gesetzteste aller Schüler der fünften Abteilung. Ihm fehlt das äußerlich Glänzende seines Kameraden Doniphan, dafür besitzt er ein scharfes Urteil und gesunden Menschenverstand, von dem er zu wiederholten Malen Proben abgelegt hat. Den Blick auf ernstere Dinge gerichtet, ist er ein guter Beobachter von kaltem Temperament. Methodisch bis zur Kleinlichkeit, ordnet er die Gedanken im Gehirn wie die Gegenstände im Schreibtisch, wo alles klassifiziert, etikettiert und in einem besonderen Büchlein verzeichnet ist. Seine Kameraden schätzen ihn, versagen seinen guten Eigenschaften nicht die gebührende Anerkennung und nehmen ihn, obwohl Nichtengländer von Geburt, stets freundlich in ihrem Kreise auf. – Gordon ist aus Boston gebürtig; vater- und mutterlos, hat er keine anderen Angehörigen als seinen Vormund, einen ehemaligen Konsularagenten, der sich nach Ansammlung eines hübschen Vermögens in Neuseeland niedergelassen hat und eine jener reizenden Villen bewohnt, welche auf den Anhöhen rund um das Dorf Mount-Saint-John verstreut liegen.

Die beiden jungen Franzosen endlich sind die Söhne eines geschätzten Ingenieurs, der vor zweiundeinhalb Jahren hierherkam, um die umfänglichen Arbeiten der Trockenlegung der Sümpfe im Innern Ika-Na-Mawis zu leiten. Der Ältere zählt dreizehn Jahre. Nicht besonders arbeitsam trotz sehr guter Anlagen, begegnet es ihm häufiger, der letzte in der fünften Abteilung zu sein. Wenn er aber den Willen dazu hat, gelingt es ihm, bei seinem leichten Auffassungsvermögen und erstaunlichen Gedächtnis, sich auf den ersten Platz emporzuschwingen, worüber Doniphan erklärlicherweise nicht wenig eifersüchtig wird. Zwischen Briant und ihm hat im Pensionat Chairman von jeher kein rechtes Einvernehmen geherrscht, und die Folgen der Disharmonie traten ja schon an Bord des »Sloughi« zutage. Übrigens ist Briant kühn, unternehmend, in allen körperlichen Übungen geschickt, nicht mundfaul und gleich mit einer Gegenrede bei der Hand, sonst aber ein hilfsbereiter guter Junge, ohne den Stolz Doniphans, ja bezüglich der äußeren Erscheinung sogar etwas nachlässig – kurz, er ist vom Scheitel bis zur Zehe Franzose und unterscheidet sich schon deshalb wesentlich von seinen englischen Kameraden. Die Schwächsten hat er oft geschützt gegen den Mißbrauch ihrer Kraft seitens der Großen, und sich, was seine Person anging, den Fuchsregeln niemals unterwerfen wollen. Dadurch entstanden manche Zänkereien und Schlägereien, aus welchen er, dank seiner überlegenen Körperkraft und seinem Mut, meist als Sieger hervorging. Das hinderte jedoch nicht seine allgemeine Beliebtheit, und als es sich um Übernahme der Führung des »Sloughi« handelte, weigerten sich seine Kameraden, mit ganz wenig Ausnahmen, keinen Augenblick, ihm zu gehorchen, zumal er, wie wir wissen, sich gelegentlich seiner Überfahrt von Europa nach Neuseeland einige seemännische Kenntnisse angeeignet hatte.

Sein jüngeres Brüderchen, Jacques, war bisher stets als der Schalk und Spaßvogel der dritten Abteilung – wenn nicht der ganzen Pension Chairman, Service inbegriffen – angesehen worden, da er immer neue Possen erfand und seinen Kameraden lose Streiche spielte, für die er gleichmütig so manche Bestrafung hinnahm. Wie man bald sehen wird, hatte sich sein Charakter jedoch, ohne daß jemand die Ursache enträtseln konnte, seit der Abfahrt der Yacht höchst auffallend verändert. –

Das war die Kindergesellschaft, welche der rasende Sturm auf eines der Ländergebiete des Stillen Ozeans verschlagen hatte.

Während seiner mehrwöchentlichen Lustfahrt rings

um die Gestade Neuseelands, sollte der »Sloughi« von seinem Eigentümer, dem Vater Garnetts, befehligt werden, der als kühner Yachtenführer in den Gewässern Ozeaniens rühmlichst bekannt war. Wie oft war sein Schoner bereits an den Küsten Neukaledoniens, Neuhollands, von der Meerenge von Torres bis zur südlichsten Spitze Tasmaniens und bis hinauf in den selbst für größere Schiffe oft verderblichen Meeren der Molukken, der Philippinen und von Celebes sichtbar gewesen. Es war aber auch eine äußerst solide gebaute, schnell segelnde Yacht, welche ihre Seetüchtigkeit selbst beim schwersten Wetter glänzend bewährte.

Die Besatzung derselben bestand aus einem Obersteuermann, sechs Matrosen, einem Koch und einem Schiffsjungen – Moko, einem Neger von zwölf Jahren, dessen Familie bei einem Ansiedler von Neuseeland schon lange Zeit in Diensten stand. Wir dürfen auch nicht vergessen, einen schönen Jagdhund von amerikanischer Rasse, Phann, zu erwähnen, der Gordon angehörte und seinen Herrn niemals verließ.

Als Abfahrtstag war der 14. Februar bestimmt worden. Inzwischen lag der »Sloughi«, von seinen Sorrtauen am Hinterteil gehalten, am äußersten Ende des Kommerzial-Pier und folglich ganz nahe der Seeseite des Hafens.

Die Besatzung befand sich nicht an Bord, als die jungen Passagiere sich am Abend des 14. Februar einschifften. Kapitän Garnett sollte erst eintreffen, wenn das Schiff die Fahrt antrat. Nur der Obersteuermann und der Schiffsjunge empfingen Gordon und seine Kameraden, da die übrige Mannschaft noch an Land bei einem letzten Glas Whisky saß. Nachdem alle untergebracht und ihnen die Lagerstätten angewiesen waren, suchte auch der Obersteuermann die übrigen Leute noch einmal in der Schänke am Hafen auf, wo er sich der unverzeihlichen Nachlässigkeit schuldig machte, bis zur späten Nachtstunde zu verweilen. Der Schiffsjunge hatte sich bereits im Volkslogis zum Schlafen niedergelegt.

Was nun inzwischen vorging, das wird wohl niemals

aufgeklärt werden. Sicher ist nur das, daß die Sorrtaue sich entweder zufällig lösten oder freventlich von dritter Hand gelöst wurden, ohne daß an Bord jemand etwas davon bemerkte.

Tiefdunkle Nacht verhüllte den Hafen und den Golf Hauraki. Vom Land her wehte ein ziemlich starker Wind, und der Schoner, den gleichzeitig die rückströmende Ebbe mit fortzog, wurde nach der offenen See hinausgetrieben.

Als der Schiffsjunge erwachte, schaukelte der Schoner, als werde er von hohlem Seegange umhergeworfen, eine Bewegung, welche mit der durch die gewöhnliche Brandung veranlaßten gar nicht zu verwechseln war. Moko sprang eiligst nach dem Deck hinauf ... Die Yacht war im Abtreiben ...

Auf den lauten Ruf des Schiffsjungen verließen Gordon, Briant, Doniphan nebst einigen anderen ihre Lagerstätten und stürmten die Treppe hinauf. Vergeblich riefen sie um Hilfe! Sie erblickten nicht einmal mehr ein einziges Licht von der Stadt oder dem Hafen. Der Schoner befand sich schon in der Mitte des Golfes, gegen drei Meilen vom Ufer.

Anfänglich versuchten die Knaben, auf den auch vom Schiffsjungen gebilligten Rat Briants hin, ein Segel beizusetzen, um durch Kreuzen nach dem Hafen zurückzugelangen; zu schwer aber, um von ihnen in die passende Lage gebracht zu werden, hatte dieses Segel keine andere Wirkung, als daß es sie durch den Westwind, den es abfing, noch weiter hinaustrieb. Der »Sloughi« umschiffte dabei das Kap Golville, glitt durch die Meerenge, welche dieses von der Insel der großen Barre trennt, und befand sich bald mehrere Meilen von Neuseeland.

Der Ernst dieser Lage ist gewiß leicht zu durchschauen. Briant und seine Gefährten konnten auf Hilfe vom Lande her nicht mehr rechnen. Wenn selbst ein Schiff vom Hafen auslief, sie aufzuspüren, so mußten im günstigsten Fall mehrere Stunden vergehen, ehe es sie einholte – angenommen, daß es überhaupt möglich war, den Schoner bei der tiefen Finsternis zu entdecken. Graute erst wieder der Tag, wie hätte jemand ein so kleines, im offenen Meere verirrtes Fahrzeug wahrnehmen können? Und wie sollte es diesen Kindern gelingen, sich mit eigener Anstrengung aus dieser schlimmen Lage zu befreien? Schlug der Wind nicht bald um, so mußten sie darauf verzichten, das Land wieder erreichen zu können.

Freilich blieb auch die Möglichkeit übrig, einem Schiff auf dem Wege nach einem der Häfen Neuseelands zu begegnen. Trotz der Unwahrscheinlichkeit eines so glücklichen Zufalles beeilte sich Moko doch, eine angezündete Signallaterne am Top des Fockmastes zu befestigen. Jetzt aber hatten sie nichts anderes zu tun, als den Anbruch des Tages abzuwarten.

Die Kleinen, welche von dem Lärmen nicht aufgewacht waren, ließen sie lieber weiterschlafen. Ihr Schrekken hätte an Bord nur Unordnung verursacht.

Immerhin wurden noch mehrere Versuche unternommen, dem »Sloughi« eine günstigere Richtung zu geben. Dieser widerstand aber jeder derartigen Bemühung und trieb mit großer Schnelligkeit immer weiter nach Osten hinaus.

Plötzlich tauchte, etwa zwei bis drei Meilen entfernt, ein Lichtschein auf. Es war ein weißes Licht oben am Maste, das unterscheidende Zeichen eines in Fahrt begriffenen Dampfers. Bald erschienen auch seine beiden Positionslichter, das rote wie das grüne, und da beide gleichzeitig sichtbar blieben, bewies das, daß der Dampfer in gerader Richtung auf den Schoner zusteuerte.

Vergeblich ließen die Knaben laute Hilferufe ertönen. Das Klatschen und Schlagen der Wellen, das Zischen des Dampfes, der durch die Abflußrohre des Steamers ausströmte und der noch weiter aufgefrischte Wind – alles traf zusammen, ihre Stimme ungehört verhallen zu lassen.

Doch wenn sie die Rufe nicht hörten, mußten die wachhabenden Matrosen des anderen Schiffes nicht wenigstens das Signallicht des »Sloughi« erkennen? Das war die letzte Hoffnung.

Unglücklicherweise war durch eine heftige Schlingerbewegung die Leine desselben zerrissen, die Laterne dabei ins Meer gefallen und nichts verriet jetzt mehr die Gegenwart der »Sloughi«, auf den der Dampfer mit einer Schnelligkeit von zwölf Knoten in der Stunde zujagte.

Nach wenigen Sekunden wurde die Yacht angerannt und wäre ohne Zweifel versenkt worden, wenn der Stoß sie rechtwinkelig traf. So betraf die Kollision aber nur den Achter derselben und zerstörte die Planke mit dem Namen, ohne den Schiffsrumpf zu beschädigen.

Der Stoß war überhaupt ein so schwacher gewesen, daß der Dampfer den »Sloughi« einfach, trotz drohenden Sturmes, sich selbst überließ und seine Fahrt ruhig fortsetzte.

Sehr häufig bekümmerten sich die See-Kapitäne nicht im geringsten um die Schiffe, welche sie angerammt haben. Von solchem verbrecherischem Benehmen gibt es gar zu viele Beispiele. Im vorliegenden Fall war freilich anzunehmen, daß man an Bord des Dampfers von der Kollision mit der leichten Yacht, die in der Dunkelheit auch niemand gesehen, überhaupt nichts verspürt hatte.

Vom Winde weiter hinausgejagt, mußten die Knaben sich für so gut wie verloren halten. Als der Tag graute, sahen sie nur eine öde Wasserwüste vor sich. Auf diesem weniger belebten Teil des Stillen Ozeans folgen die Schiffe, welche von Ozeanien nach Amerika oder umgekehrt segeln, einem entweder weit nördlicheren oder mehr südlicheren Wege. In Sicht der Yacht kam kein einziges vorüber. Wieder brach die Nacht herein, welche noch schlimmer zu werden drohte, und wenn der eigentliche Sturm sich auch zeitweilig beruhigte, so wehte doch der Wind immer recht steif von Westen her.

Wie lange diese Fahrt andauern sollte, davon hatten natürlich weder Briant noch seine Kameraden eine Ahnung. Vergeblich suchten sie in der Weise zu manövrieren, um den Schoner nach den neuseeländischen Gewässern zurückzuleiten; es fehlte ihnen jedoch an Kenntnissen, seine Richtung bestimmt zu beeinflussen, und überdies an Kraft, die schweren Segel beizusetzen.

Unter diesen Verhältnissen gewann Briant, der eine seinem Alter überlegene Tatkraft entwickelte, allmählich ein Übergewicht über seine Gefährten, dem sich auch Doniphan nicht entziehen konnte. Gelang es ihm auch, trotz Mokos Unterstützung, nicht, die Yacht wieder nach Westen zurückzusteuern, so benutzte er doch seine geringen Kenntnisse, um diese unter möglichst guten Bedingungen forttreiben zu lassen. Er schonte sich keinen Augenblick, wachte Tag und Nacht und lugte immer nach dem Horizont hinaus, um eine Aussicht auf Rettung zu entdecken. Gleichzeitig ließ er auch mehrere Flaschen mit einem Bericht über den Verbleib des »Sloughi« ins Meer werfen, und wenn das auch ein sehr unzuverlässiges Hilfsmittel war, wollte er es doch nicht vernachlässigen.

Inzwischen trieb der Westwind die Yacht immer weiter über den Stillen Ozean hinaus, ohne daß es möglich war, deren Lauf zu hemmen oder nur ihre Geschwindigkeit zu vermindern.

Wir wissen schon, was sich weiter zutrug. Wenige Tage, nachdem der Schoner durch die Wasserstraßen des Golfes Hauraki hingerissen worden war, brach ein Sturm los, der zwei volle Wochen lang mit außergewöhnlicher Heftigkeit wütete. Von ungeheuren Wellen auf und ab geschleudert, hundertmal nahe daran, durch andonnernde Wassermassen zertrümmert zu werden, was ohne seine besonders feste Bauart und seine vortrefflichen nautischen Eigenschaften gar nicht hätte ausbleiben können, war der »Sloughi« schließlich auf ein unbekanntes Stück Erde im Stillen Ozean geworfen worden.

Welches Los erwartete nun dieses Pensionat von Schiffbrüchigen, welche wohl achtzehnhundert Meilen weit von Neuseeland verschlagen waren? Von welcher Seite würde ihnen die Hilfe kommen, die sie in sich selbst nicht finden konnten . . .?

Jedenfalls hatten ihre Familien gar zuviel Ursache, sie

mit dem Schoner untergegangen zu glauben.

Diese Ursache war nämlich folgende:

Als in Auckland das Verschwinden des »Sloughi« in der Nacht vom 14. zum 15. Februar bemerkt worden war, benachrichtigte man davon den Kapitän Garnett und die Familien der unglücklichen Kinder. Wir brauchen wohl die Wirkung dieses traurigen Vorfalles, der in der Stadt allgemeine Bestürzung erregte, nicht eingehender zu schildern.

Wenn seine Sorrtaue aus irgendeinem Grund nachgegeben hatten, so war der Schoner doch vielleicht nicht über den Golf selbst hinausgetrieben. So durfte man hoffen, ihn noch wiederzufinden, obwohl der steife Westwind eine recht schmerzliche Beunruhigung erweckte.

Ohne eine Minute Zeit zu verlieren, traf der Hafenkapitän Anstalt, der Yacht zu Hilfe zu kommen. Zwei kleine Dampfer sollten den ganzen Golf Hauraki durchsuchen. Die ganze Nacht über kreuzten sie umher, während der Seegang immer schwerer wurde, und als sie mit Tagesanbruch zurückkehrten, raubten ihre Meldungen den von dieser schrecklichen Katastrophe betroffenen Familien den letzten Schimmer von Hoffnung.

Wenn diese Dampfer zwar den »Sloughi« nicht aufgespürt hatten, so hatten sie doch einzelne Stücke aufgefischt. Diese letzteren bestanden aus den ins Meer gefallenen Trümmern des Backbords nach der Kollision mit dem peruanischen Dampfer »Quito«, eine Kollision, von der letzterer nicht einmal Kenntnis hatte.

Auf diesen Bruchstücken waren noch drei bis vier Buchstaben des Namens »Sloughi« deutlich zu erkennen. Es schien also unzweifelhaft, daß die Yacht verunglückt und vielleicht ein Dutzend Meilen von der Küste Neuseelands mit Mann und Maus untergegangen war.

Viertes Kapitel

Erste Untersuchung des Uferlandes. – Briant und Gordon im Strandwald. – Vergeblicher Versuch, eine Grotte zu finden. – Eine Inventur der Vorräte. – Nahrungsmittel, Waffen, Kleidungsstücke, Bettzeug, Geräte, Werkzeuge und Instrumente. – Erstes Frühstück. – Erste Nacht.

Die Küste war verlassen, wie Briant es erkannt hatte, als er sich auf der Rah des Fockmastes zum Auslugen befand. Seit einer Stunde lag der Schoner auf dem Uferlande, und noch war von keinem Eingeborenen etwas bemerkt worden. Weder unter den Bäumen, welche von dem hohen Ufer aufragten, noch neben dem Rand des Rio, der jetzt von der anschwellenden Flut erfüllt war, sah man ein Haus, eine Hütte oder nur ein Zelt. Nicht einmal ein Eindruck eines menschlichen Fußes zeigte sich auf der Oberfläche des Strandes, den das an- und ablaufende Wasser mit einer langen Anhäufung von Varec eingefaßt hatte. In der Mündung des kleinen Flusses schaukelte kein Fischerboot, und längs des ganzen Umfanges der Bai, zwischen den beiden Vorgebirgen im Norden und im Süden, wirbelte keine Rauchsäule in die Luft.

In erster Linie hatten Briant und Gordon den Gedanken, unter die Baumgruppen einzudringen, um die höhere Wand zu erreichen und wenn möglich zu erklimmen.

»Da wären wir nun auf dem Lande; das ist ja schon etwas«, sagte Gordon. »Doch welches ist dieses Land, das ganz unbewohnt scheint . . .«

»Die Hauptsache bleibt doch, daß es nur nicht unbewohnt ist«, erwiderte Briant. »Für einige Zeit haben wir ja Mundvorrat und Munition. Es fehlt uns zunächst nur ein Obdach, und ein solches müssen wir finden . . . Mindestens für die Kleinen . . . Vorwärts also!«

»Ja, du hast recht . . .!« stimmte ihm Gordon zu.

»Zu wissen, wo wir uns befinden«, fuhr Briant fort,

»das aufzuklären wird noch Zeit genug sein, wenn wir erst für das allernötigste gesorgt haben. Wenn es ein Festland wäre, so hätten wir ja einige Aussicht, Hilfc zu finden, wäre es eine Insel ... eine unbewohnte Insel ... so werden wir ja sehen ...! Komm, Gordon, komm zur Entdeckungsreise!«

Beide erreichten schnell genug den Saum des Waldes, der schräg zwischen dem steilen Ufer und der rechten Seite des Rio, drei- bis vierhundert Schritte stromaufwärts, hinzog.

In diesem Gehölz fand sich keine Spur, daß hier Menschen hindurchgezogen wären, kein Durchhau, kein Fußsteg. Alte morschgewordene Stämme lagen hier und da auf der Erde, und Briant und Gordon sanken bis ans Knie in den Teppich von weichem Laub ein. Die Vögel dagegen entflohen so furchtsam, als hätten sie menschlichen Wesen schon mißtrauen gelernt. Danach schien es also, als ob diese Küste, wenn sie auch nicht selbst bewohnt war, doch dann und wann von Eingeborenen des Nachbargebietes besucht wurde.

In zehn Minuten hatten die beiden Kaben das Gehölz durchschritten, dessen Dichtheit sich nahe der felsigen Rückseite vergrößerte, die gleich einer Mauer auf eine mittlere Höhe von hundertachtzig Fuß schroff emporstieg. Es wäre höchst wünschenswert gewesen, daß der Fuß dieser Felswand irgendeine Ausbuchtung enthielte, in der man hätte Obdach suchen können. Hier hätte ja eine gegen den Seewind durch die Bäume geschützte und vor dem Ansturm des Meeres gesicherte Höhle einen vortrefflichen Zufluchtsort geboten; hier hätten die jungen Schiffbrüchigen sich vorläufig einrichten und so lange aushalten können, bis eine eingehende Untersuchung der Küste ihnen gestattete, mit mehr Sicherheit ins Innere des Landes vorzudringen.

Unglücklicherweise entdeckten Gordon und Briant an dieser Wand, welche so schroff wie eine Festungsmauer abfiel, weder eine Grotte noch auch nur einen Einschnitt, durch den sie hätten bis zum Scheitel derselben gelangen können. Um zu dem Inneren des Gebietes zu gelangen, mußen sie wahrscheinlich dieses steile Ufer, dessen Anordnung Briant, als er sich von den Rahen des »Sloughi« aus umsah, überblickt hatte, vollständig umwandern.

Etwa eine halbe Stunde lang zogen beide längs des Strandes am hohen Ufer hin nach Süden zu hinab. Damit erreichten sie die rechte Seite des Rio, der in vielen Windungen nach Osten zu verlief. War dieses Ufer von schönen Bäumen beschattet, so begrenzte das andere eine Landschaft von ganz verschiedenem Aussehen – ohne Grün und ohne jede Bodenunebenheit. Man hätte einen ungeheuren Sumpf vor sich zu sehen geglaubt, der sich bis zum südlichen Horizont hin ausdehnte.

Getäuscht in ihrer Hoffnung, bis zur Höhe des steilen Ufers emporklimmen zu können, von wo aus sie ohne Zweifel das Land hätten auf einen Umkreis von mehreren Meilen überschauen können, kehrten Briant und Gordon nach dem »Sloughi« zurück.

Doniphan und einige andere liefen auf den Felsen hin und her, während Jenkins, Iverson, Dole und Costar sich mit dem Einsammeln von Muscheln belustigten.

In einem Gespräch, das sie mit den Größeren hatten, setzten Briant und Gordon diese von dem Erfolg ihres kurzen Ausflugs in Kenntnis. Bevor diese Untersuchungen nicht weiter ausgedehnt werden konnten, erschien es ratsam, den Schoner nicht zu verlassen. War dieser auch in seinem ganzen Rippenwerke erschüttert und lag er ziemlich tief nach Backbord geneigt, so konnte er doch an Ort und Stelle, wo er fest lag, als einstweilige Wohnung dienen. Hatte sich das Deck auch über dem Volkslogis geöffnet, so boten doch der Salon und die übrigen Räume des Hinterteils ein hinreichendes Obdach gegen den stürmischen Wind. Die Küche hatte ebenfalls durch das Streifen über die Klippen nicht gelitten – zur großen Befriedigung der Kleinen, welche die Frage der Mahlzeiten vor allem anderen interessierte.

In der Tat war es ein Glück zu nennen, daß die Knaben nicht nötig hatten, die zu ihrer Einrichtung nötigsten Gegenstände nach dem Strand zu schaffen. Selbst wenn ihnen das gelungen wäre, mit welchen Schwierigkeiten, welchen Anstrengungen wäre es verknüpft gewesen! Blieb der »Sloughi« innerhalb der Klippenbank eingeklammert sitzen, wie hätten sie die Bergung des gesamten Materials bewerkstelligen sollen? Das Meer mußte die Yacht doch bald demolieren, und was hätten sie dann von den Konserven, Waffen, dem Schießbedarf, den Kleidern, der Bettwäsche und den Geräten aller Art wohl retten können? Glücklicherweise hatten jene Flutwellen den »Sloughi« bis über den Klippengürtel hinausgeworfen. Wenn er damit auch niemals wieder flott werden konnte, so war er wenigstens bewohnbar geblieben, da sein Oberwerk sowohl dem Wellenschlage als auch dem nachfolgenden Stoße widerstanden hatte und nichts ihn wieder aus diesem sandigen Bette reißen konnte, in das sein Kiel tief eingesenkt war. Unter der abwechselnden Einwirkung der Sonne und des Regens mußte er wohl endlich aus den Fugen gehen, seine Wand mußte sich öffnen und das Verdeck schließlich aufspringen, so daß das Obdach, welches er jetzt noch bot, einmal unzulänglich zu werden drohte.

Doch bis dahin hatten die jungen Schiffbrüchigen entweder eine Stadt oder ein Dorf gefunden, oder wenn der Sturm sie auf eine ganz öde Insel verschlagen hatte, würden sie doch eine Grotte in den Uferfelsen entdeckt haben.

Am besten erschien es also, vorläufig an Bord des »Sloughi« zu bleiben, und dazu richtete man sich noch an demselben Tage ein. Eine an Backbord – nach welcher Seite die Yacht gesenkt lag – befestigte Strickleiter gestattete den Großen wie den Kleinen die Treppenkappe des Verdecks zu erreichen. Moko, der etwas vom Kochen verstand, wie es ihm als Schiffsjungen zukam, beschäftigte sich, unterstützt von Service, dem es Vergnügen machte, bei der Zubereitung der Speisen zu helfen, mit der Herrichtung einer Mahlzeit. Alle verzehrten dieselbe mit größtem Appetit, und Jenkins, Iverson, Dole und Costar verfielen selbst in ihre frühere gewohnte Heiterkeit. Nur Jacques Briant, ehemals der Singvogel des Pensionats, hielt sich auch jetzt noch beiseite. Eine solche Veränderung seines Charakters, seiner Gewohnheiten mußte überraschen. Jacques aber, der jetzt höchst schweigsam geworden war, wußte sich allen diesbezüglichen Fragen seiner Kameraden geschickt zu entziehen.

Stark ermüdet nach so vielen Tagen und so vielen Nächten der Angst während des furchtbaren Sturmes, dachten endlich alle daran, sich schlafen zu legen. Die Kleinen verteilten sich in die Zimmer der Yacht, wo die Großen sich ihnen bald anschlossen. Briant, Gordon und Doniphan wollten jedoch der Reihe nach Wache halten. Konnten sie nicht den Überfall einer Bande wilder Tiere oder vielleicht gar eines Haufens Eingeborener erwarten, welch letztere gewiß nicht weniger zu fürchten waren? doch nichts von dem geschah. Die Nacht verlief ohne Störung und als die Sonne aufging, machten sich alle nach einem Dankgebet zu Gott an die durch die Umstände gebotene Arbeit.

Zuerst galt es, sich über die Vorräte der Yacht Rechenschaft zu geben und dann das Material an Waffen, Instrumenten, Geräten, Werkzeugen, Kleidungsstücken usw. aufzunehmen. Die Frage bezüglich der Nahrung erschien als die dringendste, da die Küste ja völlig verlassen schien. Die Hilfsquellen hier beschränkten sich offenbar auf die Ausbeute der Fischerei oder der Jagd, wenn es an eßbarem Wild nicht mangelte.

Bisher hatte Doniphan, ein geschickter Jäger, überhaupt nichts bemerkt als zahlreiche Gesellschaften von Vögeln auf der Oberfläche der Klippen und den Felsen des Vorlandes. Es wäre aber sehr bedauerlich gewesen, sich nur von Seevögeln ernähren zu sollen. Man mußte also wissen, wieviel Proviant der Schoner noch führte und wie lange dieser noch ausreichte, wenn man sparsam damit umging.

Ein Überschlag ließ erkennen, daß, abgesehen von dem in sehr großen Mengen vorhandenen Schiffszwieback, die Konserven, der Schinken, das Fleischbiskuit – bestehend aus Mehl erster Sorte mit gehacktem Schweinefleisch und Gewürz –, das Corned beef, Salzfleisch und die Leckerbissen in Blechdosen nicht länger als zwei Monate reichen würden, selbst wenn man sehr sparsam damit umging. Demnach empfahl es sich von Anfang an, auf die Erzeugnisse des Landes zurückzugreifen, um den Proviant zu schonen, für den Fall, daß es notwendig würde, einige hundert Meilen weiterzuziehen, um einen Hafen an der Küste oder eine Stadt im Innern des Landes zu erreichen.

»Wenn nur ein Teil dieser Konserven nicht schon verdorben ist!« bemerkte Baxter. »Ist nach unserer Strandung das Meerwasser in den Schiffsrumpf eingedrungen . . .?«

»Das werden wir sehen, wenn wir die Kisten öffnen, die uns beschädigt erscheinen«, antwortete Gordon. »Wenn man den Inhalt derselben noch einmal aufkochte, könnte man ihn doch vielleicht verwenden.«

»Das soll meine Sorge sein«, ließ sich Moko vernehmen.

»So mach dich recht bald daran«, empfahl ihm Briant, »denn während der ersten Tage werden wir doch gezwungen sein, von dem Proviant des »Sloughi« zu leben.«

»Warum aber«, fiel Wilcox ein, »sollten wir nicht schon heute die Felsen absuchen, welche sich im Norden der Bai erheben, und dort eßbare Vogeleier einsammeln?«

»Ja . . .! Ja . . .!« riefen Dole und Costar.

»Und warum sollten wir nicht fischen?« fügte Webb hinzu. »Sind denn nicht Angelschnüre an Bord und Fische im Meere? – Wer will mit mir angeln gehen?«

»Ich . . .! Ich . . .!« riefen die Kleinen.

»Gut, gut!« sagte Briant. »Aber es handelt sich nicht darum, nur zu spielen, und Angelschnüre erhalten von uns nur ernsthafte Fischer.«

»Beruhige dich, Briant«, versicherte Iverson, »wir

werden es als eine Pflicht betrachten . . .«

»Schon gut, doch laß uns damit beginnen, ein Inventar von allem aufzunehmen, was unsere Yacht enthält«, sagte Gordon. »Wir dürfen nicht allein ans Essen und Trinken denken.«

»Wir könnten einstweilen Schalentiere zum Frühstück einsammeln«, bemerkte Service.

»Nun, meinetwegen!« antwortete Gordon. »Nun auf, ihr Kleinen, drei oder vier von euch mögen gehen. Moko, du wirst sie begleiten.«

»Gewiß, Herr Gordon.«

»Und du gibst hübsch auf sie acht«, setzte Briant hinzu.

»Ängstigen Sie sich nicht!«

Der Schiffsjunge, auf den man sich verlassen konnte, ein sehr dienstwilliger, geschickter und entschlossener Bursche, versprach den jungen Schiffbrüchigen nach besten Kräften Dienste zu leisten. Er fühlte sich vorzüglich zu Briant hingezogen, der seinerseits kein Hehl aus der Teilnahme machte, die er für Moko hegte, eine Teilnahme, über welche seine angelsächsischen Gefährten ohne Zweifel gespöttelt hätten.

»Nun vorwärts also!« rief Jenkins.

»Du begleitest sie nicht, Jacques?« fragte Briant, sich an seinen Bruder wendend.

Jacques antwortete verneinend.

Jenkins, Dole, Costar und Iverson brachen also unter Führung Mokos auf und gingen am Rand der Klippen hin, welche das Meer jetzt ganz trockengelegt hatte. Vielleicht konnten sie in den Zwischenräumen der Felsblöcke eine reichliche Ernte von Schalentieren, Miesmuscheln, Taschenkrebsen oder gar Austern einheimsen, und roh oder gekocht mußten diese Schalentiere eine angenehme Zugabe zu dem Frühstück bilden. Sie sprangen lustig dahin, da sie in diesem Ausflug weniger dessen Nutzen als ein Vergnügen erkannten. Das entsprach ja ihrem Alter, und jetzt fehlte ihnen fast schon jede Erinnerung an die schweren Prüfungen, die sie ausgestanden, ebenso wie die Sorge um die drohende Zukunft.

Sobald die kleine Gesellschaft sich entfernt hatte, gingen die Großen an die Nachsuchungen an Bord der Yacht. Auf der einen Seite nahmen Doniphan, Croß, Wilcox und Webb die Durchsicht der Waffen, des Schießbedarfs, der Kleidungsstücke, Bettwäsche, Geräte und Werkzeuge des Schiffes vor; auf der anderen berechneten Briant, Garnett, Baxter und Service, was an Getränken, Wein, Ale, Brandy, Whisky und Gin, die sich in zehn bis vierzig Gallonen haltenden Fäßchen im unteren Raum befanden, vorhanden war. Nach der Aufnahme eines jeden einzelnen Gegenstandes verzeichnete Gordon die Anzahl oder das Maß in sein Notizbuch. Dieses Notizbuch war übrigens schon vorher mit Aufzeichnungen, betreffend die Ausrüstung und Ladung des Schoners, angefüllt. Der methodische Amerikaner – der sich fast von Geburt an für alles verantwortlich zu fühlen schien – besaß schon ein allgemeines Inventarverzeichnis, das bei dieser Gelegenheit nur etwas berichtigt zu werden brauchte.

Zuerst stellte sich hierbei heraus, daß noch eine vollständige Serie von Segeln und Takelwerk aller Art, Leinen, Seile, Taue u. dergl. vorhanden war. Wäre die Yacht noch flott gewesen, so hätte nichts gefehlt, sie wieder in segelklaren Zustand zu setzen. Wenn diese vortreffliche Leinwand, diese neuen Taue nun zwar nicht mehr zu einer Schiffsausrüstung dienen sollten, so versprachen sie doch sehr nützlich zu werden, wenn es darauf ankam, sich häuslich einzurichten. Einige Fischereigerätschaften, Hand- und Grundangeln, sowie Schleppnetze befanden sich ebenfalls unter diesem Inventar, und diese waren höchst schätzbar, vorausgesetzt, daß es im Wasser hier reichlich Fische gab.

Was die Waffen betrifft, so hatte Gordon in sein Notizbuch folgendes eingetragen; acht Zentralfeuer-Jagdgewehre, eine weittragende Entenflinte und ein Dutzend Revolver. Der Schießbedarf bezifferte sich auf dreihundert Patronen für die Hinterladergewehre, zwei Tonnen

Pulver von je fünfundzwanzig Pfund und eine große Menge Blei, Schrot und Kugeln. Diese Munition, ursprünglich bestimmt, auf den Jagdzügen verwendet zu werden, wenn der »Sloughi« an der Küste Neuseelands Aufenthalt nahm, versprach hier einem viel nützlicheren Zwecke, nämlich der Beschaffung von Nahrungsmitteln, zu dienen – wenn sie nicht gar gelegentlich zur Verteidigung in Anspruch genommen wurde. Die Pulverkammer enthielt daneben eine große Anzahl Raketen, zu Nachtsignalen bestimmt, und etwa dreißig Kartuschen und Projektile für die beiden kleinen Kanonen der Yacht, von denen Gebrauch zu machen, man hoffentlich nicht zur Abweisung eines Angriffs Eingeborener genötigt wurde.

Was die Toilettengegenstände und das Küchengerät anging, so war hiervon so viel vorhanden, daß es die Bedürfnisse der jungen Schiffbrüchigen deckte, selbst wenn deren Aufenthalt sich unerwartet verlängern sollte. Wenn ein Teil des Geschirrs bei dem Aufschlagen des »Sloughi« zerbrochen war, so war doch mehr als genug für Speisekammer und Tafel übrig. Unentbehrlich notwendige Gegenstände waren das ja ohnehin nicht. Von größerer Wichtigkeit erschien ein hinlänglicher Vorrat von Kleidungsstücken aus Flanell, Tuch, Baumwolle und Leinwand, um mit diesen, je nachdem die Temperatur es erforderte, wechseln zu können. Lag dieses Land nämlich unter derselben Breite wie Neuseeland – was schon der Umstand wahrscheinlich machte, daß der Schoner von dem Hafen von Auckland aus stets durch westliche Winde fortgetrieben worden war –, so mußte hier im Sommer große Hitze, im Winter aber recht empfindliche Kälte herrschen. Glücklicherweise befand sich an Bord eine große Menge solcher bei einem mehrwöchentlichen Ausfluge unentbehrlicher Kleidungsstücke, denn auf dem Meer mußte man damit reichlich versehen sein. Die Kisten und Koffer der Mannschaft enthielten unter anderem Beinkleider, wollene Jacken, Wachstuchröcke, dicke gestrickte Westen und Strümpfe, welche man für Große und Kleine passend machen zu können hoffen durfte – kurz eine so reiche Auswahl, daß man auch der winterlichen Jahreszeit beruhigt entgegensehen konnte. Es versteht sich von selbst, daß, wenn die Umstände zum Vertauschen des Schoners gegen eine andere Wohnung zwangen, jeder sein vollständiges Bettzeug mitnehmen sollte, und von Matratzen, Pfühlen, Kopfkissen und Dekken gab es einen solchen Vorrat, daß derselbe bei sorgsamer Behandlung auf lange Zeit auszureichen versprach.

Lange Zeit...! Ein Wort, das vielleicht »für immer« bedeutete...?

Bezüglich der an Bord vorhandenen Instrumente verzeichnete Gordon in seinem Notizbuch: Zwei Aneroid-Barometer; ein hundertteiliges Weingeist-Thermometer; zwei Schiffsuhren; mehrere jener kupfernen Trompeten oder Hörner, welche im Nebel benützt werden und deren Ton auf sehr weite Entfernungen hinausdringt; drei Fernrohre mit schwächerer und stärkerer Vergrößerung; einen Deckkompaß (im Häuschen) und zwei tragbare kleinere dergleichen; ein »Stormglaß«, welches herannahende Stürme vorher meldet; mehrere englische Flaggen, ohne das Sortiment von Flaggen und Wimpeln zu rechnen, deren man sich auf dem Meere zur Verständigung von einem Schiff zum anderen bedient. Endlich fand sich hier auch ein Exemplar jener Halketts-Boote, d.h. jener kleinen Fahrzeuge aus Kautschuk, die sich in Form eines Reisesackes zusammenlegen lassen und zur Überschreitung eines Flusses oder Binnensees recht wohl genügen.

Was die Werkzeuge betraf, so enthielt der Arbeitskasten des Tischlers davon ein ganzes Sortiment, abgesehen von den Säcken mit Nägeln, den Schraubenziehern, Holz- und Metallschrauben und Eisenvorräten jeder Art, welche zu gelegentlichen kleinen Reparaturen der Yacht bestimmt waren. Knöpfe, Nähfaden und Nadeln fehlten ebenfalls nicht, denn in der Voraussicht häufig notwendiger Ausbesserungen hatten die Mütter der Zöglinge hierfür ausreichend gesorgt. Außerdem liefen die Schiffbrüchigen keine Gefahr, des Feuers entbehren zu müssen, denn neben einem großen Vorrat an Streichhölzchen mußten die Zündschnüre und Feuerstähle auf lange Zeit hinaus genügen, so daß sie in dieser Hinsicht völlig beruhigt sein konnten.

An Bord befanden sich ferner in großem Maßstabe entworfene Land- und Seekarten, welche freilich, da sie sich nur auf die Küsten Neuseelands bezogen, hier im unbekannten Lande nutzlos erschienen. Zum Glück hatte Gordon einen allgemeinen Atlas der Alten wie der Neuen Welt mitgenommen, und zwar den »Großen Stieler«, der bezüglich der neueren Geographie allen übrigen ähnlichen Werken voransteht. Die Bibliothek der Yacht zählte überdies viele gute englische und französische Bücher, meist Reiseschilderungen und ältere wissenschaftliche Arbeiten, ohne von den beiden berühmten Robinsons zu reden, welche Service ebenso, wie einst Camoëns seine »Lusiaden« gerettet hatte – und dasselbe galt auch von Garnetts Zieharmonika, welche die Stöße bei der Strandung heil und gesund überstanden hatte. Neben vorgenanntem Lesestoff fanden sich endlich alle Schreibbedürfnisse, Federn, Bleistifte, Tinte und Papier, und schließlich ein Kalender des Jahres 1860, in welchem Baxter jeden verflossenen Tag zu streichen übernahm. »Es war am 10. März«, sgte er, »als unser armer ›Sloughi‹ auf die Küste geworfen wurde. Ich streiche also den 10. März, sowie alle schon vergangenen Tage dieses Jahres.«

Zu erwähnen wäre hier noch eine Summe von fünfhundert Pfund in Goldstücken, welche im Geldschrank der Yacht vorgefunden wurde. Vielleicht fand dieses Geld einmal Verwendung, wenn die jungen Schiffbrüchigen etwa einen Hafen erreichten, von dem aus sie nach der Heimat zurückkehren konnten.

Gordon beschäftigte sich dann mit sorgfältiger Aufnahme der im unteren Raum verstauten Fässer. Verschiedene derselben, welche mit Gin, Ale und Wein angefüllt gewesen waren, hatten durch die Stöße bei der Strandung so arg gelitten, daß ihr Inhalt völlig ausgelaufen war. Nach diesem nicht wieder zu ersetzenden Verluste empfahl es sich also doppelt, mit dem Restbestand sorgsam umzugehen.

Der Raum des Schoners barg aber immer noch etwa hundert Gallonen Weißwein oder Sherry, fünfzig Gallonen Gin, Brandy und Whisky; vierzig Tonnen Ale, jede zu fünfundzwanzig Gallonen (1 Gallone englisch gleich 4½ Liter), und mehr als 30 Flaschen mit verschiedenen Likören, die in ihrer dichten Strohverpackung den Stößen an den Klippen unbeschädigt widerstanden hatten.

Man ersieht hieraus, daß den fünfzehn früheren Insassen des »Sloughi« für eine gewisse Zeit kein Mangel an eigentlichen Lebensbedürfnissen drohte, und es erübrigte sich festzustellen, ob auch das Land selbst noch einige Hilfsmittel lieferte, um jene nicht allein in Anspruch nehmen zu müssen. War es nämlich eine Insael, auf welche der langandauernde Sturm sie verschlug, so durften sie kaum hoffen, dieselbe je wieder verlassen zu können, wenn nicht etwa ein Schiff in die Nähe derselben kam, dem sie ihre Anwesenheit zu erkennen zu geben vermochten.

Eine Reparatur der Yacht, die Ausbesserung ihrer bis in den Grund gelockerten Rippen wie die Dichtung der leckgewordenen Verplankung, überstieg ebenso ihre Kräfte, wie es die Benutzung von Hilfswerkzeugen erfordert hätte, die ihnen nicht zu Gebote standen. An die Herstellung eines neuen Fahrzeugs aus den Trümmern des alten konnten sie aber gar nicht denken, und wie hätten sie, bei ihrem Mangel an Kenntnissen in der Schifffahrtskunde, es ermöglichen sollen, durch den Stillen Ozean nach Neuseeland zurückzusegeln? Vielleicht wäre es mittels der Boote des Schoners tunlich gewesen, ein Festland oder eine andere Insel zu erreichen, wenn sich in der Nähe dieses Teils des Stillen Ozeans eine solche befand. Die beiden Boote wurden aber durch den Wogenschlag weggerissen, und an Bord lag nur noch die Jolle, welche höchstens zu kürzeren Fahrten längs der Küste genügte.

Gegen Mittag kamen unter Führung Mokos die Kleinen nach dem »Sloughi« zurück. Durch ernsthafte Durchführung ihres Vorhabens hatten sie sich wirklich nützlich zu machen verstanden, denn sie brachten einen reichlichen Vorrat an Schalentieren mit, deren Zubereitung der Schiffsjunge sofort in die Hand nahm. Eier mußte es wohl auch in großer Menge geben, denn Moko hatte sich von dem Vorhandensein unzähliger eßbarer Felsentauben überzeugt, welche in den Löchern und Spalten des hohen Steilufers nisteten.

»Das ist schön!« rief Briant; »so werden wir an einem der nächsten Morgen eine Jagd veranstalten, welche sehr erfolgreich auszufallen verspricht.«

»Ganz gewiß«, bestätigte Moko; »drei bis vier Flintenschüsse müssen uns Dutzende von jenen Tauben liefern. Was die Nester angeht, so dürfte es durch Emporklettern oder Herablassen an einem Tau nicht allzu schwierig sein, dieselben auszunehmen.«

»Einverstanden!« bemerkte Gordon. »Vielleicht spürt Doniphan Lust, sich schon morgen auf die Jagd zu begeben . . .?«

»Mit größtem Vergnügen!« versicherte Doniphan. »Webb, Croß und Wilcox, ihr begleitet mich doch dabei?«

»Herzlich gern!« riefen die jungen Knaben, erfreut, auf die nach Tausenden zählenden Tauben Feuer geben zu sollen.

»Ich empfehle euch jedoch«, ließ Briant sich vernehmen, »nicht gleich zu viele Tauben zu erlegen. Im Falle des Bedarfs finden wir sie schon wieder. Vor allem gilt es, Pulver und Blei nicht zu vergeuden . . .«

»Schon gut . . .! Schon gut!« fiel ihm Doniphan ins Wort, der solche Ermahnungen nicht liebte, vorzüglich wenn sie von Briant ausgingen. »Wir nehmen nicht zum ersten Mal ein Gewehr in die Hand und brauchen keine guten Ratschläge.«

Nach Verlauf einer Stunde meldete Moko, daß das Frühstück fertig sei. Alle begaben sich eilig wieder an Bord des Schoners und nahmen im Speisesalon Platz. Bei der Lage der Yacht neigte sich die Tafel sehr merklich nach Backbord. Das belästigte jedoch die Kinder nicht, welche die Bewegungen des Schiffes schon gewöhnt waren. Die Schalentiere, vorzüglich die Miesmuscheln, wurden vortrefflich befunden, obwohl ihre Zubereitung zu wünschen übrig ließ. In diesem Alter ist der Hunger aber ja stets der beste Koch. Schiffszwieback, ein tüchtiges Stück Corned beef und frisches Wasser, geschöpft an der Mündung des Rio zur Zeit der Ebbe, wo es also keinen Salzgeschmack haben konnte, und gewürzt mit wenigen Tropfen Brandy – das alles bildete zusammen eine gar nicht zu verachtende Mahlzeit.

Der Nachmittag wurde verschiedenen Aufräumungsarbeiten im Schiffsraume und der Ordnung der inventarisierten Gegenstände gewidmet. Währenddessen beschäftigte sich Jenkins nebst einigen kleinen Genossen mit dem Angeln im Flusse, der von Fischen mancherlei Art geradezu wimmelte. Nach dem Abendessen aber begaben sich alle zur Ruhe, mit Ausnahme Baxters und Wilcox', welche bis Tagesanbruch die Wache übernahmen.

So verging die erste Nacht auf diesem Erdenwinkel des Stillen Ozeans.

Alles in allem sahen sich diese Knaben nicht von den Hilfsquellen entblößt, welche Schiffbrüchigen an öden Küsten so häufig mangeln. Unter den Verhältnissen, in welchen sie sich befanden, hätten arbeitsfähige und umsichtige Männer alle Aussicht gehabt, ihre Lage ganz erträglich zu gestalten. Würden diese Knaben aber, deren ältester vierzehn Jahre zählte, wenn es ihnen bestimmt war, lange Jahre unter solchen Verhältnissen auszuharren, es auch vermögen, sich alle Lebensbedürfnisse zu beschaffen . . .? Das ist wohl einigermaßen zu bezweifeln.

Fünftes Kapitel

Insel oder Festland? – Ein Ausflug. – Briant zieht allein aus. – Die Amphibien. – Scharen von Plattfischen. – Frühstück. – Von der Höhe des Vorgebirges. – Die drei Eilande im offenen Meer. – Eine blaue Linie am Horizont. – Rückkehr zum »Sloughi«.

Insel oder Festland? – Das blieb noch immer die wichtige Frage, mit der sich Briant, Gordon und Doniphan, ihrem Charakter und ihrer Intelligenz nach die natürlichen Häupter dieser kleinen Welt, unausgesetzt beschäftigten. Bei dem Gedanken an die Zukunft, während die Kleinen nur der Gegenwart lebten, sprachen sie sehr oft über diesen Gegenstand. Ob dieses Land aber einer Insel oder einem Kontinent angehörte, jedenfalls lag es nicht innerhalb der Tropenzone; das bewies seine Pflanzenwelt, der Bestand an Eichen, Buchen, Birken, Weiden, Fichten und Tannen verschiedener Art, das zeigte sich an den zahlreichen Myrtaceen oder Steinbrecharten, welche als Bäume oder Gebüsche im mittleren Teil des Stillen Ozeans nicht vorkommen. Es schien sogar, als liege dieses Gebiet in etwas höherer Breite, also näher dem Südpol, als Neuseeland, weshalb zu befürchten war, daß der Winter hier mit großer Strenge auftreten würde. Schon bedeckte eine dicke Lage welker Blätter den Boden der Gehölze, die sich am Fuße des Steilufers hinzogen. Nur die Tannen und Fichten hatten ihren Nadelschmuck bewahrt, der sich von Jahr zu Jahr erneuerte, ohne jemals ganz abzufallen.

»Aus diesem Grunde«, bemerkte Gordon am nächsten Tage nach der Festlegung des »Sloughi« auf dem Strand, »erscheint es mir ratsam, daß wir uns nicht endgültig auf diesem Teil der Küste ansiedeln.«

»Das mein ich auch«, ließ Doniphan sich vernehmen. »Doch wenn wir die schlechte Jahreszeit herankommen lassen, wird es zu spät sein, einen bewohnten Ort aufzusuchen, wenigstens wenn wir Hunderte von Meilen bis dahin zurückzulegen haben.«

»Geduld, Geduld!« erwiderte Briant. »Noch sind wir erst in der Mitte des März!«

»Nun«, entgegnete Doniphan, »die gute Witterung mag bis Ende April dauern, und binnen sechs Wochen ist ein gutes Stück Wegs zu überwinden.«

»Vorausgesetzt, daß es überhaupt einen Weg gibt«, meinte Briant.

»Und warum sollte es keinen geben?«

»Natürlich«, fiel Gordon ein. »Doch wenn es einen gibt, wissen wir auch, wohin er führen wird?«

»Ich sehe nur das eine«, erwiderte Doniphan, »daß es eine große Torheit wäre, vor Eintritt der Kälte und der Regenzeit den Schoner nicht verlassen zu haben, und schon aus diesem Grund darf man nicht bei jedem Schritt neue Schwierigkeiten wittern.«

»Es ist stets besser, diese scharf ins Auge zu fassen«, versetzte Briant, »als sich gleich Narren in ein Land hineinzuwagen, das man nicht kennt.«

»Und es ist sehr leicht«, erklärte Doniphan herausfordernd, »diejenigen Narren zu nennen, welche nicht eurer Ansicht sind!«

Vielleicht hätte diese Antwort Doniphans wieder scharfe Gegenreden seines Kameraden hervorgerufen und das Gespräch in eine Zänkerei ausarten lassen, da trat Gordon vermittelnd dazwischen.

»Es nützt nichts, miteinander zu streiten«, sagte er, »und um sich in schlimmer Lage zu helfen, gilt es zuerst sich zu verständigen. Doniphan hat damit recht, zu sagen, daß wir, wenn ein bewohntes Land in unserer Nachbarschaft liegt, ungesäumt dahin aufbrechen sollten. Ist das aber anzunehmen? antwortet dagegen Briant, und er hat nicht unrecht, so zu antworten.«

»Was, zum Teufel!« rief Doniphan hitziger. »Sieh, Gordon, wenn wir nach Norden hinaufziehen, nach Süden hinunterwandern, wenn wir uns nach Osten hinwenden, so müssen wir schließlich ans Ziel kommen . . .«

»Ja, sobald wir uns auf einem Festland befinden«, unterbrach ihn Briant, »nicht aber, wenn wir auf einer Insel sind und diese unbewohnt ist.«

»Doch eben deshalb gilt es, sich zu überzeugen, woran wir sind«, erwiderte Gordon. »Was aber das Verlassen des »Sloughi« betrifft, ohne uns darüber vergewissert zu haben, ob auch im Osten ein Meer sich befindet . . .«

»Oh, der wird uns schon selbst verlassen!« rief Doniphan, wie immer auf seiner einmal gefaßten Ansicht bestehend. »Auf diesem Strand wird er dem Ansturm des Wetters in der schlechten Jahreszeit doch nicht widerstehen können.«

»Das geb' ich zu«, meinte Gordon, »und doch müssen wir vor einem Auszug nach dem Innern wissen, wohin wir gehen.«

Gordons Einwürfe erschienen so berechtigt, daß Doniphan sich ihnen wohl oder übel fügen mußte.

»Ich bin bereit, auf Kundschaft auszuziehen«, meldete sich Briant.

»Ich ebenfalls«, schloß sich Doniphan an.

»Wir alle sind gewiß dazu bereit«, meinte Gordon; »es wäre jedoch sehr unklug, auch die Kleinen bei einem solchen möglicherweise langen und beschwerlichen Zuge mitzunehmen; zwei bis drei von uns werden, denk' ich, genug sein?«

»Es ist sehr bedauerlich«, äußerte Briant, »daß sich hier keine beträchtlichere Anhöhe findet, von deren Gipfel aus man Umschau halten könnte. Leider befinden wir uns auf ziemlich niedrigem Land, und auch von der Seeseite her hab' ich, selbst am Horizont, keinen Berg entdecken können. Hier scheinen andere Höhen, als das schroff ansteigende Ufer im Hintergrund des Strandes, ganz zu fehlen. Jenseits des letzteren befinden sich sicherlich Wälder, Ebenen und Sümpfe, durch welche der Rio sich hinschlängelt, dessen Ausmündung wir besichtigt haben.«

»Und doch wäre es von Nutzen, diese Gegend einmal in Augenschein zu nehmen«, warf Gordon ein, »ehe wir das Steilufer weiter untersuchen, in dem ich mit Briant vergeblich nach einer Höhle gesucht habe.«

»Nun, warum sollen wir uns dann nicht nach dem Norden der Bai begeben?« sagte Briant. »Ersteigen wir das dortige Vorgebirge, so müßten wir, wie mir scheint, weithin sehen können . . .«

»Eben daran dachte ich auch«, antwortete Gordon. »Ja, jenes Kap, welches zwei- bis dreihundert Fuß hoch sein mag, muß das Steilufer überragen.«

»Ich erbiete mich, dahin zu gehen . . .« erklärte Briant.

»Wozu aber?« warf Doniphan cin. »Was wärc von da oben zu sehen?«

»Ich meine, den Versuch ist es jedenfalls wert«, erwiderte Briant.

In der Tat erhob sich am Ende der Bai eine Anhäufung von Felsen, eine Art Hügel, der auf der einen Seite mit schroffer Wand ins Meer abfiel und auf der anderen in das lange Steilufer überzugehen schien. Vom »Sloughi« aus maß die Entfernung dahin längs der Windungen des Strandes höchstens sieben bis acht (englische) Meilen, und nur fünf bis sechs in der Luftlinie. Gordon täuschte sich auch wohl nicht, wenn er die Höhe des Vorgebirges über dem Meere auf dreihundert Fuß abschätzte.

Ob diese Höhe ausreichend war, einen größeren Teil des Hinterlandes zu übersehen? Oder wurde der Ausblick nach Osten hin durch irgendein Hindernis beschränkt? Jedenfalls war von dort aus zu erkennen, was jenseits des Vorgebirges lag und ob die Küste sich nach Norden hin unbegrenzt fortsetzte oder ob sich dahinter schon wieder der Ozean ausbreitete. Es empfahl sich also, nach dem Ende der Bai zu gehen und die Anhöhe daselbst zu ersteigen. Lag nach Osten zu ebeneres Land, so mußte man es von jenem Punkte aus auf mehrere Meilen hin überblicken können.

Es wurde also beschlossen, diesen Plan auszuführen. Wollte Doniphan auch dessen Nutzen nicht anerkennen – ohne Zweifel, weil die Anregung dazu von Briant und nicht von ihm herrührte –, so war derselbe doch nicht minder geeignet, ein wertvolles Ergebnis zu liefern.

Gleichzeitig wurde bestimmt, und nach reiflicher Erwägung festgestellt, den »Sloughi« nicht eher zu verlassen, als bis man mit Sicherheit wisse, ob dieser auf der Küste eines Festlandes gescheitert sei oder nicht – und dieses Festland konnte kein anderes als Amerika sein.

Nichtsdestoweniger konnte jener Ausflug während der fünf folgenden Tage nicht ausgeführt werden. Das Wetter war dunstig geworden, und zuweilen rieselte ein feiner Regen herab. Zeigte der Wind keine Neigung zum Auffrischen, so mußten die den Horizont verhüllenden Dunstmassen jeden Ausblick verhindern.

Diese Tage waren deshalb jedoch nicht als verloren anzusehen. Man benützte sie zu verschiedenen Arbeiten. Briant beschäftigte sich mit den kleinen Kindern, welche er unablässig überwachte, als wäre es ihm ein natürliches Bedürfnis, ihnen eine Art väterlicher Liebe angedeihen zu lassen. Stets hielt er dabei im Auge, daß dieselben, so gut die Umstände es erlaubten, mit allem versorgt wurden. So nötigte er sie, da die Temperatur zu sinken schien, wärmere Kleider anzulegen, wobei er ihnen diejenigen passend zurechtmachte, welche sich in den Kisten der Matrosen vorfanden. Das war eine Schneiderarbeit, bei der die Schere mehr zu tun hatte als die Nadel, und bei welche Moko, der etwas nähen konnte, wie ja ein Schiffsjunge in allem bewandert sein muß, sich sehr anstellig erwies. Man hätte freilich nicht sagen können, daß Costar, Dole, Jenkins und Iverson sich besonders elegant ausnahmen in diesen für sie zu großen Beinkleidern und Wolljacken, von denen nur Beine und Ärmel passend geschnitten waren; doch darauf kam nicht viel an. Sie mußten sich schon damit behelfen suchen und fanden sich bald in diese neue Ausstaffierung hinein.

Übrigens ließ man sie nicht müßig gehen. Unter Führung Garnetts oder Baxters zogen sie öfters hinaus, um Muscheln zu sammeln oder mit Schnüren oder Netzen im Bett des Rio zu fischen. Das war für sie ein Vergnügen und für alle ein Vorteil. In dieser Weise mit einer Arbeit beschäftigt, welche sie belustigte, dachten sie gar nicht an ihre Lage, deren Ernst über ihr Begriffsvermögen hinausging. Jedenfalls betrübte sie die Erinnerung an ihre Eltern, ebenso wie diese den übrigen schwer auf den Herzen lag. Der Gedanke jedoch, daß sie diese niemals wiedersehen würden, konnte ihnen gar nicht kommen.

Was Gordon und Briant anging, so verließen diese kaum jemals den »Sloughi«, dessen Instandhaltung sie übernommen hatten. Service blieb dann manchmal bei ihnen und machte sich, bei seiner guten Laune, immer recht nützlich. Er liebte Briant und schloß sich niemals denjenigen seiner Kameraden an, welche mit Doniphan in ein Horn bliesen. Auch Briant empfand für ihn eine ausgesprochene Zuneigung.

»Seh einer, das macht sich...!« rief Service gern. Wahrhaftig, unser »Sloughi« ist sehr zu gelegener Zeit von einer gefälligen Welle auf den Strand geworfen, und nicht einmal gar zu sehr beschädigt worden! – Das ist ein Vorzug, den weder Robinson Cruso noch der Schweizer Robinson auf ihren erdichteten Inseln genossen haben!«

Und Jacques Briant? Nun, wenn Jacques zuweilen seinen Bruder bei den verschiedenen Beschäftigungen an Bord zu Hilfe kam, so antwortete er doch kaum auf die an ihn gerichteten Fragen und wendete allemal schnell die Augen ab, wenn ihm jemand ins Gesicht sah.

Briant empfand eine rechte Besorgnis über dieses Benehmen Jacques'. Vier Jahre älter als jener, hatte er auf ihn stets einen unbestrittenen Einfluß ausgeübt. Seit der unfreiwilligen Abfahrt des Schoners schien es jedoch, wie wir schon erfahren haben, als ob das Kind von Gewissensbissen gequält würde. Hatte er sich wohl ein ernstliches Vergehen vorzuwerfen – ein Vergehen, welches er nicht einmal seinem Bruder gestehen mochte? Ganz sicher war, daß seine Augen durch auffallende Röte wiederholt verrieten, daß er geweint hatte.

Briant legte sich wohl die Frage vor, ob Jacques' Gesundheit angegriffen wäre, denn es hätte ihm eine schwere Sorge bereitet, wenn dieses Kind hier wirklich erkrankte. Er drang deshalb öfters in seinen Bruder, ihm mitzuteilen, was ihm fehle, doch dieser antwortete darauf nur:

»Nein, nein, mir fehlt nichts, mir fehlt gar nichts!«

Etwas anderes war nicht aus ihm herauszubringen.

Während der Zeit vom 11. bis 15. März beschäftigten sich Doniphan, Wilcox, Webb und Croß mit der Jagd auf die in den Felsen nistenden Vögel. Sie gingen immer miteinander, sichtlich bestrebt, eine besondere Partei zu bilden. Gordon bemerkte das nicht ohne Beunruhigung. Wenn sich dazu die Gelegenheit bot, unterließ er es auch nie, den einen oder den anderen vorzunehmen und ihnen klarzumachen, wie notwendig allen ein einmütiges Zusammenhalten sei. Doniphan aber antwortete auf seine Ermahnung stets mit solcher abweisenden Kälte, daß er es für klug hielt, nicht allzusehr auf ihn zu dringen. Dennoch verzweifelte er nicht, diese Keime der Zwietracht, welche allen so verderblich werden konnten, rechtzeitig zu ersticken, und vielleicht führten auch die Umstände wieder eine Annäherung herbei, welche er mit seinen Worten nicht erzwingen konnte.

Während dieser dunstigen Tage, welche den geplanten Ausflug nach dem Ende der Bai verhinderten, lieferte die Jagd recht erwünschte Beute. Doniphan, der jeder Art von Sport mit Vorliebe huldigte, erwies sich sehr geschickt in der Handhabung des Gewehres. Sehr stolz – vielleicht etwas zu stolz – auf diese Eigenschaft, zeigte er eine offenbare Verachtung gegen alle übrigen Jagdgeräte, wie Fallen, Schlingen u. dgl., denen Wilcox den Vorzug gab. Unter den Verhältnisen, in welchen seine Gefährten sich befanden, wurde es übrigens wahrscheinlich, daß dieser Knabe ihnen weit größere Dienste leistete als er. Wilcox schoß wohl auch recht gut, konnte sich hier darin aber mit Doniphan nicht messen. Dem kleinen Croß fehlte es noch an dem »heiligen Feuer«, und er begnügte sich damit, den Heldentaten seines Vetters zuzujubeln. Hier müssen wir auch den Jagdhund Phann erwähnen, der sich bei diesen Jagden auszeichnete und niemals zögerte, sich in die Wellen zu stürzen, um das über die Klippen hinaus ins Waser gefallene Federvieh zu holen.

Wir müssen gestehen, daß sich unter den von den jungen Jägern erlegten Stücken eine Anzahl Seevögel befanden, mit denen Moko nicht das geringste anfangen konnte, wie Seeraben, Möwen, Meerschwalben, Silbertaucher und ähnliche. Daneben lieferten aber auch die Felsentauben, sowie Gänse und Enten, deren Fleisch sehr geschätzt war, reichliche Beute. Die Gänse gehörten zu dcn sogenannten Ringelgänsen (Bernicla), und aus der Richtung, bei der sie beim Krachen der Schüsse entflohen, konnte man annehmen, daß sie gewöhnlich im Innern des Landes wohnten.

Doniphan erlegte auch einige jener Austernfresser, welche gewöhnlich von Schalentieren leben, nach welchen sie sehr lüstern sind, wie von Schüssel-, Venus-, Miesmuscheln u. dergl. Mit einem Wort, an Auswahl fehlte es gerade nicht, nur erforderte dieses Federwild eine gewisse Zubereitung, um seinen tranigen Geschmack zu verlieren, und trotz seines guten Willens erwies sich Moko dieser Schwierigkeit nicht immer so gewachsen, wie es alle gewünscht hätten. Übrigens hatte hier, wie der vorsorgliche Gordon bemerkte, niemand das Recht, zu viel zu verlangen und zu erwarten, da es geraten schien, die Vorräte der Yacht, mit Ausnahme des in sehr großen Mengen vorhandenen Schiffszwieback, möglichst zu schonen.

Natürlich fühlten alle ein großes Verlangen, die Besteigung des Vorgebirges ausgeführt zu sehen, eine Besteigung, welche vielleicht die wichtige Frage »ob Festland oder Insel« entscheiden konnte. Von dieser Entscheidung hing ja die Zukunft sehr wesentlich ab, wenigstens so weit es sich um eine vorläufige oder eine bleibende Ansiedlung auf diesem Lande handelte.

Am 15. März schien sich die Witterung günstiger zu gestalten, um jenes Vorhaben durchzuführen. Während der Nacht hatte sich der Himmel von den durch die ruhige Luft der letzten Tage angesammelten Dünsten fast befreit, und der vom Lande kommende Wind fegte ihn bald völlig rein. Glänzende Sonnenstrahlen vergoldeten den Rand des hohen Ufers. Man durfte hoffen, daß der Horizont im Osten, wenn ihn die Nachmittagssonne erst schräg beleuchtete, hinlänglich klar erscheinen würde. Erstreckte sich das Wasser dann auch längs dieser Seite hin, so bildete dieses Land eine Insel, und Hilfe war nur dann zu erwarten, wenn sich ein Schiff in die Nähe derselben verirrte.

Der Leser hat nicht vergessen, daß der Plan zu diesem Ausflug nach dem Norden von Briant ausgegangen war, und dieser es auch übernommen hatte, ihn allein durchzuführen, wenn er eine Begleitung Gordons gewiß auch nicht ungern hätte. Es erschien ihm jedoch zu gefährlich, seine Kameraden zu verlassen, ohne daß dieser bei ihnen zurückblieb.

Am 15. des Abends, als das Barometer auf schön Wetter zeigte, teilte Briant Gordon mit, daß er am nächsten Morgen mit Tagesanbruch aufzubrechen gedenke. Eine Entfernung von zehn bis elf Meilen – Hin- und Rückweg gerechnet – zurückzulegen, das erschreckte den mutigen Knaben nicht, der eine Anstrengung nicht beachtete. Ein ganzer Tag mußte ihm völlig genügen, seine Nachforschungen zu vollenden, und Gordon konnte darauf rechnen, daß er vor Einbruch der Nacht zurück sein würde.

Briant brach also mit dem ersten Morgengrauen auf, ohne daß die anderen etwas davon wußten. Er führte nur einen Stock und einen Revolver mit sich, für den Fall, daß ihm Raubtiere in den Weg kamen, obwohl die Jäger während ihrer bisherigen Ausflüge niemals die Spur eines solchen entdeckt hatten.

Diesen Verteidigungswaffen hatte Briant noch ein Instrument hinzugefügt, daß ihm seine Aufgabe erleichtern sollte, wenn er sich auf dem Gipfel des Vorgebirges befand, nämlich eines der Fernrohre vom »Sloughi«, das sich neben großer Tragweite durch vorzügliche Klarheit auszeichnete. Gleichzeitig trug er in einem am Gürtel befestigten Sacke Schiffszwieback, ein Stück Pökelfleisch, nebst einem Flaschenkürbis voll mit ein wenig Brandy versetzten Wassers mit sich, um ein Frühstück und nötigenfalls ein Mittagessen einnehmen zu können, wenn irgendein Zufall seine Rückkehr zum »Sloughi« verzögerte.

Schnellen Schrittes dahinwandelnd, folgte Briant anfänglich der Küstenlinie, welche an der inneren Riffgrenze ein langer Streifen von der letzten Flut her noch feuchten Varecs bezeichnete. Nach Verlauf einer Stunde gelangte er zu dem äußersten, von Doniphan und dessen Begleitern erreichten Punkt, wenn diese sich zur Jagd auf Felsentauben begaben. Das Geflügel hatte augenblicklich nichts von ihm zu fürchten. Er wollte sich nicht aufhalten, um so schnell als möglich bei dem Kap anzulangen. Das Wetter war klar und der Himmel ganz frei von Dunstmassen – das mußte er benutzen. Häuften sich am Nachmittag nach Osten zu wieder Nebelwolken, so war sein ganzes Unternehmen verfehlt.

Während der ersten Stunden hatte Briant ziemlich schnell weiter schreiten und die Hälfte seines Weges zurücklegen können. Stellte sich ihm kein Hindernis entgegen, so konnte er vor acht Uhr am Vorgebirge eintreffen. Je mehr sich das steile Ufer aber der Klippenbank näherte, desto beschwerlicher wurde für ihn der Boden des Vorlandes. Der Sandstreifen wurde um so schmaler, je mehr die Brandung über ihn hereinbrach. Anstelle des elastisch festen Erdbodens zwischen dem Gehölz und dem Meer mußte Briant jetzt über nasse Felsblöcke und schlüpfrige See-Eichen vordringen, oder gelegentlich Wasserlachen umwandern, so wie über loses Gestein hinbalancieren, auf dem der Fuß nirgends festen Stützpunkt fand. Das machte sein Fortkommen sehr schwierig und – was noch schlimmer war – verursachte ihm eine Verspätung von zwei vollen Stunden.

»Ich muß das Kap vor Wiedereintritt des Hochwassers erreichen!« sagte sich Briant. »Dieser Teil des Landes ist bei der letzten Flut überschwemmt gewesen, und das wird bei der nächsten bis zum Fuße des hohen Ufers wieder der Fall sein. Bin ich gezwungen, entweder zurückzuweichen oder mich auf ein Felsstück zu flüchten, so komm' ich zu spät an. Ich muß also um jeden Preis hindurch, ehe die Flut das Vorland bedeckt!«

Ohne auf die Anstrengung zu achten, die ihm fast die Glieder lähmte, suchte der mutige Knabe den kürzesten Weg einzuschlagen. Zuweilen mußte er Stiefel und Strümpfe ausziehen, um bis zum halben Bein versinkend durch Wasseransammlungen zu waten. Befand er sich dann wieder auf den Klippen, so setzte er sich manchem gefährlichen Sturz aus, den er nur durch seine Gewandtheit glücklich vermied.

Wie er sich hier überzeugte, tummelte sich gerade an dieser Stelle der Bai das Seegeflügel in größter Menge; ja, man konnte sagen, daß es hier von Tauben, Austernfressern und Enten wimmelte. Ferner spielten hier zwei oder drei Paar Pelzrobben am Rande der Klippen, welche nicht die geringste Gefahr zeigten und gar nicht ins Wasser zu entfliehen suchten. Daraus war der Schluß zu ziehen, daß diese Amphibien dem Menschen nicht mißtrauten, weil sie von ihm nichts zu fürchten zu haben glaubten, und daß mindestens seit langen Jahren keine Fischer hierher gekommen waren, um auf sie Jagd zu machen.

Bei näherer Überlegung erkannte Briant aus dieser Anwesenheit von Robben, daß diese Küste in noch höherer Breite liegen mußte, als er vorher angenommen, und jedenfalls südlicher als Neuseeland. Der Schoner mußte also bei der Fahrt über den Stillen Ozean nicht unbeträchtlich nach Südosten abgewichen sein.

Diese Wahrnehmung wurde noch weiter bestätigt, als Briant, nachdem er den Fuß des Vorgebirges erreicht, ganze Scharen von Plattfischen, welche des antarktischen Gegenden bewohnen, sich umhertummeln sah. Diese glitten zu Hunderten durcheinander unter ungeschickter Bewegung ihrer großen Flossen, welche ihnen natürlich mehr zum Schwimmen als zum Fliegen dienen. Übrigens ist mit deren ranzigem und öligem Fleische nichts anzufangen.

Es war jetzt zehn Uhr morgens, ein Beweis, wie viel Zeit Briant zur Zurücklegung der letzten Meilen gebraucht hatte.

Erschöpft und ausgehungert, hielt er es für das klügste, sich erst etwas zu stärken, ehe er die Besteigung des Vorgebirges unternahm, dessen Kamm sich bis dreihundert Fuß über die Meeresfläche erhob.

Briant setzte sich also, geschützt gegen die ansteigende Flut, welche schon über den Klippengürtel hinwegschäumte, auf einen Felsen nieder. Sicherlich hätte er nach einer Stunde zwischen der Brandung und am Fuß des steilen Ufers nicht mehr hindurchkommen können, ohne von der Flutwelle umspült zu werden. Das beunruhigte ihn nun nicht weiter, und am Nachmittag, wenn das Wasser sich bei der Ebbe wieder ins Meer zurückgezogen hatte, hoffte er auch an dieser Stelle einen gangbaren Weg zu finden.

Ein tüchtiges Stück Fleisch und einige herzhafte Schlucke aus der Kürbisflasche, mehr bedurfte es nicht, um Hunger und Durst zu stillen, während der Aufenthalt seine Glieder neu stärkte. Gleichzeitig gab er sich aber auch den ihn bestürmenden Gedanken hin. Allein und ferne von seinen Kameraden suchte er sich seine Lage völlig klarzumachen, fest entschlossen, sich dem Wohlsein und der Rettung aller bis zum Ende mit allen Kräften zu widmen. Wenn das Auftreten Doniphans und einiger anderer ihm manche Sorge einflößte, so war das nur deshalb, weil er eine Trennung für höchst verderblich hielt. Er nahm sich jedoch bestimmt vor, sich jeder Handlung, die ihm seine Kameraden zu gefährden schien, unbedingt zu widersetzen. Dann dachte er an seinen Bruder Jacques, dessen Benehmen ihm rechte Sorge machte. Es schien ihm, als ob das Kind irgendeinen, wahrscheinlich vor der Abfahrt begangenen Fehler verheimliche, und er gelobte sich, solange in Jacques zu dringen, bis dieser sich herbeiließ, ihm zu antworten.

Briant dehnte seinen Aufenthalt bis auf eine Stunde

aus, um wieder ganz zu Kräften zu kommen, dann schnürte er den Sack wieder zu, warf ihn auf den Rücken und begann die ersten Felssprossen emporzuklimmen.

Ganz am Ende der Bai gelegen, zeigte das in eine ganz scharfe Spitze auslaufende Vorgebirge eine sehr merkwürdige geologische Bildung. Man hätte es als eine durch Feuer erzeugte Kristallisation ansehen können, welche unter dem Einfluß plutonischer Kräfte entstanden war.

Dieser Hügel stand übrigens mit dem steilen Ufer nicht, wie es aus der Ferne den Anschein hatte, in unmittelbarer Verbindung. Seiner Natur nach unterschied er sich ja auch wesentlich von jenem, da er aus Granitfelsen aufgebaut war, statt der Kalkschichten, wie solche den englischen Kanal in Europa umrahmen.

Dieses Verhalten fiel Briant sofort ins Auge; er bemerkte ebenso, daß eine enge Schlucht das Vorgebirge von dem Steilufer trennte. Auf der anderen Seite erstreckte sich das Vorland über Sehweite nach Norden hinaus. Da der Hügel die ihn umgebenden Höhepunkte jedoch gut um hundert Fuß überragte, mußte der Blick von dessen Gipfel eine ziemlich umfassende Fernsicht gewähren, und darauf kam es ihm ja vorzüglich an.

Die Ersteigung war ziemlich beschwerlich; er mußte dabei von einem Felsstück zum anderen emporklimmen, und diese waren nicht selten so groß, daß Briant nur mit größter Mühe ihre oberen Kanten erlangen konnte. Da er jedoch zu derjenigen Klasse von Knaben gehörte, welche man mit Recht »Klettertiere« nennen könnte, da er von Jugend auf eine besondere Vorliebe für solche Wagstücke gehabt und sich dadurch eine ungewöhnliche Kühnheit, Geschmeidigkeit und Gewandtheit erworben hatte, so setzte er schließlich den Fuß auf den Gipfel, nachdem er wiederholt manch recht verderblichen Sturz glücklich vermieden hatte.

Das Fernrohr vor den Augen, lugte Briant nun zuerst in der Richtung nach Osten hinaus.

Diese Gegend erschien, soweit er sehen konnte, völlig

flach. Das steile Ufer bildete ihre größte Erhebung, und dessen Hochebene senkte sich ganz allmählich nach dem Inneren zu hinab. Weiter hinaus unterbrachen noch einige sehr mäßige Erhöhungen diese Fläche, ohne das Bild des Landes besonders zu verändern. Nach derselben Richtung hin bedeckten es große Waldmassen, welche unter ihrem jetzt mehr gelblichen Blätterdache die Wasserläufe bergen mochten, die dem Uferlande zueilten. Das Ganze erschien also bis zum Horizont hinaus als große Ebene, deren Durchmesser etwa zehn Meilen betragen konnte. Es hatte demnach nicht den Anschein, als ob das Meer an dieser Seite das Land begrenzte, und um festzustellen, ob dasselbe einer Insel oder einem Festland angehörte, bedurfte es eines weiter ausgedehnten Ausfluges in der Richtung nach Osten.

Nach Norden hin erkannte Briant kein Ende des Vorlandes, das sich in jener Linie wohl sieben bis acht Meilen weit ausdehnte. Jenseits eines weiter draußen liegenden, sehr verlängerten Vorberges bildete dieses vielmehr eine große sandige Fläche, welche man fast hätte als eine Wüste bezeichnen können.

Nach Süden zu und hinter dem anderen Vorgebirge, das sich dort am Ende der Bai erhob, verlief die Küste von Nordosten nach Südwesten und begrenzte da einen ausgedehnten Stumpf, der mit dem öden Vorland im Norden auffallend kontrastierte.

Briant hatte das Objektiv seines Fernrohrs aufmerksam über alle Teile dieses weiten Kreises hinweggeführt. Befand er sich auf einer Insel? War er auf einem Festland?

... Er hätte es nicht sagen können. Wenn es eine Insel war – so hatte diese wenigstens einen ziemlich bedeutenden Umfang – mehr konnte er vorläufig nicht feststellen.

Er wandte sich jetzt der Westseite zu. Das Meer erglänzte unter den schrägen Strahlen der Sonne, welche allmählich zum Horizont hinabsank.

Plötzlich nahm Briant das Fernrohr sehr hastig wieder vor das Auge und richtete es nach der äußersten Linie der offenen See.

»Schiffe!« rief er für sich. »Vorübersegelnde Schiffe!«

In der Tat zeigten sich drei schwarze Punkte am Rande der glitzernden Gewässer und in einer Entfernung, welche mindestens fünfzehn Meilen betragen mochte.

Wie fühlte sich Briant seltsam erregt! War er das Opfer einer Augentäuschung! Sah er dort wirklich Fahrzeuge vor sich?

Briant senkte das Fernrohr wieder, reinigte das von seinem Atem angelaufene Okular und blickte wieder hinaus ...

In der Tat schienen die drei schwarzen Punkte Schiffe anzugehören, von denen man nur den Rumpf sehen konnte. Von einer Bemastung zeigte sich freilich nichts, und jedenfalls deutete keine Rauchsäule darauf hin, daß es Dampfer in Fahrt wären.

Sofort kam Briant der Gedanke, daß diese Schiffe, wenn es solche waren, sich in viel zu großer Entfernung befanden, als daß sie Signale von ihm hätten wahrnehmen können. Da er auch annehmen mußte, daß seine Kameraden diese Fahrzeuge nicht bemerkt hätten, erschien es ihm als das beste, schnellstmöglich nach dem »Sloughi« zurückzukehren, um auf dem Strand ein großes Feuer anzuzünden und dann ... wenn die Sonne versunken war ...

Während dieser Gedanken behielt Briant die drei schwarzen Punkte unausgesetzt im Auge. Wie groß war aber seine Enttäuschung, als er sich überzeugte, daß diese sich nicht von der Stelle bewegten.

Von neuem richtete er das Fernrohr auf dieselben und behielt sie einige Minuten in dessen Gesichtsfeld ... Da wurde es ihm bald klar, daß er nur drei kleine Eilande vor sich hatte, die im Westen vor der Küste lagen und an denen der Schoner gewiß vorübergekommen war, als der Sturm ihn hierher verschlug, die aber bei der Dunkelheit nicht bemerkt worden waren.

Die Enttäuschung war eine recht schmerzliche.

Jetzt war es um zwei Uhr. Das Meer begann wieder

sich zurückzuziehen und ließ den Klippengürtel zur Seite des steilen Ufers trocken liegen. Briant hielt es an der Zeit, nach dem »Sloughi« heimzukehren, und bereitete sich vor, nach dem Fuße des Hügels hinabzusteigen.

Indessen wollte er noch einmal den östlichen Horizont besichtigen. Vielleicht erkannte er bei dem jetzt tieferen Stand der Sonne noch einen anderen Punkt des Landes, der ihm bisher entgangen war.

Er schritt also nochmals zu einer umfänglichen aufmerksamen Beobachtung in dieser Richtung, und wahrlich, er sollte diese Mühe nicht zu bereuen haben.

In der Tat unterschied er am äußersten Gesichtskreise und jenseits der Wälder sehr deutlich eine bläuliche Linie, die sich auf die Entfernung von einigen Meilen von Norden nach Süden hin fortsetzte, eine Linie, deren beide Enden sich hinter der verstreuten Masse von Bäumen verbargen.

»Was ist das?« fragte er sich.

Noch einmal blickte er möglichst scharf hinaus.

»Das Meer . . .! Ja . . . das ist das Meer!«

Fast wäre das Fernrohr seinen Händen entfallen.

Da sich das Meer auch im Osten ausdehnte, unterlag es keinem Zweifel mehr, daß es kein Festland war, auf dem der »Sloughi« scheiterte, sondern eine Insel, eine in der grenzenlosen Weite des Stillen Ozeans verlorene Insel, von der sie unmöglich wieder fortkommen konnten!

Alle diese Gefahren zogen wie eine flüchtige Vision vor den Gedanken des jungen Knaben vorüber. Sein Herz krampfte sich zusammen, daß er es kaum noch klopfen fühlte; doch er entriß sich mit Gewalt dieser Anwandlung von Schwäche, wohl begreifend, daß er sich, so beunruhigend die Zukunft auch erschien, nicht niederdrücken lassen durfte.

Eine Viertelstunde später war Briant wieder nach dem Strand hinabgestiegen und gelangte auf demselben Wege, den er am frühen Morgen eingeschlagen hatte, gegen fünf Uhr nach dem »Sloughi«, wo seine Kameraden seine Heimkehr mit großer Ungeduld erwarteten.

Sechstes Kapitel

Verhandlung. – Ein geplanter und verschobener Ausflug. – Schlechtes Wetter. – Der Fischfang. – Das riesenhafte Meergras. – Costar und Dole auf einem nicht besonders schnellen Renner reitend. – Die Vorbereitungen zum Aufbruch. – Auf den Knien vor dem südlichen Kreuz.

Noch am selben Tag nach dem Abendessen machte Briant die Großen mit den Ergebnissen seiner Nachforschung bekannt, die er wie folgt zusammenfaßte: In der Richtung nach Osten, jenseits der Zone der Waldungen, hatte er sehr deutlich eine Wasserlinie wahrgenommen, welche von Norden nach Süden zu verlief; das dieselbe dem Meer angehörte, erschien ihm nicht zweifelhaft. Der »Sloughi« hatte also das Unglück gehabt, auf einer Insel und nicht auf einem Festland zu scheitern.

Anfänglich nahmen Gordon und die übrigen diese Mitteilung ihres Gefährten mit großer Erregung auf. Wie, sie befanden sich auf einer Insel und ihnen fehlte es an jedem Mittel, von derselben wieder wegkommen zu können! Auf die frühere Absicht, nach Osten zu weiter in das angenommene Festland vorzudringen, sollten sie verzichten! Sollten verurteilt sein, auf ein Schiff zu warten, welches zufällig an dieser Küste vorübersegelte! War es denn wirklich an dem, daß das ihnen die einzige Aussicht auf Rettung bot . . .?

»Doch sollte sich Briant in seiner Wahrnehmung nicht getäuscht haben?« bemerkte Doniphan.

»Ja, Briant«, ließ sich Croß vernehmen, »könntest du nicht vielleicht eine Wolkenbank für das Meer angesehen haben?«

»Nein«, versicherte Briant, »ich bin fest überzeugt, mich nicht geirrt zu haben. Ich habe im Osten bestimmt eine Strecke Wasser gesehen, die sich bis zum Horizont ausbreitete.«

»In welcher Entfernung?«

»Etwa sechs Meilen vom Vorgebirge.«

»Und bis dahin gab es keine Berge, kein höher aufsteigendes Land?«

»Nein; nichts als den weiten Himmel!«

Briant schien seiner Sache so sicher, daß man seine Angaben vernünftigerweise nicht anzweifeln konnte.

Wie es Doniphan aber immer tat, wenn er über irgend etwas mit ihm sprach, so beharrte er auch jetzt bei seiner eigenen Meinung.

»Und ich wiederhole«, erklärte er, »daß Briant sich doch hat täuschen können, und so lange wir uns nicht mit eigenen Augen überzeugt haben ...«

»Das soll sehr bald geschehen«, unterbrach ihn Gordon, »denn wir müssen wissen, woran wir sind.«

»Und ich möchte hinzufügen«, meldete sich Baxter, »daß wir keinen Tag zu verlieren haben, wenn wir noch, im Falle wir auf einem Festland sind, vor Eintritt der schlechten Jahreszeit weiterziehen wollen.«

»Schon morgen«, nahm Gordon wieder das Wort, »werden wir, falls die Witterung es erlaubt, einen auf mehrere Tage ausgedehnten Ausflug unternehmen. Ich sage, wenn es schönes Wetter ist; denn sich in die dichten Wälde des Inneren bei schlechtem Wetter zu wagen, würde eine entschiedene Torheit sein ...«

»Ganz recht, Gordon«, bestätigte Briant, »und wenn wir die entgegengesetzte Seite der Insel ereicht haben ...«

»Im Fall es eine Insel ist!« rief Doniphan dazwischen, der ungläubig mit den Achseln zuckte.

»Es ist aber eine Insel«, versetzte Briant ungehalten. »Ich habe mich nicht getäuscht! Mit vollster Deutlichkeit habe ich im Osten das Meer erkannt. Doniphan gefällt sich nur darin, mir, seiner Gewohnheit gemäß, zu widersprechen ...«

»Oh, du bist nicht unfehlbar, Briant!«

»Nein, das bin ich nicht; doch dieses Mal werdet ihr ja sehen, ob ich mich geirrt habe! Ich werde selbst ausziehen, dieses Land näher zu besichtigen, und wenn Doniphan mich begleiten will ...«

»Natürlich geh' ich mit!«

»Und wir ebenfalls!« riefen drei oder vier der größeren Knaben.

»Gut . . .! Schon gut . . .!« meinte Gordon; »nur nicht über den Strang geschlagen, meine Freunde! Wenn wir auch noch Kinder sind, wollen wir doch gleich Männern handeln. Unsere Lage ist sehr ernst, und eine Unklugheit könnte sie nur noch verschlimmern! Nein, alle dürfen wir nicht durch jene Wälder ziehen. Die Kleinen könnten uns dahin doch nicht folgen, und sollen wir diese allein auf dem »Sloughi« zurücklassen? Mögen Doniphan und Briant sich dorthin auf den Weg machen, und zwei ihrer Kameraden sie begleiten . . .«

»Ich!« meldete sich Wilcox.

»Und ich!« rief Service.

»Meinetwegen«, antwortete Gordon; »drei werden übrig genug sein. Kommt ihr nicht rechtzeitig zurück, so könnte euch immer noch einer von uns entgegengehen, während die anderen auf dem Schoner verbleiben. Vergeßt nicht, daß hier unser Lager, unser ›Haus‹ ist, und das dürfen wir nicht verlassen, außer wenn wir sicher sind, uns auf einem Festland zu befinden.«

»Wir sind auf einer Insel!« erwiderte Briant. »Ich bleibe bei meiner Behauptung!«

»Das werden wir sehen!« sagte Doniphan.

Die klugen Ratschläge Gordons hatten der Meinungsverschiedenheit dieser jungen Starrköpfe ein Ende gemacht. Auch Briant erkannte gern an, daß es notwendig sei, durch die ganze Breite der Wälder des Inneren zu gehen, um bis zu der von ihm gesehenen Wasserlinie selbst zu gelangen. Angenommen, es war das Meer, das sich da im Osten vor ihnen ausdehnte, so konnten in derselben Richtung ja auch noch andere, vielleicht nur durch einen schmalen Kanal getrennte Inseln liegen, nach denen sie ohne Schwierigkeiten übersetzen konnten. Und wenn diese Insel einem Archipel angehörte, wenn am Horizont sich größere Höhen zeigten, so mußte man sich doch wohl davon genauere Kenntnis verschaffen, ehe ein Entschluß bezüglich der Rettung aller gefaßt werden konnte. Unzweifelhaft war ja nur, daß nach Westen hin kein Land lag zwischen diesem Teil des Stillen Ozeans und den Küsten von Neuseeland. Die jungen Schiffbrüchigen durften also nur hoffen, ein bewohntes Gebiet zu finden, wenn sie ein solches nach der Seite des Sonnenaufgangs suchten.

Jedenfalls schien es geraten, diese Nachforschung nur bei ganz gutem Wetter anzustellen, und so wie Gordon gesagt hatte, geziemte es sich für sie, nicht wie Kinder, sondern wie Männer zu handeln. Bei den Umständen, unter denen sie sich befanden, bei den noch in Zukunft drohenden Gefahren, mußte ihre Lage, wenn die Knaben nicht eine frühreife Einsicht entwickelten, wenn der leichte Sinn, die natürliche Inkonsequenz ihres Lebensalters sie vorwiegend beeinflußten und zwischen ihnen vielleicht gar noch Uneinigkeit eintrat – welche an sich schon bedenklich genug erschien –, eine geradezu verzweifelte werden, und in Erwägung dessen war Gordon fest entschlossen, alles zu tun, um eine gewisse Ordnung unter seinen Kameraden zu erhalten.

So eilig es Briant und Doniphan indes mit ihrem Ausflug hatten, zwang sie ein Umschlag der Witterung doch, diesen zu vertagen. Am nächsten Morgen fiel nämlich mit einzelnen Unterbrechungen ein recht kalter Regen herab. Das fortwährende Fallen des Barometers stellte eine Periode unsteter Witterung in Aussicht, von der niemand vorher wissen konnte, was sie mit sich bringen würde. Unter solchen ungünstigen Bedingungen wäre es mehr als tollkühn gewesen, sich weiter hinaus zu wagen.

Übrigens war das gewiß nicht besonders zu beklagen. Es versteht sich zwar von selbst, daß es alle – von den Kleinsten kann hierbei nicht die Rede sein – verlangte zu wissen, ob das Meer sie von allen Seiten umschloß. Doch wenn sie auch die Gewißheit erlangten, auf einem Festland zu sein, hätten sie wohl daran denken können, quer durch ein ihnen völlig unbekanntes Land zu wandern, und noch obendrein, wenn der Eintritt schlechterer Jahreszeit allen Anzeichen nach so nahe bevorstand? Konnten sie die Anstrengung eines Marsches aushalten, der sich möglicherweise über Hunderte von Meilen hin erstreckte?

Hätte der Kräftigste von ihnen Ausdauer genug besessen, ein so fernes Ziel zu erreichen? Nein! Um ein solches Unternehmen voraussichtlich glücklich durchzuführen, mußte dasselbe bis zur Zeit der langen Tage verschoben werden, wo keine Unbill der Witterung, wie sie der Winter mit sich bringt, zu befürchten war. Die kleine Gesellschaft mußte sich wohl oder übel entschließen, die kalte Jahreszeit auf dem »Sloughi« auszuhalten.

Gordon hatte sich inzwischen die Mühe nicht verdrießen lassen, festzustellen, in welchem Teil des Ozeans der Schiffbruch wohl stattgefunden hätte. Der Stielersche Atlas, der zur Bibliothek der Yacht gehörte, enthielt auch eine Reihe von Karten des Stillen Ozeans. Verfolgte man nun die Wegstrecke von Auckland bis zur Westküste Amerikas, so lag nördlich desselben und jenseits der Pomotu-Inseln nichts als die Osterinsel und die Insel Juan Fernandez, auf der Selkirk – ein wirklicher Robinson – einen Teil seines Lebens zugebracht hatte. Nach Süden zu fand sich kein Land bis nach den unbegrenzten Flächen des antarktischen Ozeans. Weiter östlich stieß man dann auf die längs der Küste Chiles verstreuten Chiloë- oder Madre-de-Dios-Inseln, und tiefer unten auf die Magellan-Straße und das Feuerland, um welche am Kap Horn das Meer stets mit furchtbarem Wüten brandete.

War der Schoner gar auf eine dieser öden Inseln verschlagen worden, welche nur die Pampas zu Nachbarn haben, so würden die Knaben Hunderte von Meilen zurückzulegen haben, um nach den bewohnten Gebieten Chiles, La Platas oder der argentinischen Republik zu gelangen. Welche Hilfsmittel boten ihnen aber diese ungeheuren Einöden, wo Gefahren aller Art den Reisenden bedrohen?

Solchen Aussichten gegenüber empfahl es sich, mit größter Vorsicht zu Werke zu gehen und sich nicht einem elenden Untergang auf dem Wege durch unbekannte Gebiete auszusetzen.

Das war nicht nur Gordons Ansicht, sondern Briant und Baxter teilten dieselbe gleichmäßig, und Doniphan und sein Anhang mußten sich ihr am Ende gezwungen auch anschließen.

Der Plan einer nach Osten weiter zu verfolgenden Nachforschung, um die Land- und Wasserverhältnisse daselbst genau kennenzulernen, blieb natürlich bestehen, konnte jedoch während der folgenden vierzehn Tage nicht zur Ausführung gebracht werden. Das Wetter wurde geradezu abscheulich; es regnete oft vom Morgen bis zum Abend und fast unausgesetzt heulte ein mächtiger Sturm. Der Ausflug mußte also wohl oder übel verschoben werden, sosehr es sie auch verlangte, die so wichtige Frage über die Natur des Landes, auf dem sie weilten, endgültig gelöst zu sehen.

Während dieser langen stürmischen Tage sahen sich Gordon und seine Kameraden auf das Schiff beschränkt, ohne daß sie deshalb untätig blieben. Einesteils erforderten alle Geräte usw. eine fortwährende Aufmerksamkeit, und dann hatten sie auch stets Beschädigungen der Yacht auszubessern, welche von dem Ungestüm des Wetters recht ernstlich zu leiden hatte. Die Planken begannen allmählich sich weiter zu öffnen, und das Deck war nicht mehr wasserdicht. An einigen Stellen drang der Regen schon durch die Fugen, deren Werg sich allmählich ausfaserte, so daß sich deren frische Kalfaterung unverzüglich nötig machte.

Sehr dringend erschien es nun auch, ein minder unzuverlässiges Obdach zu suchen. An eine »Auswanderung« nach dem fernen Osten war unter fünf bis sechs Monaten doch nicht zu denken, und so lange hielt der »Sloughi« sicherlich nicht mehr zusammen. Mußten sie diesen aber während der rauhen Jahreszeit verlassen, wo hätten sie Unterkunft finden sollen, da der Westabhang des Steilufers nicht einmal eine Aushöhlung darbot, welche benutzt werden konnte? Jedenfalls mußten also an der anderen Seite desselben neue Nachforschungen angestellt werden, um dort, geschützt vor den Seewinden, wenn es nicht anders anging, eine für alle ausreichende Wohnung zu erbauen.

Die jetzt dringendsten Ausbesserungen bezweckten übrigens weniger, dem eindringenden Wasser als der Luft die Wege in den Schiffsrumpf zu verschließen und die innere Wegerung, welche sich schon abzulösen begann, noch einmal zu befestigen.

Gordon hätte gerne die Reservesegel zur Umhüllung des ganzen Rumpfes der Yacht verwendet; er schrak aber doch davor zurück, diese dichten Gewebe zu opfern, welche vortrefflich zur Errichtung eines Zeltes dienen konnten, wnn sie zufällig in die Lage kamen, vorübergehend vielleicht gar unter freiem Himmel zu nächtigen.

Inzwischen war die gesamte Ladung in einzelne Ballen verteilt und in Gordons Notizbuch diejenigen derselben mit Nummern bezeichnet worden, welche im Notfall schleunigst ans Land geschafft werden sollten.

Klärte sich das Wetter einmal für wenige Stunden auf, so zogen Doniphan, Webb und Wilcox sogleich zur Jagd auf Felstauben hinaus, welche Moko mit mehr oder weniger Erfolg in verschiedener Weise zuzubereiten sich bemühte. Andererseits beschäftigten sich Garnett, Service und Croß, denen sich auch die Kleinen anschlossen und die selbst Jacques zuweilen begleitete, wenn sein Bruder das ausdrücklich verlangte, mit dem Fischfang. In ihrem Küstengewässer, welches sich sehr fischreich erwies, bot die Bai, inmitten der an den ersten Klippen abgelagerten Algen, vorzügliche Vertreter der Familie »Nothotenia« sowie größerer und kleinerer Stockfische. Zwischen den Fäden des gewaltigen Meergrases, des »Kelps«, welche bis vierhundert Fuß Länge hatten, wimmelte es von kleinen Fischen, die man mit den Händen fangen konnte.

Da hätte man die Freudenrufe der jungen Fischer hören sollen, als sie ihre Schnuren oder Netze nach dem Rande der Klippenbank herausgezogen!

»Ich habe welche...! Ich habe wunderschöne Fische!« rief Jenkins... »Ei, wie groß sie sind!«

»Und meine..., die sind noch größer als die deinigen«, behauptete Iverson, der Dole zur Unterstützung herbeirief.

»Sie werden uns noch entwischen«, rief Costar.

Die anderen eilten ihnen zu Hilfe.

»Festhalten...! Festhalten...!« ermahnten Garnett und Service, von dem einen zum anderen laufend, »und zieht die Netze schnell ein!«

»Ich kann nicht... Ich kann nicht!« wiederholte Costar, den die Last fast hinunterzog.

Mit vereinten Kräften gelang es endlich allen, die Netze bis auf den Sand zu schleppen. Es war die höchste Zeit, denn inmitten des klaren Wassers tummelten sich eine Menge Hyxinen, eine Art Raubbricken, welche die in den Maschen zappelnden Fische gewiß balb weggeschnappt hätten. Obwohl auf diese Weise sehr viele verlorengingen, so genügte der Rest doch noch reichlich für die Bedürfnisse des Tisches. Vorzüglich die kleinen Stockfische lieferten, sowohl frisch genossen, wie in Salz eingesetzt, ein vortreffliches Fleisch.

Bezüglich des Fanges an der Mündung des Rio, so erzielte dieser nur mittelmäßige Exemplare von »Galaxias«, eine Art Gründling, welche Moko als Backfische zubereitete.

Am 27. März gab ein bedeutsamer Fang Veranlassung zu einem recht drolligen Auftritt. Im Laufe des Nachmittags, als der Regen einmal aufgehört hatte, begaben sich die Kleinen mit ihren Fischgeräten nach dem Rio.

Plötzlich ertönten laute Schreie – mittels welchen sie die anderen zu Hilfe riefen.

Gordon, Briant, Service und Moko, welche an Bord des Schoners beschäftigt waren, unterbrachen ihre Arbeit und eilten in der Richtung hin, von der die Rufe ertönten. Bald hatten sie die fünf- bis sechshundert Schritte Entfernung bis zum Rio zurückgelegt.

»Schnell, schnell, hierher...! Kommt hierher!« rief

Jenkins.

»Schnell, schnell, seht nur Costar mit seinem Renner!« sagte Iverson.

»Noch schneller, Briant, noch schneller, oder er geht uns durch!« wiederholte Jenkins.

»Genug . . .! Genug! Laß mich herunter . . .! Ich fürchte mich!« rief Costar weinend und mit den kläglichsten Gebärden.

»Hui . . .! Hui!« rief dagegen Dole, der hinter Costar auf einer sich bewegenden Masse Platz genommen hatte.

Diese Masse war nichts anderes als eine sehr große Schildkröte, eine jener gewaltigen Chelonier, die man meist auf der Oberfläche des Meeres eingeschlafen antrifft.

Hier war sie jedoch auf dem Strand überrascht worden und suchte jetzt ihr natürliches Element wieder zu gewinnen.

Vergebens bemühten sich die Kinder, nachdem sie eine Leine um den Hals des Tieres geschlungen, die sich auch über dessen Rücken hin fortsetzte, das kräftige Tier zurückzuhalten, dieses kroch immer weiter, und wenn es auch nicht schnell von der Stelle kam, so zog es doch mit unwiderstehlicher Gewalt die ganze Gesellschaft nach sich. Aus Scherz hatte Jenkins den kleinen Costar auf den Rückenschild gesetzt, und Dole hielt rittlings hinter ihm den Knaben fest, der nun um so ängstlicher schrie, je mehr die Schildkröte sich dem Meere näherte.

»Nur Mut, Costa, nur Mut!« rief Gordon.

»Und achte darauf, daß dein Pferd nicht die Trense zwischen die Zähne nimmt!« setzte Service hinzu.

Briant konnte sich, da von einer Gefahr gar keine Rede war, des Lachens nicht enthalten. Wenn Dole Costar losließ, so brauchte dieser nur hinabzugleiten, um jeder Furcht ledig zu sein.

Dringend schien es dagegen, das Tier zu fangen. Es lag auf der Hand, daß alle zusammen, wenn auch Briant seine Kräfte mit denen der Kleinen vereinte, nicht imstande sein würden, dasselbe aufzuhalten. Man mußte also auf ein Mittel denken, dessen Weiterkriechen zu verhindern, ehe es im Wasser verschwand, wo es dann unbedingt in Sicherheit war.

Die Revolver, welche Gordon und Briant vom Schoner mitgenommen hatten, konnten hier zu nichts dienen, denn der Rückenpanzer einer Schildkröte verträgt eine Kugel ohne Schaden, und wenn man dieselbe mit Äxten angegriffen hätte, so zog jene einfach Kopf und Füße ein und vereitelte damit jeden Angriff.

»Es gibt nur ein einziges Mittel«, sagte Gordon, »und das besteht darin, sie auf den Rücken zu wenden.«

»Doch wie?« erwiderte Service. »Das Tier da wiegt wenigstens seine dreihundert Pfund, und wir werden nie imstande sein . . .«

»Sparren, Sparren holen!« rief Briant.

Begleitet von Moko, lief er, was ihn die Füße tragen konnten, nach dem »Sloughi« zurück.

In diesem Augenblick befand sich die Schildkröte nur noch dreißig Schritte vom Meer. Gordon beeilte sich, um Costar und Dole, die noch immer auf dem Tier saßen, herunter zu heben. Dann packten alle den Strick und zerrten mit Leibeskräften daran rückwärts, ohne den Gang des Tieres nur verzögern zu können; ja, dieses wäre wohl imstande gewesen, die ganze Pension Chairman fortzuschleppen.

Glücklicherweise kamen Briant und Moko zurück, ehe die Schildkröte das Meer erreicht hatte.

Zwei Sparren wurden ihr unter das Brustschild geschoben, und mit Hilfe dieser Hebel gelang es endlich, freilich nicht ohne große Anstrengung, sie auf den Rücken zu wenden. Hiermit war dieselbe endgültig gefangen, da sie unmöglich wieder selbst auf die Füße zu kommen vermochte.

In dem Augenblick übrigens, wo sie den Kopf einziehen wollte, traf sie Briant mit einem so wohlgezielten Axthieb, daß sie das Leben fast augenblicklich verlor.

»Nun, Costar, hast du noch immer vor der großen Schnecke Angst?« fragte er den kleinen Knaben.

»Nein, nein, Briant, die ist ja tot.«

»Schön«, rief Service, »ich wette aber, daß du nicht von ihr zu essen wagst.«

»Kann man das Tier denn essen?«

»Gewiß!«

»Dann, wenn es gut ist, ess' ich auch davon!« erwiderte Costar, dem schon das Wasser im Munde zusammenlief.

»Oh, es ist sogar ausgezeichnet«, versicherte Moko, der gar nicht genug rühmen konnte, wie schmackhaft das Fleisch der Schildkröten sei.

Da man nicht daran denken konnte, diese schwere Masse nach der Yacht zu befördern, mußte man sich zum Ausweiden derselben an Ort und Stelle entschließen. Das war zwar eine etwas widerwärtige Arbeit; die jungen Schiffbrüchigen gewöhnten sich indessen schon langsam an die mancherlei recht unangenehmen Notwendigkeiten dieses Robinsonlebens. Die schwierigste Aufgabe war es, das Brustschild zu zersprengen, dessen metallische Härte selbst die Schneide einer Axt schartig gemacht hätte. Es gelang das endlich nach Einführung eines Bankmeißels in die Verbindungsstellen der Platten. Darauf wurde das in Stücke geschnittene Fleisch nach dem »Sloughi« geschafft.

Noch am nämlichen Tag konnten sich alle überzeugen, daß die Schildkrötenbouillon wirklich vorzüglich schmeckte, ganz zu schweigen von den gerösteten Fleischschnitten, welche verzehrt wurden, obwohl Moko auf den glühenden Kohlen sie hatte etwas schwarz werden lassen. Auch Phann bezeigte auf seine Weise, daß die Reste des Tieres für eine Hundezunge nicht zu verachten waren.

Die Schildkröte hatte über sechzig Pfund Fleisch geliefert, wodurch es möglich wurde, die Vorräte der Yacht zu schonen.

Unter solchen Verhältnissen verstrich der Monat März. Während der drei Wochen seit dem Schiffbruch des »Sloughi« hatte jeder nach besten Kräften gearbeitet, schon im Hinblick auf ein längeres Verweilen an dieser Küste. Jetzt kam es, ehe der Winter seinen Einzug hielt, darauf an, die wichtige Frage, ob Festland oder Insel, mit Bestimmtheit zu lösen.

Am 1. April wurde es offenbar, daß die Witterung in nächster Zeit umschlagen würde. Das Barometer stieg langsam, und der Wind, der auf das Land zustand, schwächte sich mehr und mehr ab. Man konnte sich über diese Vorzeichen einer bevorstehenden Ruhe der Atmosphäre, und zwar einer länger andauernden, nicht täuschen. Die Umstände gestatteten damit einen Forschungszug nach dem Innern des Landes.

Die Großen sprachen an jenem Tag schon davon und begannen nach reiflicher Überlegung bereits die Vorbereitungen zu jenem Ausflug, dessen hohe Bedeutung sich keiner verhehlte.

»Ich denke«, begann Doniphan, »daß uns nichts abhält, schon morgen früh aufzubrechen . . .?«

»Ich hoffe, nichts«, antwortete Briant, »und dann werden wir uns zu früher Stunde aufmachen müssen.«

»Ich habe aufgeschrieben«, ließ Gordon sich vernehmen, »daß die Landgrenze der im Osten wahrgenommenen Wasserlinie sich sechs bis sieben Meilen vom Vorgebirge befinden soll.«

»Ja«, bestätigte Briant; »da sich die Bai aber tief ins Land hineinzieht, ist es möglich, daß die Entfernung von unserem Lager aus eine kürzere wäre.«

»Und dann«, nahm Gordon das Wort, »könnte euer Ausflug ja kaum über vierundzwanzig Stunden in Anspruch nehmen.«

»Gewiß, Gordon, wenn es uns möglich ist, direkt nach Osten hin vorzudringen; doch werden wir einen Weg durch die Wälder finden, wenn wir das Steilufer erst hinter uns haben?«

»Oh, das ist die Schwierigkeit nicht, die uns aufhalten dürfte«, bemerkte Doniphan.

»Zugegeben«, antwortete Briant, »doch andere Hindernisse könnten uns den Weg verlegen, ein Wasserlauf, ein Sumpf oder was weiß ich? Es erscheint also gewiß ratsam, sich mit Nahrungsmitteln für eine mehrtägige Reise zu versehen.«

»Und mit Munition«, setzte Wilcox hinzu.

»Das versteht sich von selbst«, erwiderte Briant, »und du, Gordon, brauchst dich, im Falle wir nach vierundzwanzig Stunden noch nicht zurück wären, um uns nicht zu ängstigen.«

»Ich werde schon unruhig sein, wenn eure Abwesenheit auch nur einen halben Tag dauert«, antwortete Gordon. »Doch was reden wir hiervon – der Ausflug ist einmal beschlossen, und ihr werdet ihn unternehmen. Übrigens darf der Zweck desselben nicht allein der sein, das im Osten gesehene Meer zu erreichen; ihr müßt auch das Land jenseits des Steilufers ins Auge fassen. An unserer Seite hier haben wir keine Höhle gefunden, und wenn wir den »Sloughi« erst verlassen müssen, wollen wir unser Lager doch da aufschlagen, wo es vor den Seewinden geschützt ist. Die schlechte Jahreszeit auf diesem Strand zuzubringen erscheint mir untunlich.«

»Du hast recht, Gordon«, stimmte Briant ihm zu, »und wir werden nach einem Plätzchen suchen, wo wir uns später häuslich niederlassen können . . .«

»Es müßte sich denn nachweisen lassen, daß wir diese vermeintliche Insel nicht verlassen können«, bemerkte Doniphan, der immer auf seine Rede zurückkam.

»Das versteht sich, vorausgesetzt, daß die schon weit vorgeschrittene Jahreszeit es gestattet«, antwortete Gordon. »Nun, wir werden ja unser Bestes tun. Morgen also zum Aufbruch!«

Die Vorbereitungen waren bald beendet. Lebensmittel für vier Tage, in Säcken, welche an einem breiten Gurt getragen wurden, vier Flinten, vier Revolver, zwei kleine Schiffsäxte, ein Taschenkompaß, ein weittragendes Fernrohr, um das Land in einem Umkreis von drei bis vier Meilen genau überblicken zu können, Reisedecken, ferner neben dem gewöhnlichen Inhalt der Taschen, Lunten und Feuerstahl, nebst Streichhölzern, das schien für die

Bedürfnisse einer kürzeren, aber nicht ungefährlichen Expedition zu genügen. Briant wie Doniphan, ebenso Service und Wilcox, welche jene begleiten sollten, mußten jedenfalls vorsichtig vorgehen, die Augen immer überall hinwenden und durften sich nicht trennen.

Gordon sagte sich wohl, daß seine Anwesenheit zwischen Briant und Doniphan nicht unnütz gewesen wäre; es erschien ihm aber doch klüger, bei dem »Sloughi« zu bleiben, um die kleineren Gefährten zu überwachen. Von Briant, den er einmal beiseite nahm, erhielt er übrigens die Zusicherung, daß dieser jede gereizte Auseinandersetzung und jeden Streit unbedingt vermeiden werde.

Die Vorhersagung des Barometers war in Erfüllung gegangen. Vor dem Ende des Tages waren die letzten Wolken im Norden verschwunden. Die Kreislinie des Meeres zeichnete sich im Westen scharf am Horizont ab. Die prächtigen Sternbilder der südlichen Halbkugel flimmerten am Firmament und unter ihnen das herrliche südliche Kreuz, welches am antarktischen Pol der Welt leuchtet.

Am Abend der bevorstehenden Trennung fühlten Gordon und seine Kameraden ihr Herz recht schwer belastet. Was konnte sich alles bei einem Ausflug ereignen, der vielleicht unerwartete Zwischenfälle bot. Und während ihre Blicke am Sternenhimmel hafteten, wendeten sich die Gedanken ihren Eltern, ihren Familien und der teuren Heimat zu, welche sie vielleicht niemals wiedersehen sollten . . .!

Da knieten die Kleinen vor dem südlichen Kreuz nieder, wie sie es vor dem Kreuze einer Kapelle getan hätten. Rief es sie denn nicht, zu dem allmächtigen Schöpfer dieser Himmelswunder zu beten und ihre Hoffnung auf ihn zu setzen?

Siebtes Kapitel

Der Birkenwald. – Von der Höhe des Steilufers. – Durch den Wald. – Ein Weg über den Creek. – Der Rio als Wegweiser. – Nachtlager. – Die Ajoupa. – Die bläuliche Linie. – Phann löscht seinen Durst.

Briant, Doniphan, Wilcox und Service hatten das Lager des »Sloughi« um sieben Uhr morgens verlassen. Die am wolkenlosen Himmel aufsteigende Sonne versprach einen jener schönen Tage, wie sie der Oktober zuweilen den Bewohnern der gemäßigten Zone auf der nördlichen Halbkugel beschert und an dem weder Hitze noch Kälte zu fürchten war. Wenn irgendein Hindernis ihr Fortkommen verzögerte, so konnte das nur vom Erdboden selbst ausgehen.

Anfangs zogen die jungen Forscher schräg über das Vorland, um nach dem Felsen des Steilufers zu gelangen. Gordon hatte ihnen empfohlen, Phann mitzunehmen, dessen Instinkt ihnen gewiß von Nutzen sein konnte, und deshalb nahm das treue Tier an dem Zuge teil.

Eine Viertelstunde nach dem Aufbruch waren die vier Knaben schon unter dem Blätterdach des Waldes verschwunden, der bald durchmessen wurde. Auf den Bäumen flatterten verschiedene Vögel umher. Doniphan, der seinem Gelüste widerstand, ließ sie unbehelligt. Selbst Phann schien zu begreifen, daß sein weites Hinundherlaufen jetzt unnütz sei, und hielt sich bei seinen Herren, ohne sich von diesen weiter zu entfernen, als es seine Rolle als Kundschafter bedingte.

Die nächste Absicht ging dahin, dem Fuß des Steilufers bis zu dem im Norden der Bai gelegenen Vorgebirge nachzugehen, wenn es, ehe sie ans Ende desselben kamen, unmöglich schien, die Höhe zu übersteigen, dann wollte man auf die von Briant gemeldete Wasserfläche zumarschieren. Dieser Weg hatte, wenn er auch nicht der kürzeste war, doch den Vorzug der Sicherheit. Ein bis zwei Meilen Umweg genierte die kräftigen Knaben, welche gute Fußgänger waren, nicht im geringsten.

Sobald er das Steilufer erreicht, erkannte Briant auch die Stelle wieder, wo er mit Gordon gelegentlich des ersten Ausfluges haltgemacht hatte. Da sich in diesem Teil der Kalkwand kein Durchgang vorfand, mußten sie im Norden eine gangbare Stelle suchen, und wenn sie das auch zwang, bis zum Vorgebirge selbst zu gehen. Das nahm freilich einen ganzen Tag in Anspruch, doch man konnte eben nicht anders zu Werke gehen, im Fall sich das Steilufer an seiner Westseite überall unersteigbar erwies.

Briant setzte das seinen Kameraden auseinander, und auch Doniphan erhob dagegen, nachdem er mehrere vergebliche Versuche gemacht, die Abhänge der Böschung zu erklimmen, keinen weiteren Einspruch. Alle vier folgten also den äußersten Gesteinslagen, an welche die letzte Reihe der Bäume fast heranreichte.

Eine Stunde etwa marschierte man so vorwärts, und da man voraussichtlich bis zum Vorgebirge hinausziehen mußte, so sorgte sich Briant schon darüber, ob der Weg dahin wirklich frei sein würde. Hatte zu dieser vorgerückten Stunde die Flut nicht den Strand schon wieder bedeckt? Das hätte den Verlust eines halben Tages bedeutet, wenn man warten mußte, bis die Ebbe die Klippenbank wieder trockengelegt hatte.

»Beeilen wir uns«, sagte er, nachdem er ihnen mitgeteilt, wie nötig es sei, der Flut hier zuvorzukommen.

»Bah«, erwiderte Wilcox, »da würden wir uns doch höchstens die Knöchel etwas naß machen!«

»Die Knöchel, dann die Brust und nachher die Ohren«, antwortete Briant. »Das Meer steigt hier mindestens um fünf bis sechs Fuß. Wahrlich, ich glaube, wir hätten besser getan, geraden Wegs auf das Vorgebirge loszugehen.«

»Das hättest du vorschlagen müssen«, versetzte Doniphan. »Du, Briant, dienst uns hier als Führer, und wenn wir eine Verzögerung erleiden, so wirst allein du die Verantwortung tragen!«

»Du sollst ja recht haben, Doniphan, doch laß uns keinen Augenblick verlieren! – Wo ist denn Service.«

Er rief laut:

»Service ...! Service!«

Der Knabe war nicht mehr da. Nachdem er sich mit seinem Freund Phann entfernt, war er hinter einem Vorsprung des Steilufers, etwa hundert Schritte zur Rechten, verschwunden.

Da ertönten, begleitet vom Gebell des Hundes, laute Ausrufe, so als ob Service sich in Gefahr befände.

In kürzester Zeit hatten Briant, Doniphan und Wilcox ihren Kameraden eingeholt, der vor einer offenbar schon lange vorhandenen Einsturzstelle der Felswand wartete. Durch immer wieder einsickerndes Wasser oder überhaupt durch die Unbill der Witterung, welche im Laufe der Zeit die Kalkmasse lockerte, hatte sich hier eine Art Halbtrichter gebildet, der, mit dem Halse nach unten zu, von der oberen Kante der Steinwand bis zum Fuße derselben reichte. In der sonst fast senkrechten Mauer öffnete sich damit also eine halbkegelförmige Schlucht, deren innere Wände stärkere Neigungswinkel als solche von vierzig bis fünfzig Grad nirgends zeigten. Die Unregelmäßigkeiten derselben boten übrigens eine Reihenfolge von Stützpunkten, auf denen der Fuß Halt fand. Gewandte und gelenkige Knaben mußten also die Kammhöhe der Wand ohne große Beschwerde erklimmen können, wenn sie dabei nicht einen Nachsturz des Gesteines veranlaßten.

Die mögliche Aussicht hierauf hielt sie jedoch nicht zurück.

Doniphan schwang sich zuerst auf die am Grunde lagernden Blöcke.

»Warte ...! Warte ...!« rief Briant ihm zu. »Begehe keine Unklugheit!«

Doniphan hörte jedoch nicht auf diese Warnung, und da ihn seine Eigenliebe anspornte, es seinen Kameraden – vor allem gerade Briant – vorauszutun, hatte er sehr bald schon die Hälfte der Schlucht erklettert.

Seine Kameraden folgten ihm nach, vermieden aber die Stellen gerade unter ihm, um nicht von den Bruchstücken getroffen zu werden, welche von der Kalksteinmasse losbrachen und bis zum Erdboden unter öfterem Aufschlagen hinabrollten.

Alles lief gut ab, und Doniphan genoß die Befriedigung, den Fuß auf den Kamm des Steilufers zu setzen, während die anderen erst nach ihm ebenda anlangten.

Doniphan hatte schon sein Fernrohr aus dem Etui gezogen und richtete es nach der Oberfläche der Waldungen, welche sich nach Osten hin bis über Sehweite hinaus fortsetzten.

Hier bot sich ihm das gleiche Rundgemälde von Himmel und Grün, das Briant von der Höhe des Vorgebirges aus gesehen hatte – nur in etwas beschränkterer Ausdehnung, da letzteres das Steilufer noch um hundert Fuß überragte.

»Nun«, fragte Wilcox, »du siehst nichts?«

»Ganz und gar nichts«, versicherte Doniphan.

»So laß mich einmal hindurchsehen«, sagte Wilcox.

Doniphan reichte das Fernrohr dem Kameraden, während sein Gesicht eine unverhohlene Befriedigung widerspiegelte.

»Ich kann nicht die geringste Wasserlinie entdecken«, sagte Wilcox, das Fernrohr senkend.

»Das ist sehr erklärlich«, antwortete Doniphan, »da es nach dieser Seite hin überhaupt keine gibt. Du kannst ja hindurchsehen, Briant, und ich glaube, du erkennst dann deinen Irrtum . . .«

»Das wäre nutzlos«, erwiderte Briant, »ich weiß, daß ich micht nicht getäuscht habe.«

»Das ist doch etwas stark . . .! Wir können beide nichts erblicken . . .«

»Sehr natürlich, weil unser Standpunkt hier niedriger ist als das Vorgebirge und weil die Sehweite dadurch verkürzt wird. Wären wir auf der Höhe, wo ich damals stand, so würde die bläuliche Linie in der Entfernung von sechs bis sieben Meilen sichtbar sein. Dann würdet ihr deutlich erkennen, daß sie die von mir angegebene Lage hat und daß es unmöglich ist, sie mit einer flachen Wolkenschicht zu verwechseln.«

»Das ist leicht gesagt . . .!« warf Wilcox ein.

»Und auch leicht bewiesen«, antwortete Briant gelassen. »Ziehen wir nur über die Hochfläche des Steilufers, dann durch die Wälder hin, und gehen wir immer weiter, bis wir die Stelle erreichen . . .«

»Ah, sehr schön«, unterbrach ihn Doniphan, »das könnte uns weit weg führen, und wer weiß, ob sich's der Mühe lohnte . . .«

»So bleib du hier, Doniphan«, sagte Briant, der, Gordons Rat folgend, trotz des bösen Willens des Kameraden seine Ruhe bewahrte. »Bleib hier zurück; Service und ich werden allein gehen . . .«

»Nein, wir gehen mit!« rief Wilcox. »Auf, Doniphan, und vorwärts nun!«

»Wenn wir erst gefrühstückt haben!« meinte Service.

In der Tat empfahl es sich, vor dem Wideraufbruch einen stärkenden Imbiß einzunehmen.

Das war nach einer halben Stunde abgetan, und dann zogen die Knaben weiter.

Die erste Meile wurde schnell zurückgelegt, da der Rasenboden keine Hindernisse bot. Da und dort zeigten sich kleine steinige Erhebungen, mit Moos und Flechten überzogen. Durch Zwischenräume voneinander getrennt, erhoben sich auch einzelne Gruppen von Gebüsch, hier baumartige Farne oder Lycopoden, dort Heidekraut, Berberitzensträucher, Stechpalmen mit stacheligen fleischigen Blättern oder Buschhaufen einer anderen Berberitzenart mit sehr zähen Blättern, welche sich selbst noch in sehr hohen Breiten reichlich vermehrt.

Als Briant mit seinen Gefährten die ebene Fläche überschritten, konnten sie auch nur mit Mühe an der anderen Seite des hier fast ebenso hohen und wie nach der Bai zu schroff abfallenden Steilufers hinuntergelangen. Ohne das halbausgetrocknete Bett eines Bergbaches, dessen vielfache Windungen die Steilheit des Abhanges etwas ermäßigten, wären sie wohl genötigt gewesen, hier oben bis zum Vorgebirge hin zu wandern.

Im Wald selbst gestaltete sich das Fortkommen auf dem von üppig wuchernden Pflanzen und hohem Gras bedeckten Boden weit beschwerlicher. Manchmal sperrten umgestürzte Bäume den Weg oder war das Unterholz so dicht, daß sie sich erst mit der Axt Bahn brechen mußten. Die Knaben arbeiteten sich hier in der nämlichen Weise vorwärts, wie die Pioniere der Kultur in den Urwäldern der Neuen Welt. Jeden Augenblick gab es hier Aufenthalt, der die Arme mehr ermüdete als die Beine und das Fortkommen so verzögerte, daß der vom Morgen bis zum Abend zurückgelegte Weg kaum mehr als drei bis vier Meilen betrug.

Es schien in der Tat, als sei noch kein menschliches Wesen durch diese üppigen Waldungen vorgedrungen, wenigstens fand sich davon keine Spur. Der schmalste Pfad hätte ja hingereicht, dafür den Beweis zu erbringen; doch nirgends war ein solcher zu entdecken. Das Alter oder irgendein Orkan, aber nicht des Menschen Hand hatte diese mächtigen Bäume gefällt. Das an manchen Stellen niedergetretene Gras deutete nur auf das Vorüberkommen mittelgroßer Tiere, von denen jetzt noch einige entflohen, ohne daß die Art derselben zu bestimmen gewesen wäre. Jedenfalls waren sie nicht besonders zu fürchten, da sie sich so eilig über Schußweite in Sicherheit brachten.

Dem ungeduldigen Doniphan zuckte zwar schon die Hand, nach der Flinte zu greifen und den Flüchtigen eine Kugel nachzusenden, doch siegte in ihm die Vernunft, so daß eine Einmischung Briants unnötig wurde, um jenen an Begehung der Unklugheit zu hindern, durch einen Schuß ihre Gegenwart zu verraten.

Begriff Doniphan auch, daß er seiner Lieblingswaffe hier Schweigen gebieten mußte, so hätte es doch nicht an Gelegenheit gefehlt, sie ein Wort sprechen zu lassen. Bei jedem Schritte flatterten hier Rebhühner von der Sippe der sogenannten Tinamus und von vorzüglichem Geschmack in die Höhe, oder Uferschwalben glitten pfeilschnell dahin; ferner zeigten sich Krammetsvögel, wilde Gänse und Kraniche in großer Menge, ohne das andere Geflügel zu rechnen, das man hier hundertweise hätte erlegen können.

Für den Fall eines längeren Verbleibens in dieser Gegend versprach die Jagd also hinreichende Nahrungsmittel zu liefern. Davon überzeugte sich Doniphan vom Beginn dieses Ausfluges an, bereit, sich später für die ihm jetzt aufgezwungene Zurückhaltung gebührend zu entschädigen.

Die Baumarten des Waldes gehörten vorwiegend verschiedenen Sorten von Birken und Buchen an, welche ihre Äste mit den zartgrünen Zweigen wohl bis auf hundert Fuß emporstreckten. Unter den anderen Bäumen fanden sich schön gewachsene Zypressen, Myrtaceen mit rötlichem und überaus festem Holz und Gruppen jener prächtigen, »Winters« genannten Gewächse, deren Rinden einen dem des Zimts nahekommenden Wohlgeruch verbreiten.

Es war zwei Uhr, als ein nochmaliger Halt gemacht wurde, und zwar inmitten einer ganz schmalen, von einem seichten Rio – wofür man in Nordamerika die Bezeichnung »creek« gebraucht – durchströmten Lichtung. Das vollkommen klare Wasser dieses Creek floß langsam über ein schwärzliches Felsenbett hin. Wenn man seinen friedlichen und wenig tiefen Lauf betrachtete, der weder abgestorbenes Holz noch welkes Gras mit sich führte, so konnte man wohl annehmen, daß seine Quellen nicht weit von hier zu suchen wären. Über die in demselben verstreuten Seine hinweg konnte man ihn leicht überschreiten; ja, an einer Stelle schienen solche flache Steine so ordnungsgemäß aneinandergeschichtet, daß das auf den ersten Blick aufallen mußte.

»Das sieht ja merkwürdig aus!« sagte Doniphan.

In der Tat bildete das Ganze eine Art chaussierten Weges von einem Ufer zum anderen.

»Man könnte es für eine Brücke halten«, meinte Service, der schon daran ging, sie zu überschreiten.

»Halt . . .! Achtung!« rief ihm da Briant zu. »Wir müssen die Anordnung dieser Steine erst näher besichtigen!«

»Es ist doch ganz unmöglich«, fügte Wilcox hinzu, »daß sie der reine Zufall so aneinandergefügt hätte . . .«

»Nein«, pflichtete ihm Briant bei; »mir scheint es, als habe hier jemand einen gangbaren Weg über den Rio herstellen wollen. Doch, sehen wir näher zu!«

Man prüfte nun sorgsam die einzelnen Bestandteile dieser schmalen Chaussee, welche das Wasser nur um wenige Zoll überragte und die während der Regenzeit überschwemmt sein mußte.

Konnte man deshalb aber sagen, daß es die Hand des Menschen gewesen sei, welche diese Steinplatten quer durch den Creek gelagert, um das Überschreiten des Wasserlaufes zu erleichtern? – Nein; es war dagegen wohl mit mehr Wahrscheinlichkeit anzunehmen, daß die Gewalt der Strömung zur Zeit des Hochwassers sie hier nach und nach zuammengehäuft und damit eine natürliche Brücke gebildet hatte. So erklärte sich wenigstens auf einfache Weise das Vorhandensein dieses Steges, und nach genauester Besichtigung nahm auch Briant mit seinen Kameraden diese Anschauung an.

Hierzu muß bemerkt werden, daß das rechte Ufer ebensowenig wie das linke andere Spuren erkennen ließ und nichts darauf hindeutete, daß der Fuß eines Menschen jemals diese Lichtung betreten habe.

Der Creek selbst strömte nach Nordosten, also nach der der Bai entgegengesetzten Seite. Mündete er also wohl in das Meer, welches Briant vom Gipfel des Vorgebirges gesehen zu haben behauptete?

»Wenn dieser Rio«, bemerkte dazu Doniphan, »nicht nur der Nebenarm eines größeren Flusses ist, der selbst nach Westen zu verläuft.«

»Das werden wir bald sehen«, antwortete Briant, der es für zwecklos erachtete, über diesen Gegenstand weiter zu verhandeln. »Solange er jedoch ohne allzu große Umwege die Richtung nach Osten beibehält, find' ich es am besten, ihm nachzugehen.«

Die vier Knaben brachen wieder auf, nachdem sie den Creek auf jener Naturbrücke überschritten, um weiter stromaufwärts sich dazu nicht etwa unter ungünstigeren Verhältnissen gezwungen zu sehen.

Es war leicht genug, dem Uferrande zu folgen, bis auf wenige Stellen, wo gewisse Baumgruppen ihre Wurzeln in dem murmelnden Wasser badeten, während ihre Zweige sich von Ufer zu Ufer verstrickten. Machte der Creek auch zuweilen einen scharfen Bogen, so ergab der Kompaß doch eine allgemeine Richtung desselben nach Osten. Seine Mündung mochte von hier noch ziemlich weit entfernt sein, da die Strömung weder an Schnelligkeit noch das Bett an Breite zunahm.

Gegen fünfeinhalb Uhr mußten Briant und Doniphan zu ihrem Leidwesen erkennen, daß der Lauf des Creek sich entschieden nach Norden richtete. Folgten sie ihm auch noch ferner als Leitfaden, so wurden sie offenbar weit ab und nach einer ihrem Ziele nicht entsprechenden Richtung weggeführt. Sie beschlossen also in Übereinstimmung, von dem Ufer abzuweichen und durch die dichtesten Birken und Buchen einen geraden Weg nach Osten zu einzuschlagen.

Doch welche Schwierigkeiten brachte das mit sich! Inmitten des hohen, ihre Köpfe zuweilen überragenden Grases mußten sie sich wiederholt anrufen, um zusammen zu bleiben.

Da nach eintägiger Wanderung noch nichts die Nähe einer größeren Wasserfläche verriet, wurde Briant allgemach etwas unruhig. Sollte er doch das Opfer einer Augentäuschung gewesen sein, als er von der Höhe des Vorgebirges den Horizont betrachtete? . . .

»Nein, nein . . .!« wiederholte er sich. »Ich habe mich nicht getäuscht! . . . Das kann nicht sein . . .! Das ist nicht der Fall!«

Doch wie dem auch sein mochte, jedenfalls war um sieben Uhr abends die Grenze des Waldes noch nicht erreicht, und die Dunkelheit schon zu groß, um noch weiter vorwärts zu dringen.

Briant und Doniphan beschlossen haltzumachen und die Nacht unter dem Schutz der Bäume zu verbringen. Ein gutes Stück Corned beef mußte den Hunger stillen, und unter dicken Decken würde man von der Kälte nichts zu leiden haben. Außerdem würde sie nichts gehindert haben, mit dürren Zweigen ein Feuer anzuzünden, wenn diese zum Schutz gegen Raubtiere sehr empfehlenswerte Maßregel sich hier nicht wegen der Möglichkeit verboten hätte, daß der Schein desselben etwaige Eingeborene heranlocken könnte.

»Es ist besser, wir vermeiden die Gefahr entdeckt zu werden«, bemerkte Doniphan.

Alle stimmten ihm zu und beschäftigten sich nur noch mit dem Abendessen. An Appetit fehlte es ihnen nicht. Nachdem sie von ihrem Reiseproviant gehörig zugelangt, wollten sie sich schon am Fuße einer großen Birke ausstrecken, als Service noch auf ein nur wenige Schritte entferntes Dickicht hinweis. Aus diesem Dickicht strebte – soweit sich das bei der Dunkelheit erkennen ließ – ein mittelhoher Baum empor, dessen untere Zweige wieder bis zur Erde herabreichten. Hier legten sich dann alle, in ihre Decken gehüllt, auf einem Haufen trockener Blätter nieder. In ihrem Alter läßt der Schlaf sich nicht lange bitten; bald lagen sie denn auch in süßem Schlummer, während Phann, dem es eigentlich oblag zu wachen, es seinen Herren nachzutun sich anschickte.

Ein- oder zweimal ließ der Hund wohl ein längeres Knurren vernehmen. Offenbar streiften einzelne Raub- oder andere Tiere durch den Wald; sie kamen aber bis in die unmittelbare Nähe des Lagers nicht heran.

Es war gegen sieben Uhr, als Briant und seine Kameraden erwachten. Die schrägen Strahlen der Sonne erleuchteten nur unbestimmt den Ort, wo sie die Nacht zugebracht hatten.

Service kroch zuerst aus dem Dickicht hervor, sofort aber schrie er wieder auf, oder ließ wenigstens Rufe des Erstaunens hören.

»Briant...! Doniphan...! Wilcox...! Kommt, kommt doch!«

»Was gibt es denn?« fragte Briant.

»Ja, was ist denn los?« ließ sich Wilcox vernehmen. Mit seiner Gewohnheit gleich aufzuschreien, setzt uns Service immer in unnötigen Schrecken...!

»Schon gut...! Schon gut...!« antwortete Service. »Seht doch einmal nach, wo wir geschlafen haben!«

Es war das kein Dickicht, sondern eine Blätterhütte, welche die Indianer »Ajoupa« nennen und die sie aus verflochtenen Zweigen herstellen. Die Ajoupa hier mußte vor langer Zeit errichtet sein, denn Dach und Wände derselben hielten nur noch zusammen, weil sie sich an den Baum in der Mitte stützten, dessen Laubwerk die denjenigen der Indianer Südamerikas ganz ähnliche Hütte neu überkleidete.

»Hier gibt es also doch Menschen...?« fragte Doniphan, schnell umherblickend.

»Ja, oder es hat mindestens solche gegeben«, antwortete Briant, »denn diese Blätterhütte hat sich nicht allein aufbauen können.«

»Damit erklärt sich auch das Vorhandensein des Steinplattensteges über den Creek!« bemerkte Wilcox.

»Nun, desto besser«, rief Service. »Leben hier Landesbewohner, so sind es brave Leute, da sie uns diese Hütte ganz speziell zum Übernachten errichtet haben!«

In Wirklichkeit freilich war nichts ungewisser, als daß die Eingeborenen dieses Landes gerade so »brave Leute« wären, wie Service sich äußerte. Offenkundig schien nur, daß Eingeborene diesen Teil des Waldes besuchten oder vor mehr oder weniger langer Zeit besucht hatten. Diese Eingeborenen konnten aber nur Indianer sein, wenn das Gebiet hier mit dem Festland der Neuen Welt zusammenhing, oder Polynesier, vielleicht gar Kannibalen, wenn es eine Insel war, die einem der Archipele Ozeaniens angehörte. Diese letztere Möglichkeit barg natürlich schwere Gefahren in sich und machte die Lösung der schwebenden Frage desto dringlicher.

Briant wollte schon weiterwandern, als Doniphan vorschlug, jene Hütte genau zu durchsuchen, wenn dieselbe auch offenbar seit sehr langer Zeit verlassen sein mußte.

Möglicherweise fand sich hier irgendwelcher Gegenstand, ein Werkzeug, Instrument oder Gerät, dessen Ursprung man zu erkennen vermochte.

Das auf dem Boden der Ajoupa ausgebreitete Lager von trockenen Blättern wurde sorgfältig weggeräumt und in einer Ecke fand Service wirklich einen Scherben aus gebranntem Ton, der einem Napf oder einer bauchigen Flasche angehört haben mochte. Das war zwar ein neues Beweisstück von menschlicher Arbeit, es klärte sie aber über nichts auf. Sie mußten ihre Wanderung also weiter fortsetzen.

Gegen halb acht Uhr brachen die Knaben, den Kompaß in der Hand, auf und zogen in gerader Richtung nach Osten über einen leicht abfallenden Erdboden hin. So wanderten sie zwei Stunden hindurch langsam, sehr langsam weiter, da sie sich durch das feste Gewirr von Büschen und Sträuchern wiederholt erst mit der Axt einen Weg bahnen mußten.

Endlich, kurz vor zehn Uhr, breitete sich vor ihren Augen ein anderer Horizont aus als die endlose Waldfläche. Jenseits der letzteren lag eine mit Mastixbüschen, Thymian und Heidekraut bedeckte Ebene. Eine halbe Meile weiter im Osten umschloß dieselbe einen Streifen sandigen Landes, an welches sanft die Brandung des von Briant gesehenen und bis zu den Grenzen des Horizonts hinausreichenden Meeres anschlug ...

Doniphan schwieg mäuschenstill. Es kostete den ehrgeizigen Knaben nicht wenig, anzuerkennen, daß sein Kamerad sich nicht getäuscht hatte.

Briant, dem es übrigens nach gar keinem Triumph dürstete, betrachtete inzwischen die Umgebung durch das Fernrohr.

Im Norden wendete sich die von den Sonnenstrahlen glänzend erleuchtete Küste etwas nach links hin.

Der Süden bot denselben Anblick, nur rundete sich

hier das Gestade zu einem mehr vorspringenden Bogen ab.

Jetzt konnte niemand länger zweifeln. Es war kein Festland, sondern eine Insel, auf welche der Sturm den Schoner geschleudert hatte, und sie mußten auf jede Hoffnung, von hier wieder wegzukommen, verzichten, wenn ihnen nicht von außen Hilfe wurde.

Nach der hohen See hinaus war kein weiteres Land in Sicht. Es schien, als ob diese Insel ganz vereinzelt und wie verloren in der ungeheuren Wasserwüste des Stillen Ozeans liege. Nachdem Briant, Doniphan, Wilcox und Service die sich bis zum Strand hinziehende Ebene überschritten, machten sie am Fuß eines niedrigen Sandhügels halt. Sie wollten nur frühstücken, um dann durch den Wald zurückzukehren. Wenn sie sich recht beeilten, war es vielleicht möglich, den »Sloughi« vor Einbruch der Nacht wieder zu erreichen.

Während dieser übrigens recht traurigen Rast wechselten sie kaum einige Worte.

Endlich raffte Doniphan Rucksack und Flinte zusammen, erhob sich und sagte nur:

»Laßt uns aufbrechen!«

Alle vier schickten sich denn nach einem letzten Blick über das vor ihnen liegende Meer an, über die Ebene zurückzuziehen, als Phann noch einmal nach dem Saum des Strandes davonsprang.

»Phann ...! Phann!« rief Service.

Der Hund lief aber, den feuchten Sand hinter sich aufwerfend, in großen Sätzen weiter. Dann gelangte er mit einem Sprung in die kleinen Brandungswellen und begann hier gierig zu saufen.

»Er trinkt ...! Er trinkt ...!« rief Doniphan.

In einem Augenblick hatte Doniphan den schmalen Sandstreifen hinter sich und kostete einige Tropfen des Wassers, mit dem Phann seinen Durst stillte ... Es schmeckte nicht salzig!

Nur ein See war es, der sich bis zum östlichen Horizont hin ausdehnte – nicht das Meer.

Achtes Kapitel

Im Westen des Sees. – Längs des Ufers. – Strauße in Sicht. – Ein aus dem See abfließender Rio. – Ruhige Nacht. – Die Rückseite des Steilufers. – Ein Damm. – Trümmer eines Bootes. – Die Inschrift. – Die Höhle.

Die hochwichtige Frage, von der das Wohl oder Wehe der jungen Schiffbrüchigen abhing, blieb also auch jetzt noch ungelöst. Daß das vermeintliche Meer ein See sei, war über jeden Zweifel erhaben. Konnte es deshalb jedoch nicht immer noch möglich sein, daß dieser See nur einer Insel angehörte? Würde man nicht bei weiterer Ausdehnung dieser Nachforschung auf das wirkliche Meer treffen – auf das Meer, über welches zu entkommen jedes Mittel mangelte?

Dieser See zeigte übrigens eine recht ansehnliche Ausdehnung, da der Himmelshorizont – wie Doniphan bemerkte – drei Viertel seines Umfanges abschloß. Das machte es wieder wahrscheinlicher, daß man sich hier auf einem Festland und nicht auf einer Insel befinde.

»Danach wäre es also Amerika, an dessen Strande wir scheiterten«, sagte Briant.

»Das hab' ich von jeher angenommen«, antwortete Doniphan, »und es scheint, ich irrte damit nicht.«

»Jedenfalls«, erwiderte Briant, »war es eine Wasserlinie, die ich im Osten wahrgenommen hatte . . .«

»Zugegeben; ein Meer war es aber nicht!«

Diese berechtigte Einrede gewährte Doniphan offenbar eine Befriedigung, welche mehr für seine Eitelkeit als für ein gutes Herz sprach. Briant beschied sich ohne Groll; jedenfalls war es im allgemeinen Interesse besser, daß er sich teilweise getäuscht hatte. Auf einem Festlande würden sie nicht Gefangene sein, wie auf einer Insel. Inzwischen erschien es notwendig, eine noch günstigere Zeit abzuwarten, um einen Auszug nach Osten zu unternehmen. Die zu überwindenden Schwierigkeiten, um nur eine Strecke von wenigen Meilen vom Lagerplatze nach diesem See zu gelangen, mußten ja ganz unmäßig anwachsen, wenn es galt, lange Zeit mit der ganzen kleinen Gesellschaft dahinzuziehen. Jetzt stand man schon im Anfang des April, und der Winter der südlichen Halbkugel bricht weit schneller herein, als der der nördlichen Erdhälfte. Deshalb war an einen Aufbruch erst nach Wiedereintritt der schöneren Jahreszeit zu denken.

Dennoch konnte der Aufenthalt an dieser von den Seewinden gepeitschten Bai der Westküste nicht mehr lange zu ertragen sein. Vor Ende des Monats mußte der Schoner jedenfalls geräumt werden. Da Gordon und Briant ferner am Westabhang des Steilufers keine passende Aushöhlung gefunden hatten, machte es sich notwendig, Umschau zu halten, ob sich nicht nach der Seite des Binnensees eine zur Niederlassung geeignete Stelle entdekken ließ. Jetzt galt es also, dessen Umgebung sorgfältig zu besichtigen, wenn diese Nachforschung die Rückkehr auch um einen oder zwei Tage verzögerte. Gordon würde sich darüber zwar nicht wenig beunruhigen, doch änderte das an Briants und Doniphans Entschluß nichts. Ihr Mundvorrat mußte noch auf achtundvierzig Stunden ausreichen, und da kein Anzeichen eine Änderung der Witterung befürchen ließ, beschlossen sie, nach Süden hin der Seeküste nachzugehen.

Aber auch noch ein anderer Grund bestimmte sie, ihre Nachforschungen weiter auszudehnen.

Unzweifelhaft war dieser Teil des Landes von Eingeborenen bewohnt oder mindestens besucht gewesen. Der durch den Creek gelegte Weg, die Ajoupa, deren Errichtung die Gegenwart von Menschen vor längerer oder kürzerer Zeit erkennen ließ, waren lauter Hindeutungen, welche eine Ergänzung erforderten, ehe man sich zu einer Ansiedlung für den Winter entschloß. Vielleicht vervollständigten die bisher gefundenen auch noch weitere Merkzeichen. Abgesehen von Eingeborenen, konnte ja auch ein Schiffbrüchiger bis zu dem Zeitpunkte gelebt haben, wo er endlich eine der Städte des Festlandes erreichte. Das verlohnte schon der Mühe, die Nachforschungen über die Umgebung des Sees auszudehnen.

Eine offene Frage blieb es nur, ob Briant und Doniphan nach Norden oder nach Süden zu weiterziehen sollten. Da sie sich aber bei Einhaltung der letzteren Richtung gleichzeitig dem »Sloughi« mehr näherten, entschieden sie sich für diese. Später würde sich ja herausstellen, ob es ratsam erscheine, auch noch nach dem anderen Ende des Sees vorzudringen.

Nach hierüber erzielter Einigung machten sich alle vier gegen halb neun Uhr wieder auf den Weg durch die grasbestandenen kleinen Dünen, welche die im Westen von dichtem Grün umrahmte Ebene stellenweise unterbrachen.

Phann sprang voraus und jagte ganze Scharen von Tinamus auf, die sich im Schutz der Mastixgebüsche oder großer Farnwedel niedergelassen hatten. Hier fanden sich auch zuweilen rote und weiße Moosbeeren und wilde Selleriestauden, von welchen ein wichtiger hygienischer Gebrauch zu machen war. Die Gewehre dagegen mußten in Ruhe bleiben, um durch das Schießen keine Aufmerksamkeit zu erregen, im Falle die Umgebung des Sees von eingeborenen Stämmen unsicher gemacht wurde.

Dem Gestade einmal längs des Fußes der Dünen und dann wieder ganz nahe am sandigen Strand folgend, konnten die Knaben im Laufe dieses Tages ohne zu große Anstrengung noch gegen zehn Meilen hinter sich bringen. Eine Spur von Eingeborenen fanden sie dabei nicht. Keine Rauchsäule wirbelte aus dem Waldesdikkicht empor; kein Eindruck eines Fußes zeigte sich in dem Sande, den der Wellenschlag dieser großen, bis an ihr Ende nicht übersehbaren Wasserfläche feucht erhielt. Es schien nur, als ob deren nördliches Ufer sich wieder nach Süden zu wendete, um hier den Ring um den See zu schließen. Sonst zeigte sich dieser gänzlich verlassen. Weder hob sich ein Segel von dem Horizont ab, noch glitt eine Piroge über seine schimmernde Fläche. War dieses Gebiet bewohnt gewesen, so konnte das heute kaum noch der Fall sein.

Wilde Tiere oder Wiederkäuer sah man nirgends. Zwei- oder dreimal im Laufe des Nachmittags zeigten sich einige Vögel am Saum des Waldes, ohne daß man sich denselben zu nähern vermochte. Das verhinderte Service jedoch nicht, auszurufen:

»Das sind Strauße!«

»Dann wenigstens sehr kleine Strauße, ihrer geringen Körperhöhe nach zu urteilen«, bemerkte Doniphan.

»Aber es sind doch Strauße«, versetzte Briant; »und wenn wir auf einem Festland weilen . . .«

»Zweifelst du daran noch immer?« warf Doniphan spöttisch ein.

»So muß es das Amerikas sein, wo sich diese Tiere in großer Menge finden«, fuhr Briant fort, »das war's allein, was ich sagen wollte.«

Gegen sieben Uhr abends wurde haltgemacht. Am nächsten Morgen hoffte man, wenn nicht unerwartete Hindernisse eintraten, nach der Sloughi-Bai – so nannte man schon allgemein den Uferteil, an dem der Schoner auf den Grund geraten war – zurückzukehren.

Am heutigen Abend wär es übrigens unmöglich gewesen, in der Richtung nach Süden noch weiterzumarschieren. An dem erreichten Punkt verlief nämlich ein Rio, durch den das Wasser des Sees abfloß und den sie nur schwimmend überschreiten konnten. Die Dunkelheit gestattete überdies kein genaues Erkennen der Örtlichkeit, und es schien, als ob ein Steilufer die rechte Seite dieses Rios einfaßte.

Nach eingenommener Abendmahlzeit dachten Briant, Doniphan, Wilcox und Service nur noch daran auszuruhen – diesmal wegen Mangel an einer Hütte unter freiem Himmel. Aber sie waren so glänzend, die Sterne, welche da am Himmelsgewölbe funkelten, während die Sichel des zunehmenden Mondes im Westen nach dem Stillen Ozean niedertauchte.

Alles still auf dem See wie am Strand. Die vier zwischen den mächtigen Wurzeln einer Buche gelagerten

Knaben lagen bald in so tiefem Schlafe, daß auch kein Donnerschlag sie aufgeweckt hätte. Ebensowenig wie Phann vernahmen sie ein ziemlich nahes Gebell, das nur vom Schakal herrühren konnte, noch ein entferntes Geheul, aller Wahrscheinlichkeit nach das Geheul von Raubtieren. In dieser Gegend, wo Strauße in wildem Zustand lebten, konnte man auch das Vorkommen von Jaguars oder Cuguars vermuten, welche den Tiger oder den Löwen des südlichen Afrika vertreten. Die Nacht verlief jedoch ohne Störung. Gegen vier Uhr früh aber, als das Tageslicht den Horizont jenseits des Sees noch nicht erhellt hatte, gab der Hund Zeichen von Aufregung, indem er dumpf knurrte und auf dem Erdboden mit der Nase hinstrich, als wolle er einer Fährte nachgehen.

Es war gegen sieben Uhr geworden, als Briant seine in ihre Decken gewickelten Kameraden weckte.

Alle waren sofort auf den Füßen, und während Service ein Stück Schiffszwieback kaute, warfen die anderen drei einen ersten Blick über die Gegend auf der anderen Seite des Wasserlaufs.

»Wahrhaftig«, rief Wilcox, »wir haben sehr wohl daran getan, gestern jeden Versuch der Überschreitung dieses Rios zu unterlassen; wir wären in den schlimmsten Sumpf geraten!«

»Ja freilich«, meinte Briant, »das ist eine Sumpfniederung, die sich nach Süden hinzieht und deren Ende man nicht zu erkennen vermag.«

»Seht da!« rief Doniphan, »seht nur die zahlreichen Scharen von Enten, Krickenten und Bekassinen, welche auf dessen Oberfläche flattern! Könnten wir uns für den Winter hier niederlassen, so wären wir sicher, an eßbarem Wild nie Mangel zu leiden.«

»Und warum könnten wir das nicht?« erwiderte Briant, der sich nach dem rechten Ufer des Rios begab.

Im Hintergrund erhob sich ein mächtiges Steilufer, das auf der anderen Seite schroff abzufallen schien. Von seinen beiden fast in rechtem Winkel zusammenstoßenden Schenkeln lehnte sich der eine an die Seite des kleinen

Flusses, während der andere nach dem See zu gerichtet war. Ob diese Erhebung sich nach Nordwesten hin fortsetzte und dieselbe war, welche die Sloughi-Bai einfaßte, das ließ sich erst nach näherer Untersuchung der weiteren Umgebung feststellen.

Was den Rio betraf, so erstreckte sich sein rechtes Ufer etwa in der Breite von zwanzig Fuß längs der benachbarten Höhen hin, während das sehr niedrige linke sich kaum von den Einschnitten, Wasserlachen und Schlammflächen der sumpfigen Ebene unterschied, welche sich nach Süden zu über Sehweite verlor. Um die Richtung des Wasserlaufs kennenzulernen, mußte man dessen Steilufer ersteigen, und Briant nahm sich vor, nicht eher, als bis er das ausgeführt, nach der Sloughi-Bai zurückzukehren.

Zuerst galt es nun, den Rio da in Augenschein zu nehmen, wo das Gewässer des Sees sich in sein Bett ergoß. Er maß hier nur etwa vierzig Fuß Breite, mußte aber sowohl hieran wie an Tiefe zunehmen, je mehr er sich seiner Ausmündung näherte, wenigstens wenn er Zufluß aus dem Sumpfe oder dem höher gelegenen Lande erhielt.

»Ha, seht doch!« rief Wilcox, als er den Fuß des Steilufers erreichte.

Was seine Aufmerksamkeit erregte, war eine Anhäufung von Steinen, welche eine Art Damm bildeten, eine ganz ähnliche Anordnung, wie die, welche sie im Walde angetroffen hatten.

»Dieses Mal kann kein Zweifel mehr sein!« sagte Briant.

»Nein, unmöglich!« antwortete Doniphan, indem er gleichzeitig nach einzelnen Holzresten am Ende des Dammes hinwies.

Diese Trümmer rührten ganz bestimmt von dem Rumpfe eines Fahrzeugs her und unter ihnen befand sich ein Stück stark verfaultes und von grünem Moos überzogenes Holz, dessen Krümmung verriet, daß es zu einem Vordersteven gehört hatte, und an dem auch noch ein vom Rost ganz zerfressener Eisenring hing.

»Ein Ring . . .! Ein Ring!« rief Service.

Unbeweglich sahen sich alle rund um, als müsse der Mann, der sich dieses Bootes bedient, der diesen Damm aufgetragen hatte, jeden Augenblick erscheinen.

Nein . . .! Niemand! Viele Jahre waren verflossen, seitdem dieses Boot am Ufer des Rios zurückgelassen sein mochte. Ob der Mann, der hier gelebt, je seinesgleichen wiedergesehen oder ob sein elendes Dasein auf diesem Lande geendet, ohne daß er dasselbe verlassen konnte, wer hätte das sagen können?

Man begreift aber gewiß die Erregtheit dieser jungen Leute gegenüber den Beweisstücken des Daseins eines Menschen, welches sie nicht mehr bezweifeln konnten.

Da bemerkten sie auch das auffallende Benehmen des Hundes. Phann hatte offenbar eine Fährte gefunden. Mit aufgerichteten Ohren und wedelndem Schweife schlüpfte er unter dem Grase am Erdboden hin.

»Seht nur Phann!« sagte Service.

»Er hat etwas gewittert«, sagte Doniphan, der nach dem Hund zurückging.

Phan war stehengeblieben, hatte die eine Pfote erhoben und den Kopf aufgerichtet. Dann stürmte er plötzlich nach einer Baumgruppe, welche am Fuße des Steilufers an der Seeseite stand.

Briant und seine Kameraden folgten ihm nach. Nach wenigen Augenblicken standen sie vor einer uralten Buche still, deren Rinde zwei Buchstaben und eine Jahreszahl in folgender Anordnung zeigte:

J. B.
1807.

Briant, Doniphan, Wilcox und Service wären lange stumm und regungslos vor dieser Inschrift stehengeblieben, wenn Phann nicht zurücklief und im Winkel der anstoßenden Uferhöhe verschwand.

»Hier, Phann, hierher . . .!« rief Briant.

Der Hund folgte dem Rufe nicht, ließ dagegen ein lautes Gebell vernehmen.

»Jetzt Achtung!« sagte Briant. »Bleiben wir beisammen und haben wir wohl acht!«

Gewiß konnten sie in ihrer Lage gar nicht mit zu großer Vorsicht handeln. Vielleicht befand sich eine Rotte Eingeborener in der Nachbarschaft, und deren Anwesenheit war mehr zu fürchten als zu wünschen, wenn sie zu den wilden Indianerhorden gehörten, welche die Pampas von Südamerika bevölkern.

Die Gewehre wurden schußfertig gemacht und die Revolver zur Hand genommen, um zur Verteidigung bereit zu sein.

Die Knaben drangen weiter vor; als sie den Winkel der Uferhöhe hinter sich hatten, glitten sie längs des schmalen Ufersaumes des Rios hin. Sie mochten kaum zwanzig Schritte zurückgelegt haben, als Doniphan sich bückte und einen Gegenstand von der Erde aufhob.

Es war eine Schaufel, deren Eisenteil mit dem verfaulten Griff kaum noch zusammenhing – aber eine Schaufel von amerikanischem oder europäischem Ursprung, nicht eines jener plumpen Geräte, wie sie die Wilden Polynesiens herstellen. Wie der Ring des Fahrzeuges, so war auch diese stark oxydiert und hatte jedenfalls seit einer langen Reihe von Jahren hier gelegen.

Am Fuße des Steilufers gewahrte man auch noch einige Spuren von Kultur, nämlich einige unregelmäßige Furchen und ein kleines Beet von Ignamen, die aus Mangel an Pflege wieder ganz verwildert waren.

Plötzlich ertönte wieder ein dumpfes Bellen. Phann erschien in ganz seltsamer Aufregung. Er drehte sich um sich selbst, lief vor seinen jungen Herren her, sah sie an, rief sie und schien sie einzuladen, ihm zu folgen.

»Er hat sicher etwas Außerordentliches gefunden«, sagte Briant, der den Hund vergeblich zu beruhigen suchte.

»Laßt uns gehen, wohin er uns führt«, sagte Doniphan, der Wilcox und Service durch ein Zeichen aufforderte, ihm zu folgen.

Zehn Schritte weiterhin erhob sich Phann vor einer

Anhäufung von Gebüschen und Sträuchern, deren Zweige sich am Fuße des Steilufers vielfach verstrickten.

Briant trat vor, um nachzusehen, ob dieser Haufen nicht den Kadaver eines Tieres oder gar eines Menschen bedeckte, auf dessen Fährte Phann gekommen war... Da, als er das Zweiggewirr etwas lüftete, bemerkte er eine enge Öffnung.

»Sollte hier eine Höhle sein?« rief er, wenige Schritte zurückweichend.

»Das wäre ja möglich«, antwortete Doniphan. »Doch, was befindet sich in diesr Höhle?«

»Das werden wir bald erfahren!« sagte Briant.

Mit seiner Axt begann er nun die jene Öffnung verdekkenden Zweige zu zerteilen. Trotz gespannten Lauschens hörte er nichts Verdächtiges.

Service wollte schon in den schnell freigelegten Eingang eindringen, als Briant ihm sagte:

»Sehen wir erst zu, was Phann beginnt!«

Der Hund gab noch immer ein dumpfes, also nicht besonders beruhigendes Gebell von sich.

Und doch, wäre ein lebendes Wesen in dieser Höhle gewesen, so wäre es sicher aus derselben schon herausgekommen.

Sie mußten wissen, was sie hier hatten. Da jedoch die Luft im Innern der Höhle schädlich und unatembar sein konnte, warf Briant eine Handvoll angezündeten trockenen Grases durch die Öffnung. Auf dem Boden sich ausbreitend, brannten die Halme lebhaft weiter, ein Beweis von der Atembarkeit der Luft.

»Gehen wir nun hinein?« fragte Wilcox.

»Jawohl«, antwortete Doniphan.

»Wartet wenigstens, bis wir darin deutlich sehen können«, sagte Briant.

Er hatte schon einen harzigen Zweig von einer der Fichten geschnitten, welche am Rande des Rios wuchsen, und setzte denselben jetzt in Brand. Gefolgt von seinen Kameraden, wand er sich nun durch das Gestrüpp.

Am Eingang selbst maß die Öffnung fünf Fuß in der

Höhe bei zwei Fuß Breite; sie weitete sich jedoch schnell aus und bildete eine Höhle von etwa zehn Fuß Höhe und doppelter Breite, deren Boden aus ganz trockenem feinem Sand bestand. Beim Eintreten schon stieß Wilcox gegen einen hölzernen Schemel, der nahe einem Tische stand, auf welchem verschiedenes Geschirr zu sehen war, wie ein Steingutkrug, große Muschelschalen, welche wohl als Teller gedient hatten, ein Messer mit schartiger und verrosteter Klinge, zwei bis drei Angelhaken, eine Blechtasse, welche ebenso leer war wie der Krug. An der entgegengesetzten Wand befand sich eine Art Koffer aus lose verbundenen Planken, der noch einzelne zerfetzte Kleidungsstücke enthielt.

Es lag also auf der Hand, daß diese Höhle bewohnt gewesen war, jedoch zu welcher Zeit und von wem? Lag das menschliche Wesen, das hier gelebt, vielleicht in einem Winkel ...?

Im Hintergrund erhob sich eine erbärmliche Lagerstätte mit einer völlig zerrissenen wollenen Decke darüber. Am Kopfende auf einer Bank standen noch eine zweite Tasse und ein hölzerner Leuchter, dessen Dille noch das Ende eines verkohlten Dochtes enthielt.

Die jungen Leute wichen zunächst zurück bei dem Gedanken, daß diese Decke einen Leichnam verhüllen könne. Briant überwand jedoch seinen Widerwillen und hob sie in die Höhe ... das Lager war leer.

Einen Augenblick später waren alle – eine Beute schmerzlicher Erregung – wieder bei Phann, der draußen geblieben war und noch immer schmerzlich bellte.

Zwanzig weitere Schritte gingen sie noch das Uferland des Rio hinunter und blieben dann plötzlich stehen. Ein Gefühl starren Entsetzens hatte sie an die Stelle gebannt.

Hier, zwischen den Wurzeln einer Buche, lagen die Reste eines menschlichen Gerippes auf der Erde.

An dieser Stelle war der Unglückliche also gestorben, der in jener Höhle gewiß lange Jahre hindurch gelebt, und diese elende Zufluchtsstätte, die er als Wohnung benützte, war nicht einmal sein Grab geworden.

Neuntes Kapitel

Untersuchung der Höhle. – Möbel und Geräte. – Die Bolas und der Lasso. – Die Uhr. – Ein fast unleserliches Heft. – Die Karte des Schiffbrüchigen. – Wo man sich befindet. – Rückkehr nach dem Lager. – Das rechte Ufer des Rios. – Das Schlammloch. – Gordons Signal.

Briant, Doniphan, Wilcox und Service bewahrten tiefes Stillschweigen. Wer war der Mann, der hier seinen Tod gefunden? War es ein Schiffbrüchiger, dem bis zu seiner letzten Stunde keine Hilfe zuteil geworden? Welcher Nation gehörte er an? War er noch jung nach diesem Lande gekommen? War er erst alt darauf gestorben? Wie hatte er sich die nötigsten Bedürfnisse verschaffen können? Wenn ein Schiffbruch ihn hierher verschlagen, waren andere dabei mit dem Leben davongekommen? Oder war er allein zurückgeblieben, nachdem seine Leidensgefährten vor ihm gestorben? Rührten die verschiedenen in der Höhle befindlichen Gegenstände von einem Schiffe her oder hatte er sie mit eigener Hand hergestellt?

Wie viele Fragen drängten sich hier jedem unwillkürlich auf, deren Lösung vielleicht niemals gelingen sollte.

Eine derselben schien die wichtigste. Wenn es ein Festland war, auf dem dieser Mann Zuflucht gefunden, warum hatte er nicht eine Stadt des inneren Landes, nicht einen Hafen der Küste aufgesucht? Stellten sich seiner Rückkehr ins Vaterland so schwere Hindernisse entgegen, daß er dieselben nicht zu überwinden vermochte? War die Entfernung eine so große, daß diese jedes derartige Unternehmen vereitelte? Gewiß erschien nur, daß der Unglückliche, geschwächt durch Krankheit oder Alter, hier zusammengesunken war, daß er nicht mehr die Kraft besessen, sich nach seiner Höhle zu schleppen, und daß ihn der Tod am Fuße dieses Baumes ereilt hatte. – Und wenn ihm die Mittel gefehlt hätten, im Norden oder im Osten dieses Gebietes Rettung zu suchen, würden sie dann nicht auch den jungen Schiffbrüchigen vom

»Sloughi« fehlen?

Wie dem auch sein mochte, jedenfalls erschien es notwendig, die Höhle genauer zu untersuchen. Wer weiß, ob sich da nicht vielleicht ein Schriftstück fand, das über diesen Mann, über seine Herkunft und die Dauer seines Verweilens hier, Aufschluß gab. – Andererseits mußte man auch zu erkennen versuchen, ob man sich nach dem Verlassen der Yacht hier für den Winter niederlassen konnte.

»Kommt mit!« sagte Briant.

In Begleitung Phanns drangen sie nun beim Schein eines anderen harzigen Zweiges durch die Öffnung ein.

Der erste Gegenstand, der ihnen hier auf einem Brett an der Wand in die Augen fiel, erwies sich als ein Paket dicker Kerzen, welche aus Fett und zerfasertem, lose gedrehtem Hanf hergestellt waren. Briant zündete eine derselben an, setzte sie in den hölzernen Leuchter, und die Untersuchung nahm nun ihren weiteren Fortgang.

Vor allem handelte es sich jetzt um Ergründung der Ausdehnung und Gestalt der Höhle, an deren Bewohnbarkeit nicht zu zweifeln war.

Sie bestand aus einer geräumigen, wahrscheinlich schon seit Urzeiten gebildeten Ausweitung des Kalkfelsens. Von Feuchtigkeit zeigte sich dabei keine Spur, obgleich der Luftwechsel nur durch die einzige, nach dem Uferland zu gelegene Öffnung stattfinden konnte.

Ihre Wände waren ebenso trocken, als wären sie von Granit aufgemauert gewesen, ohne die Spur jener kristallinen Infiltrationen – jener Rosenkränze von erstarrten Tropfen, welche in verschiedenen Porphyr- und Basalthöhlen die bekannten Stalaktiten bilden. Ihre Lage schützte sie schon allein gegen die Winde vom Meere. Tageslicht drang freilich nur sehr wenig herein, durch Herstellung einer oder zweier Öffnungen mußte es jedoch leicht sein, diesem Übelstand abzuhelfen und auch den Innenraum für das Bedürfnis von fünfzehn Personen hinreichend zu lüften.

Was ihre Ausdehnung anging – fünfundzwanzig Fuß

in der Breite und dreißig Fuß der Länge –, so erschien diese Höhle zwar zu beschränkt, um gleichzeitig als Schlafraum, Speisekammer und allgemeine Niederlage zu dienen; es handelte sich jedoch nur darum, fünf bis sechs Wintermonate hierin zuzubringen, wonach man nach Nordosten hinausziehen wollte, um eine Stadt in Bolivien oder der Argentinischen Republik aufzusuchen. Sollte es dagegen notwendig werden, sich hier einzurichten, so konnte man ja versuchen, dadurch mehr Raum zu schaffen, daß man die aus verhältnismäßig lockerem Kalkstein bestehende Wand weiter aushöhlte, und wie dieses Obdach jetzt sich darbot, durfte man wohl bis zur Rückkehr der besseren Jahreszeit damit zufrieden sein.

Nachdem er sich davon überzeugt, besichtigte Briant im einzelnen die in derselben vorhandenen Gegenstände. Es waren in der Tat wenig genug. Dieser Unglückliche mußte fast von allem entblößt gewesen sein. Was hatte er von seinem Schiffbruch retten können? Nichts als formlose Wrackstücke, zerbrochene Sparren, Teile der Reling, die ihn zur Herstellung jenes erbärmlichen Lagers, des Tisches, des Koffers, der Bank und jenes Schemels gedient hatten – das einzige Mobiliar dieser Wohnung! Minder begünstigt als die Überlebenden vom »Sloughi«, hatte er keine so vollständigen Mittel zur Hand gehabt. Einige Werkzeuge, eine Schaufel, eine Axt, zwei oder drei Küchengeräte, ein kleines Tönnchen, das wohl Branntwein enthalten haben mochte, ein Hammer, zwei Bankmeißel und eine Säge – das war alles, was man zunächst vorfand. Diese Gerätschaften hatte er offenbar in dem Boote gerettet, von dem jetzt nur noch wenige Trümmer nahe dem Damme des Rios umherlagen.

Das waren die Gedanken Briants, die er seinen Kameraden mitteilte. Nach dem Gefühl des Schauderns, das sie beim Erblicken des Gerippes empfunden und sie daran mahnte, daß ihnen vielleicht ein ähnliches Ende in gleicher Verlassenheit bevorstand, kam ihnen doch der Gedanke, daß ihnen nichts von alledem fehlte, was diesem Unglücklichen gemangelt hatte, und diese Erkenntnis gab ihnen das frühere Vertrauen in die Zukunft wieder.

Doch, wer war nun dieser Mann? Woher stammte derselbe? Zu welcher Zeit hatte er Schiffbruch erlitten? Ohne Zweifel waren viele Jahre seit seinem Ableben verflossen. Der Zustand der am Fuße des Baumes gefundenen Knochen sprach dafür deutlich genug. Wiesen nicht außerdem das ganz von Rost zerfressene Eisen der Schaufel und des Bootsringes, die Dichtheit des Gebüsches, das den Eingang zur Höhle verdeckte, darauf hin, daß der Tod des Schiffbrüchigen schon vor sehr langer Zeit erfolgt sein mußte?

Sollte nicht ein weiteres Merkzeichen gestatten, diese Vermutung zur Gewißheit zu erheben?

Bei fortgesetzter Untersuchung wurden in der Tat noch mehrere Gegenstände gefunden – ein zweites Messer, von dem mehrere Klingen abgebrochen waren, ein Zirkel, ein Siedekessel, ein eiserner Pflock, ein sogenanntes Schließeisen (ein Matrosenwerkzeug), dagegen kein einziges Schiffsinstrument, kein Fernrohr oder Kompaß, ebenso keine Feuerwaffe, um Wild erlegen oder sich gegen Raubtiere oder Eingeborene verteidigen zu können.

Da er nun doch hatte leben müssen, war jener Mann gewiß gezwungen gewesen, Fallen zu stellen. Über diesen Punkt erhielten sie noch einige Aufklärung, als Wilcox rief:

»Was ist denn das?«

»Ja, das hier?« fragte auch Service.

»Ein Kugelspiel?« sagte Briant nicht ohne Verwunderung.

Er erkannte jedoch sofort, welchem Zweck die zwei runden Steine gedient hatten, die Wilcox eben aufhob. Sie bildeten ein Jagdgerät, und zwar sogenannte »Bolas«, welche aus zwei durch einen Strick verbundenen Kugeln bestehen und die von den Indianern Südamerikas vielfach gebraucht werden. Schleuderte eine geübte Hand diese Kugeln, so schlingen dieselben sich um die Füße des betreffenden Tieres, das dadurch eine leichte

Beute des Jägers wird, weil es kaum mehr weiter fort kann.

Unzweifelhaft hatte der Bewohner dieser Höhle das genannte Gerät hergestellt, ebenso wie einen Lasso, das heißt einen langen Lederstreifen, der ganz so wie die Bolas nur auf kürzere Entfernung verwendet wurde.

Das war alles, was sich von Gegenständen jeder Art in der Höhle vorfand, und in dieser Beziehung mußten sich Briant und seine Kameraden wirklich reich dünken. Freilich waren sie nur Kinder und jener war ein Mann gewesen.

Ob dieser Mann aber ein einfacher Matrose oder ein Offizier gewesen war, der sich seine durch früheres Studium erworbenen Kenntnisse hier hatte zunutze machen können, das hätte sich sehr schwierig entscheiden lassen, wenn nicht noch ein Schriftstück entdeckt worden wäre, welches nach dieser Seite eine unerwartet sichere Auskunft lieferte.

Am Kopfende des Lagers und unter einer Falte der von Briant zurückgeschlagenen Decke fand Wilcox eine Uhr, welche an einem in der Wand eingeschlagenen Nagel hing.

Die Uhr war von ziemlich feiner Arbeit und jedenfalls von besserer Art, als sie die Matrosen zu tragen pflegen. Sie hatte eine doppelte silberne Cüvette, an der mittels einer Kette aus demselben Metall noch der Uhrschlüssel hing.

»Die Stunde ...! Seht nach, welche Stunde sie zeigt!« rief Service.

»Daraus würden wir auch nichts lernen«, erwiderte Briant, auf jeden Fall ist diese Uhr schon mehrere Tage vor dem Ableben des Unglücklichen stehengeblieben.«

Mit einiger Mühe öffnete Briant den Deckel, dessen Gelenk ebenfalls oxydiert war, und konnte nun sehen, daß die Zeiger auf drei Uhr siebenundzwanzig Minuten zeigten.

»Jede Uhr«, bemerkte Doniphan, »trägt aber einen Namen ... Das könnte uns darüber aufklären ...«

»Ja, du hast recht«, antwortete Briant.

Nachdem er das Innere des Deckels gemustert, konnte er einige eingravierte Worte lesen.

»Delpeuch, Saint-Malo« – lauteten sie, der Name und die Adresse des Fabrikanten.

»Es ist ein Franzose, ein Landsmann von mir, gewesen!« rief Briant gerührt.

Es war nach allem wohl anzunehmen, daß in dieser Höhle ein Franzose bis zu der Stunde gelebt hatte, wo der Tod ihn endlich von seinen Leiden erlöste.

Zu diesem Beweise kam bald noch ein anderer nicht minder entscheidender, als Doniphan, der das Lager etwas abgerückt hatte, von der Erde ein Schreibheft aufnahm, dessen vergilbte Blätter mit Bleistiftzeichen bedeckt waren. Leider war der größte Teil derselben unleserlich geworden. Einige Worte ließen sich jedoch entziffern, und unter diesem der Name François Baudoin.

Das stimmte überein mit den beiden großen Buchstaben, welche in den Baum eingeschnitten waren. Dieses Heft war das Tagebuch seines Lebens gewesen, und wohl von dem Zeitpunkt ab, da er an der Küste scheiterte. Unter den von der langen Zeit noch nicht völlig verlöschten Schriftzügen vermochte Briant auch noch die Worte »Duguay-Trouin« zu entziffern, offenbar der Name des Schiffes, das in dieser verlassenen Gegend des Stillen Weltmeeres einst zugrunde gegangen war.

Ganz zu Anfang endlich stand eine Jahreszahl, dieselbe, welche unter den Anfangsbuchstaben »F. B.« zu lesen war, die wahrscheinlich das Jahr des Schiffbruches bezeichnete.

Es waren also dreiundfünfzig Jahre verflossen, seit François Baudoin an dieses Gestade gekommen war, und während der ganzen Dauer seines Aufenthaltes hier hatte er von außen keine Hilfe gefunden!

Wenn es aber François Baudoin nicht gelungen war, nach einem anderen Orte dieses Festlandes zu kommen, so mußten sich dem wohl unübersteigliche Hindernisse entgegengestellt haben.

Mehr als je trat den jungen Leuten jetzt der Ernst ihrer Lage vor Augen. Wie würden sie das Ziel erreichen, welches selbst ein Mann, ein Seefahrer, der an harte Arbeit gewöhnt und durch Anstrengungen gestählt war, das nicht vermocht hatte? Noch ein anderer Fund sollte ihnen da lehren, daß jeder Versuch, dieses Land zu verlassen, ein vergeblicher sein müsse.

Beim Durchblättern jenes Heftes entdeckte Doniphan noch ein lose zusammengefaltetes Stück Papier. Es war eine Landkarte, gezeichnet mit einer Art Tinte, welche jener sich wahrscheinlich aus Wasser und Ruß gemischt hatte.

»Eine Karte!« rief er.

»Welche François Baudoin jedenfalls selbst gezeichnet hat«, antwortete Briant.

»Wenn das der Fall ist, so könnte dieser Mann kein gewöhnlicher Matrose gewesen sein«, bemerkte Wilcox, »sondern einer der Offiziere des »Duguay-Trouin«, da er imstande war, eine Karte zu entwerfen . . .«

»Wäre das vielleicht gar eine Karte des . . .?« rief Doniphan.

Ja, es war eine Karte dieses Landes. Auf den ersten Blick erkannte man auf derselben die »Sloughi-Bai«, den Klippengürtel, den Strand, auf welchem sich ihr Lager zum Teil jetzt befand, den See, an dessen westlichem Ufer Briant mit seinen Kameraden herabgezogen war, die drei Eilande draußen im Meere, das Steilufer, das sich am Rande des Rios hin erstreckte, und die Wälder, von denen das ganze Gebiet des Innern bedeckt war.

Jenseits des entgegengesetzten Seeufers befanden sich noch andere Wälder, die sich bis zum Rande einer anderen Uferstrecke ausdehnten, und dieses Ufer . . . begrenzte das Meer an seinem ganzen Umkreise.

Damit fielen also alle Pläne, nach Osten zu ziehen, um in dieser Richtung Rettung zu suchen, in sich zusammen!

Briant hatte damit gegen Doniphan recht behalten!

Das Meer umrahmte von allen Seiten dieses vermutete Festland! Es war eine Insel, und deshalb hatte François

Baudoin von hier nicht wieder fortkommen können.

Auf der vorgefundenen Landkarte war es leicht zu erkennen, daß die allgemeinen Umrisse der Insel mit ziemlicher Genauigkeit wiedergegeben waren. Die Längenmaße konnten natürlich nur durch Schätzung gewonnen sein, vielleicht nach der zum Begehen derselben verwendeten Zeit und nicht durch die sonst übliche Triangulation; doch nach dem zu urteilen, was Briant und Doniphan schon von dem Teil des Gebietes zwischen der Sloughi-Bai und dem See kannten, konnten die etwaigen Irrtümer nicht beträchtlich sein.

Die Karte selbst bewies ferner, daß der Schiffbrüchige seine ganze Insel durchmessen haben mußte, weil er auf derselben die hauptsächlichsten geographischen Einzelheiten eingezeichnet hatte, und ohne Zweifel waren die Ajoupa wie der Plattenweg über den Creek sein eigenstes Werk.

Wir geben hier die Gestalt der Insel wieder, wie François Baudoin sie auf seiner Karte entworfen hatte.

Sie dehnte sich demnach ziemlich lang aus und ähnelte einem ungeheuren Schmetterling. Im mittleren Teil, zwischen der Sloughi-Bai und einer im Osten ziemlich tief einschneidenden anderen, verhältnismäßig schmalen, bildete sie nach Süden zu noch eine dritte, weithin offene Bai. Ganz umrahmt von dichtem Waldbestand, dehnte sich der Binnensee bei einer Länge von achtzehn Meilen bis auf fünf Meilen Breite aus – womit sich genügend erklärte, daß Briant, Doniphan, Service und Wilcox von dessen westlichem Ufer aus das nördliche, südliche und östliche Ufer nicht hatten erblicken können, so daß sie denselben im ersten Augenblick für das Meer ansahen. Mehrere Rios flossen aus dem See ab, und derjenige, welcher vor der Höhle vorbeiströmte, ergoß sich nahe dem Lagerplatz in die Sloughi-Bai.

Die einzige etwas bedeutende Höhe der Insel schien das Steilufer zu sein, das sich in schräger Richtung von dem Vorgebirge im Norden der Bai bis zum rechten Ufer des Rios fortsetzte. Den nördlichen Teil des Landgebietes bezeichnete die Karte als dürr und sandig, während sich an der anderen Seite des Rios ein ausgedehnter Sumpf ausstreckte, der sich nach Süden zu in einer scharfen Spitze fortsetzte. Im Nordosten und Südosten schlossen sich lange Dünenlinien aneinander, welche diesem Teil des Uferlandes ein von dem der Sloughi-Bai sehr abweichendes Aussehen verliehen.

Nach dem am Fuße der Karte eingezeichneten Maßstabe betrug die größte Länge der Insel von Norden nach Süden ungefähr fünfzig Meilen, und fünfundzwanzig Meilen in der Breite von Osten nach Westen. Mit Einrechnung der größeren Unregelmäßigkeiten ihrer Küstenlinie mochte sich der Umfang auf etwa hundertfünfzig Meilen belaufen.

Was nun die Gruppe Polynesiens anging, der diese Insel zugehörte, und ob sie inmitten des Stillen Ozeans vereinzelt liege oder nicht, darüber konnte man unmöglich zu begründeten Vermutungen gelangen.

Auf jeden Fall aber sahen sich die Schiffbrüchigen vom »Sloughi« vor die Notwendigkeit gestellt, zu einer dauernden, nicht zu einer zeitweiligen Ansiedlung zu schreiten. Da die Höhle ihnen nun eine vortreffliche Unterkunft bot, so mußte das gesamte Material hierher übergeführt werden, ehe die ersten Winterstürme die Zerstörung des »Sloughi« vollendeten.

Jetzt galt es nun, ohne Verzug zum Lagerplatz zurückzukehren. Gordon mußte, da schon drei Tage seit dem Weggange Briants und seiner Kameraden verstrichen waren, sehr beunruhigt sein und konnte wohl fürchten, daß ihnen ein Unfall zugestoßen wäre.

Auf Briants Rat wurde dann beschlossen, den Rückmarsch noch am nämlichen Tage um elf Uhr vormittags anzutreten. Es wäre unnütz gewesen, das Steilufer zu erklimmen, da die Karte erkennen ließ, daß der kürzeste Weg am rechten Ufer des von Osten nach Westen verlaufenden Rios hinführte. Hier trennten sie nur höchstens sieben Meilen von der Bai, und diese konnten in wenigen Stunden zurückgelegt werden.

Bevor sie jedoch aufbrachen, wollten die Knaben dem schiffbrüchigen Franzosen noch die letzten Ehren erweisen. Mittels der Schaufel hoben sie ein Grab am Fuße des Baumes aus, in den François Baudoin die Anfangsbuchstaben seines Namens eingeschnitten hatte, und bezeichneten die Stelle überdies mit einem hölzernen Kreuze.

Nach Beendigung dieser Aufgabe der Pietät kehrten alle vier nach dem Eingange der Höhle zurück, den sie verschlossen, um dem Eindringen von Tieren zu wehren. Dann verzehrten sie ihre letzten Mundvorräte und gingen längs des Steilufers auf dem Landstreifen rechts des Flusses hin. Eine Stunde später gelangten sie nach der Stelle, wo die Kalkfelsmasse sich davon entfernte und schräg nach Nordwesten weiterlief.

Solange sie dem Flußufer folgten, kamen sie ziemlich rasch vorwärts, da der Weg neben diesem durch Bäume, Gebüsche und Gräser nur wenig behindert war.

In der Voraussicht, daß der Rio als vermittelndes Glied zwischen dem Binnensee und der Sloughi-Bai diente, behielt Briant diesen unausgesetzt im Auge. Es schien ihm, als ob auf seinem Oberlaufe ein Boot oder ein Floß bequem an Zugleinen geschleppt oder mittels Stangen fortgestoßen werden könne, was die Fortschaffung des Materials ganz besonders erleichtern mußte, wenn man die Flut benützte, deren Wirkung sich bis zum See hin bemerkbar machte. Von Wichtigkeit war dabei nur, daß der Wasserlauf nicht durch Stromschnellen unterbrochen oder stellenweise zu seicht und zu schmal würde, um fahrbar zu sein. Davon zeigte sich jedoch nichts; auf eine Strecke von drei Meilen von seinem Austritte am Seeufer an schien der Rio eine vortreffliche Schiffbarkeit zu versprechen.

Um vier Uhr nachmittags mußten sie jedoch das Flußufer verlassen. An das rechte Ufer schloß sich nämlich eine breite und weiche Schlammlache, worüber und in welche sie sich nicht ohne Gefahr wagen konnten. Es erschien also am rätlichsten, geradenwegs durch den Wald vorzudringen.

Den Kompaß in der Hand, wandte sich Briant daher nach Nordwesten, um die Sloughi-Bai auf kürzestem Wege zu erreichen. Hierbei gab es freilich beträchtliche Verzögerungen, denn das üppig wuchernde hohe Gras bildete auf dem Erdboden wirkliche Dickichte; dazu wurde es unter dem Zweiggewölbe der Birken fast schon mit dem Niedergange der Sonne sehr dunkel. Zwei Meilen wanderten sie so unter recht erschwerenden Umständen hin. Nach Umgehung der weit nach Norden einschneidenden Schlammlache hätte es sich gewiß am meisten empfohlen, das Bett des Rios wieder aufzusuchen, der ja nach der Karte in der Sloughi-Bai ausmündete. Der Umweg erschien Briant und Doniphan aber so bedeutend, daß sie nicht die Zeit damit verlieren wollten. So zogen sie also unter dem Gehölz immer weiter, leider nur, um sich um sieben Uhr zu überzeugen, daß sie sich verirrt hatten.

Sollten sie nun gezwungen sein, die Nacht unter den Bäumen zuzubringen? Das wäre ja nicht allzu schlimm gewesen, wenn es ihnen nicht gerade an Nahrungsmitteln gefehlt hätte, als der Hunger sich bei allen recht dringend meldete.

»Nur vorwärts!« mahnte Briant. »Wenn wir nach Westen wandern, müssen wir auf den Lagerplatz treffen ...«

»Wenigstens, wenn die Karte keine falschen Angaben enthält«, antwortete Doniphan, »und jener Rio derselbe ist, der sich in die Bai ergießt.«

»Warum sollte diese Karte unzuverlässig sein, Doniphan?«

»Und warum sollte sie es nicht sein, Briant?«

Man sieht, daß Doniphan, der sein Mißgeschick noch nicht verdaut hatte, hartnäckig die Ansicht vertrat, der Landkarte des Schiffbrüchigen nur ein bedingtes Vertrauen zu schenken. Er hatte damit übrigens unrecht, denn bezüglich des schon untersuchten Teiles der Insel mußte er deren Genauigkeit ja selbst zugestehen.

Briant hielt es für nutzlos, hierüber weiter zu streiten, und ging kurz entschlossen weiter.

Um acht Uhr konnte man gar nichts mehr erkennen, so tief war die Dunkelheit geworden. Und noch immer erreichte man nicht die Grenze dieses schier endlosen Waldes.

Plötzlich gewahrte Briant durch eine Lichtung der Bäume einen hellen Schein, der sich im Luftraume verbreitete.

»Was war denn das?« fragte Service.

»Doch wohl eine Sternschnuppe«, meinte Wilcox.

»Nein, das war eine Rakete«, erklärte Briant, »eine Rakete, welche vom ›Sloughi‹ aus aufgeschossen worden ist.«

»Und demnach ein Signal Gordons . . .!« rief Doniphan, der dasselbe schon durch einen Flintenschuß beantwortete.

Nachdem man sich als Richtungspunkt einen Stern vermerkt, als eine zweite Rakete durch die Finsternis aufstieg, hielten sich Briant und seine Gefährten nach diesem Leitungspunkte und trafen drei Viertelstunden später richtig am »Sloughi« ein.

Wirklich hatte Gordon aus Besorgnis, daß sie sich verirrt haben könnten, den Gedanken gehabt, einige Raketen abzubrennen, um ihnen die Lage des Schoners anzuzeigen.

Eine vortreffliche Idee, ohne welche Briant, Doniphan, Wilcox und Service diese Nacht von den überstandenen Mühsalen nicht hätten auf den Lagerstätten des »Sloughi« ausruhen können.

Zehntes Kapitel

Bericht über den Ausflug. – Beschluß, den »Sloughi« aufzugeben. – Entladung und Zerlegung der Yacht. – Ein Sturmwind als Helfer. – Unter dem Zelte gelagert. – Konstruktion eines Floßes. – Beladung und Einschiffung. – Zwei Nächte auf dem Rio. – Ankunft in French-den.

Den Empfang, welchen Briant und seine drei Gefährten fanden, wird man sich leicht vorstellen können. Gordon, Croß, Baxter, Garnett und Webb eilten ihnen mit offenen Armen entgegen, während die Kleinen sich an ihren Hals klammerten. Phann beteiligte sich ebenfalls an diesem herzlichen Willkommen, indem er durch sein freudiges Bellen die Hurras der Kinder begleitete. Ja, diese Abwesenheit hatte lange gedauert!

»Haben sie sich verirrt . . .? Sind sie Eingeborenen in die Hände geraten oder etwa von gefährlichen Raubtieren angefallen worden . . .« So etwa fragten sich alle, die hier auf dem »Sloughi« zurückgeblieben waren.

Doch Briant, Doniphan, Wilcox und Service waren jetzt ja heil und gesund zurückgekehrt und jeder wollte erfahren, was sie bei ihrem Ausfluge erlebt und gesehen hatten. In Anbetracht ihrer nach einer so langen Tageswanderung erklärlichen Erschöpfung wurde die Berichterstattung jedoch bis zum nächsten Morgen verschoben.

»Wir sind auf einer Insel!«

Das war alles, was Briant vorläufig meldete, und erschien auch hinreichend, um seinen Genossen die Zukunft mit ihren vielen und beunruhigenden Zufälligkeiten vor Augen treten zu lassen. Trotzdem nahm Gordon diese Nachricht ohne sonderliche Erregung auf.

»Gut! Das hatt' ich mir immer gedacht«, schien er sagen zu wollen, »und deshalb ängstigt es mich nicht aufs neue.«

Am anderen Morgen – mit dem Tagesanbruch des 5. April – traten die Großen, nämlich Gordon, Briant, Doniphan, Baxter, Croß, Wilcox, Service und Webb, denen sich noch Moko, dessen Rat auch nicht zu verachten war, anschloß, auf dem Vorderdeck der Yacht zusammen, während die anderen noch schlummerten. Briant und Doniphan nahmen abwechselnd das Wort und setzten ihre Kameraden von allem Vorgegangenen in Kenntnis. Sie schilderten, wie ein über einen Bach gelegter Weg von Steinplatten und die unter einem Dickicht versteckten Reste einer Ajoupa ihnen den Glauben erweckt hätten, daß das Land bewohnt sei oder doch gewesen sei. Sie erklärten, daß die von ihnen früher für das Meer gehaltene weit ausgedehnte Wasserfläche sich als Binnensee erwiesen und wie verschiedene Zeichen sie bis zu der Höhle und nahe an die Stelle geführt, wo der Rio aus jenem Seebecken abfloß, wie die Gebeine François Boudoins, eines geborenen Franzosen, entdeckt wurden und endlich, wie eine von jenem Schiffbrüchigen entworfene Karte sie belehrt habe, daß es eine Insel sei, an der ihr »Sloughi« gestrandet war.

Dieser Bericht wurde ganz eingehend abgestattet, ohne daß weder Briant noch Doniphan dabei die geringste Einzelheit übergingen. Durch Betrachtung der mitgebrachten Karte erkannten nun alle, daß ihnen Rettung nur von außerhalb kommen könne.

Wenn sich ihnen die Zukunft hiermit in recht düsteren Farben darstellte und die jungen Schiffbrüchigen ihre Hoffnung nur noch auf Gott setzen konnten, so war doch – es verdient das besondere Hervorhebung – Gordon derjenige, der deshalb am wenigsten erschrak. Der junge Amerikaner besaß keine Familie, die ihn auf Neuseeland erwartete. Bei seiner praktischen Geistesrichtung, seiner methodischen und organisatorischen Natur hatte die Aufgabe, sozusagen eine kleine Kolonie zu bilden, für ihn nichts Erschreckendes. Er sah darin vielmehr eine Gelegenheit, seinem natürlichen Geschmacke genüge zu tun, und zögerte nicht, die Zuversicht seiner Kameraden wieder dadurch zu stärken, daß er ihnen, wenn sie ihm nur folgen wollten, ein erträgliches Leben in Aussicht stellte.

Da die Insel eine ziemlich große Ausdehnung zeigte, erschien es anfänglich undenkbar, daß dieselbe auf der Karte des Stillen Weltmeeres in der Nähe des Festlandes Südamerika nicht angeführt sein sollte. Nach sorgfältiger Einsicht des Stielerschen Atlas' erkannte man, daß dieser keine irgend bedeutendere Insel außerhalb der Archipele angab, welche Feuerland und der Gegend der Magellanstraße vorlagern, d. s. die Inseln Desolation, der Königin Adelaide, Clarence usw. Gehörte die Insel aber zu diesen Archipelen, welche überall nur schmale Wasserstraßen zwischen sich lassen und auch dem Festlande nahe liegen, so hätte François Boudoin diese gewiß auf seiner Karte angedeutet, was doch nicht der Fall war. Die Insel mußte also vereinzelt und jedenfalls mehr nördlich oder südlicher von jenen Meeresteilen liegen. Ohne hinreichende Unterlagen und geeignete Instrumente blieb es aber unmöglich, ihre Lage im Stillen Ozean zu bestimmen.

Jetzt galt es nur, sich endgültig einzurichten, ehe die schlechtere Witterung jeden Ortswechsel verhinderte.

»Das beste wird es sein, wir richten uns als Wohnung die Höhle ein, welche wir am Strand des Sees gefunden haben«, sagte Briant. »Sie wird uns ein vortreffliches Obdach bieten.«

»Ist sie auch geräumig genug, um uns alle aufzunehmen?« fragte Baxter.

»Das zwar nicht«, antwortete Doniphan; »dagegen glaub' ich, daß sie sich unschwer vergrößern läßt, indem wir aus der lockeren Felsmasse noch eine zweite Höhle ausbrechen, Werkzeuge dazu haben wir ...«

»Nehmen wir sie zuerst, wie sie gerade ist«, warf Gordon ein; »selbst wenn es darin etwas eng herginge ...«

»Und trachten wir danach«, fügte Briant hinzu, »uns möglichst bald dahin zu begeben.«

In der Tat erschien das sehr dringend. Wie Gordon schon erwähnte, mußte der Schoner von Tag zu Tag unwohnlicher werden. Die letzten Regen, nach welchen sich noch ziemlich starke Hitze einstellte, hatten sehr merkbar dazu beigetragen, die Fugen des Rumpfes wie des Verdeckes zu lösen. Die zerrissene Segeltuchhülle ließ Wasser und Luft in das Innere eindringen. Unter dem Kiele waren ferner einzelne Vertiefungen entstanden, wohl verursacht durch Wasserfäden, welche vom Regenwetter her über das Vorland rannen, und infolgedessen nahm die geneigte Lage der Yacht noch mehr zu, während diese gleichzeitig in den leicht beweglichen Boden tiefer einsank. Wenn ein Sturm, wie er zur jetzigen Zeit der Tagundnachtgleiche jeden Tag zu erwarten war, über die Küste hereinbrach, so mußte man fürchten, den »Sloughi« binnen weniger Stunden in Trümmer gehen zu sehen. Es handelte sich also nicht allein darum, diesen ohne Zögern zu verlassen, sondern ihn auch ordnungsgemäß zu zerlegen, und alles, was von Nutzen sein konnte, wie Planken, Bohlen, Eisenzeug, Kupfer usw. zu gewinnen, um damit French-den (die Franzosengrotte) auszustatten. Vorstehenden Namen hatte man nämlich der uns bekannten Höhle zum Andenken an den schiffbrüchigen Franzosen beigelegt.

»Wo werden wir aber bis zur Zeit wohnen, ehe wir dort Unterkommen gefunden haben?« fragte Doniphan.

»Unter einem Zelte«, antwortete Gordon, »einem Zelte, das wir am rechten Ufer des Rios unter den Bäumen aufschlagen.«

»Das ist wohl das beste«, meinte Briant, »und wir wollen unverzüglich an die Ausführung gehen.«

Die Abtragung der Yacht, das Ausladen des Materials und Proviants, sowie endlich der Bau eines Floßes – alles das erforderte wenigstens einen Monat Arbeit, und ehe die Sloughi-Bai verlassen werden konnte, mußten die ersten Tage des Mai herankommen, welche den ersten Novembertagen, also dem Anfang des Winters, auf der nördlichen Halbkugel der Erde entsprechen.

Mit gutem Grund hatte Gordon das Ufer des Rios zur Errichtung des neuen Lagerplatzes erwählt, denn der Transport des gesamten Besitztumes sollte später zu Wasser erfolgen. Kein anderer Weg wäre so kurz und so bequem gewesen. Durch den Wald oder über das Nebengelände des Rios hin alles das zu befördern, was nach Zerlegung der Yacht vorhanden war, hätte als eine ganz undurchführbare Arbeit erscheinen müssen. Dagegen gelangte während mehrerer Gezeitenwechsel, unter Ausnützung der bis zum See hier ansteigenden Flut, ein Floß gewiß ohne besondere Anstrengung ihrerseits zum Ziele.

Bekanntlich bot der Rio, wie Briant sich überzeugt hatte, in seinem oberen Laufe keinerlei Hindernisse, weder Wasserläufe noch Stromschnellen oder Sandbänke. Um nun auch den Unterlauf von der Schlammlache bis zur Mündung kennenzulernen, wurde ein weiterer Ausflug, diesmal aber mit der Jolle, unternommen. Briant und Moko erkannten dabei, daß auch diese Strecke vollkommen schiffbar sei. Hier bot sich also eine natürliche Verkehrsstraße zwischen der Sloughi-Bai und Frenchden.

Die nächsten Tage fanden zur Einrichtung des Lagers am Ufer des Rios Verwendung. Die unteren Äste zweier Buchen dienten, durch lange Stangen mit denen einer dritten verbunden, als Stützen für das Reserve-Großsegel der Yacht, das man an der Seite bis zur Erde herabfallen ließ. Unter das Zeltdach, welches durch Stricke haltbar befestigt wurde, schaffte man das Bettzeug, die notwendigsten Geräte, die Waffen nebst der Munition und die Proviantballen. Da das Floß aus den Bruchstücken der Yacht hergestellt werden sollte, mußte man sich damit bis zu deren vollständiger Zerlegung gedulden.

Über das fortwährend trocken bleibende Wetter war keine Klage zu führen. Erhob sich zuweilen der Wind, so wehte er von der Landseite her, und die Arbeit ging dabei unter günstigen Verhältnissen vor sich.

Gegen den 15. April befand sich auf dem Schoner nichts mehr als die zu schweren Gegenstände, welche erst nach der Demolierung desselben gelöscht werden konnten – unter anderem die als Ballast dienenden Bleibarren, die Wassertonnen im unteren Schiffsraume, das Gangspill und die Herdeinrichtung, zu deren Fortschaffung es geeigneter Hebeapparate bedurfte. Das ganze Takelwerk dagegen, der Fockmast, die Rahen, die Wanten, ferner Ketten, Wurfanker, Kabel, Taue, Kabelgarn und dergleichen, wovon sich an Bord ein großer Vorrat fand, war schon nach und nach in die Nähe des Zeltes geschleppt oder getragen worden.

Es versteht sich von selbst, daß trotz dieser sehr dringlichen Arbeiten die Beschaffung der täglichen Bedürfnisse nicht vernachlässigt wurde. Doniphan, Webb und Wilcox widmeten stets einige Stunden der Jagd auf Felsentauben und anderes Federwild, das vom Sumpfe aus hierher kam. Die Kleinen beschäftigten sich mit der Einsammlung von Schalentieren, sobald zur Ebbezeit der Oberteil der Klippenbank trockenlag. Es war eine Freude, Jenkins, Iverson, Dole und Costar gleich einer Herde von Küchlein zwischen den Wasserlachen umhertrippeln zu sehen. Freilich wurden sie dabei zuweilen etwas weiter naß als nur an den Füßen, und der etwas strenge Gordon hielt ihnen dann eine ernste Strafpredigt, während Briant sie nach Kräften entschuldigte. Jacques arbeitete wohl auch mit seinen jungen Genossen, doch ohne je in deren sorgloses Gelächter einzustimmen.

So schritt die Arbeit nach Wunsch und nach gewisser Methode vor sich, in der man leicht die Einwirkung Gordons erkannte, dessen praktischer Sinn ihn niemals im Stich ließ. Was Doniphan übrigens von diesem ruhig annahm, das hätte er weder Briant noch einem anderen zugestanden. Kurz, jetzt herrschte eine löbliche Eintracht in dieser kleinen Welt.

Man mußte sich jedoch beeilen. Die zweite Hälfte des Aprils war weniger schön, und die Mitteltemperatur sank nicht unbeträchtlich, ja, mehrmals wies die Thermometersäule am frühen Morgen auf null. Der Winter meldete sich an, und mit ihm erschien gewiß sein Gefolge von Hagel, Schnee und Sturmwinden, welche in den höheren Breiten des Stillen Ozeans oft mit furchtbarer Gewalt auftreten.

Aus Vorsicht mußten sich jetzt Kleine und Große wärmer bekleiden und wollene Unterkleider, Hosen aus dichtem Stoffe und Wolljacken anlegen, welche für die rauhe Winterzeit auf dem Schiffe stets vorrätig gehalten wurden. Es bedurfte nur eines Einblickes in Gordons Notizbuch, um zu wissen, wo diese nach ihrer Art und Größe klassifizierten Kleidungsstücke zu finden waren. Briant nahm sich hierbei vorzüglich der Kleinen an; er sorgte, daß sie keine kalten Füße bekamen und sich, wenn sie schwitzten, nicht der scharfen Luft aussetzten. Beim geringsten Schnupfen hielt er sie unter Dach zurück und ließ sie in der Nähe eines Tag und Nacht unterhaltenen Feuers schlafen. Wiederholt mußten Dole und Costar so, wenn nicht im Zimmer, doch im Zelte bleiben und Moko versorgte sie mit einem Teeaufguß, zu dem die Apotheke des Schoners die Drogen lieferte.

Nachdem die Yacht ihres gesamten Inhalts entledigt war, nahm man deren übrigens in allen Teilen krachenden Rumpf in Angriff.

Die Kupferbleche des Beschlages wurden sorgsam abgelöst, um in French-den Verwendung zu finden. Zangen und Hämmer taten nun ihre Schuldigkeit, um die Beplankung abzutrennen, welche große Nägel und Holzpflöcke an den Spanten (Rippen) hielten. Das war ein schweres Stück Arbeit, vorzüglich für so ungeübte Hände und noch minder kräftige Knabenarme. Die Zerlegung ging denn auch nur langsam vor sich, bis am 25. April ein stürmischer Wind den Arbeitern zu Hilfe kam.

Trotz der schon eingetretenen kalten Jahreszeit zog nämlich in der Nacht ein heftiges Gewitter auf, welches sich schon durch die Trübung des Storm-Glases angemeldet hatte. Grell leuchteten die Blitze durch die Atmosphäre, und von Mitternacht bis Tagesanbruch setzte das Donnerrollen fast gar nicht aus. Zum Glück regnete es dabei nicht, doch machte es sich zwei- oder dreimal notwendig, das Zelt zu halten, um es gegen das Wüten des Windes zu schützen.

Wenn dasselbe, Dank den Bäumen, an denen es befestigt war, noch widerstand, so war nicht dasselbe der Fall mit der den anstürmenden Wogen unmittelbar ausgesetzten Yacht, welche unausgesetzt von schäumendem Wasser überflutet wurde.

Das vollendete ihre Zerstörung. Die losgeschlagene Beplankung, die schon gelockerten Rippen und der durch wiederholtes Aufstampfen geborstene Kiel schwammen bald als Wrackstücke umher. Zu beklagen war das nicht, denn die zurückflutenden Wellen rissen doch nur einen kleinen Teil dieser Trümmer mit sich fort, welche zum größten Teil durch die Klippenhäupter aufgehalten wurden. Das Eisenzeug aber konnte unter dem Treibsand leicht wieder aufgefunden werden.

Mit dieser Aufgabe beschäftigten sich alle an den nächstfolgenden Tagen. Bohlen und Planken sowie die Ballaststücke aus dem Raume lagen wie die übrigen zu schwer fortzuschaffenden Gegenstände da und dort umher. Es handelte sich jetzt nur noch darum, sie nach dem rechten Ufer des Rios, wenige Schritte vom Zelte hin, zu befördern.

In der Tat eine schwere Aufgabe, die aber doch mit der Zeit und mit großer Anstrengung glücklich gelöst wurde. Es bot ein merkwürdiges Bild, alle zu sehen, wie sie sich vor ein schweres Holzstück gespannt hatten und dasselbe unter großem Geschrei weiter bugsierten. Man half sich dabei wohl auch mit Stangen, welche als Hebel dienten, oder mit Stücken von Rundholz, auf dem die schwersten Gegenstände hingerollt wurden. Am schwierigsten gestaltete es sich, das Gangspill, ferner die Kochmaschine und die Wasserbehälter aus Eisenblech an Ort und Stelle zu schaffen. Warum fehlte diesen Kindern ein erfahrener Mann, der sie hätte anführen können! Hätte Briant seinen Vater und Garnett den seinigen zur Seite gehabt, so würden der Ingenieur und der Seekapitän ihnen so manche Mißgriffe erspart haben, die sie begingen und noch begehen sollten. Baxter, der für mechanische Arbeiten besonders gute Anlagen hatte, entwickelte jetzt übrigens ebensoviel Geschicklichkeit wie Feuereifer. Auf sein und auf Mokos Anraten wurde auf dem Strand an eingerammten Pfählen eine Zugwinde angebracht, was die Kräfte der jungen Arbeitsmannschaft verzehnfachte und dadurch die Bewältigung ihrer Aufgabe wesentlich erleichterte.

Am Abend des 28. hatte man alles, was vom »Sloughi« übrig war, nach dem Lagerplatze befördert. Damit war das Schlimmste überstanden, insofern ja der Rio selbst das gesamte Material des French-den tragen sollte.

»Von morgen an«, sagte Gordon, »beginnen wir mit der Herstellung unseres Floßes.«

»Ja«, antwortete Baxter, »und um uns das Zuwasserlassen desselben zu ersparen, schlag' ich vor, es gleich auf dem Rio selbst zusammenzuzimmern.«

»Das dürfte nicht gerade bequem sein«, bemerkte Doniphan.

»Tut nichts, wir versuchen es«, erwiderte Gordon. »Macht uns auch die Herstellung mehr Schwierigkeiten, so brauchen wir es dann doch nicht erst vom Stapel laufen zu lassen.«

Ein derartiges Vorgehen schien allerdings vorzuziehen zu sein, und so legte man denn am nächsten Morgen die Grundbalken des Floßes, das ziemlich groß bemessen werden mußte, um eine schwere und umfängliche Ladung aufzunehmen.

Die vom Schoner losgelösten Planken, der in zwei Stücken zerbrochene Kiel, der Fockmast, das Bodenstück des drei Fuß über Deck abgebrochenen Großmastes, die Kreuzhölzer und das sogenannte Eselshaupt, das Bugspriet, die Großrah des Focksegels und verschiedenes andere war nach einer Stelle am Ufer geschafft worden, welche die Flut nur zur Zeit des höchsten Wasserstandes erreichte. Man wartete diesen Zeitpunkt ab, und nach Aufhebung dieser Gegenstände durch die Flutwelle schob man sie vollends auf den Rio hinaus. Hier wurden die längsten gerade nebeneinander gelegt und, nachdem sie mit kürzeren Querstücken verbunden waren, fest am Lande vertäut.

So erhielt man eine feste Grundlage von etwa dreißig

Fuß Länge und fünfzehn Fuß Breite. Den ganzen Tag über wurde ohne Unterbrechung fortgearbeitet, und vor Einbruch der Naht war das Bauwerk fertig. Briant gebrauchte noch die Vorsicht, es auch an einigen Uferbäumen festzulegen, um ebenso zu verhindern, daß es von der nächsten Flut stromaufwärts nach French-den zu, wie von der Ebbe stromabwärts nach dem Meere zu, weggeführt werden könne.

Erschöpft von der Anstrengung eines so mühevollen Tagewerkes, aßen alle mit Löwenhunger zu Abend und sanken bald in tiefen Schlaf.

Am folgenden Morgen, dem 30., ging jeder wieder an die Arbeit.

Es handelte sich jetzt darum, eine Plattform auf der Grundlage des Floßes herzustellen. Hierzu dienten die Planken der Bordwand und der Schanzkleidung des »Sloughi«. Mit kräftigen Hammerschlägen eingetriebene Nägel und unter den einzelnen Stücken verknüpfte Taue bildeten haltbare Befestigungen des Ganzen.

Diese Arbeit erforderte, obwohl jeder sich beeilte, da ja keine Stunde zu verlieren war, doch drei volle Tage. Schon zeigten sich einzelne Kristallisationen auf den Wassertümpeln zwischen den Klippen und selbst am Rande des Rios. Der Schutz, den das Zelt gewährte, fing trotz eines stets unterhaltenen Feuers an, unzureichend zu werden, und kaum konnten Gordon und seine Kameraden sich der Kälte dadurch erwehren, daß sie, in ihre Decken gewickelt, sich dicht aneinanderdrängten. Das trieb sie also doppelt an, ihre Arbeiten zu vollenden, um die wohnliche Einrichtung von French-den zu beginnen. Hier hoffte man wenigstens, der Strenge des Winters, die unter diesen hohen Breiten sehr fühlbar wird, Trotz bieten zu können.

Selbstverständlich war die Plattform so haltbar als möglich hergerichtet worden, um sich unterwegs nicht lockern zu können, was die Versenkung des ganzen Materials im Bette des Rios zur Folge gehabt hätte. Um einem solchen Unfall vorzubeugen, erschien es besser, die

Abfahrt um vierundzwanzig Stunden hinauszuschieben.

»Doch haben wir«, bemerkte Briant, »ein Interesse daran, nicht bis über den 6. Mai zu warten.«

»Und warum?« fragte Gordon.

»Weil übermorgen Neumond ist«, erklärte Briant, »und weil die Gezeiten da während einiger Tage bedeutender auftreten. Je stärker die Flut aber anschwillt, desto mehr unterstützt sie uns bei der Bergfahrt auf dem Rio. Bedenke doch, Gordon, wenn wir genötigt wären, dieses schwere Floß mittels Schlepptau oder durch Stoßen mit Stangen fortzubewegen, vermöchten wir niemals die Strömung zu überwinden.«

»Du hast recht«, antwortete Gordon; »binnen drei Tagen müssen wir spätestens aufbrechen.«

So kamen denn alle überein, nicht zu ruhen, ehe die Arbeit vollendet wäre.

Am 3. Mai beschäftigte man sich mit der Ladung, welche sorgfältig verteilt werden mußte, um das Floß im nötigen Gleichgewicht zu halten. Jeder trug hierzu nach Kräften seinen Teil bei. Jenkins, Iverson, Dole und Costar wurden beauftragt, die kleineren Gegenstände, wie Werkzeuge, Geräte und Instrumente, nach der Plattform zu besorgen, wo Briant und Baxter diese nach Gordons Angaben regelrecht niederlegten. Was die Gegenstände von beträchtlicherem Gewicht anging, wie der Kochofen, die Wasserbehälter, das Gangspill, das Eisenzeug, die Kupferbleche des Beschlages usw., ferner die Überreste des »Sloughi«, wie die Krummhölzer der Spanten, die Reste der Schanzkleidung, die Deckbalken und Treppenkappen, so blieb den Großen diese schwere Aufgabe überlassen. Dasselbe war der Fall bezüglich der Proviantballen, der Fässer mit Wein, Ale und Spirituosen, ohne mehrere Säcke mit Salz zu vergessen, das zwischen den Felsen der Bai eingesammelt worden war. Um das Einladen zu erleichtern, ließ Baxter zwei Stangen aufrichten, welche durch vier Taue gehalten wurden. Oben an diese Art Hebebock wurde dann ein Block angebracht, über den starke Seile nach einer weiter unten hängenden, frei beweglichen Rolle liefen, welche Anordnung es gestattete, die Gegenstände vom Erdboden abzuheben und sie ohne Stoß auf die Plattform niedersinken zu lassen.

Alle arbeiteten mit solcher Einsicht und solchem Eifer, daß am Nachmittag des 5. Mai jeder Gegenstand an seinem Platze war; jetzt brauchten also nur noch die Sorrtaue des Floßes gelöst zu werden. Das sollte am folgenden Morgen gegen acht Uhr geschehen, wenn der Eintritt der Flut sich an der Mündung des Rios bemerkbar machte.

Vielleicht hatten die Knaben vermutet, daß sie nach Vollendung der Arbeit bis zum Abend der wohlverdienten Ruhe pflegen könnten. Damit täuschten sie sich aber, denn ein Vorschlag Gordons brachte sie noch einmal in Tätigkeit.

»Liebe Freunde«, sagte er, »da wir uns jetzt vom Meer entfernen, werden wir dasselbe nicht wie bisher überwachen können, und wenn sich ein Schiff der Insel näherte, wären wir nicht imstande, ihm Signale zu geben. Es erscheint mir also ratsam, auf dem Steilufer einen Mast zu errichten und dort für immer eine unserer Flaggen aufzuziehen. Das wird hoffentlich genügen, die Aufmerksamkeit auf hoher See vorübersegelnder Schiffe zu erregen.«

Dieser Vorschlag fand Annahme und die zur Herstellung des Floßes nicht mitverwendete Fockmaststange des Schoners wurde nach dem Fuße des Steilufers geschleppt, dessen Böschung in der Nähe des Rios eine gangbare, sanfte Steigung zeigte. Immerhin kostete es große Anstrengung, den sehr winkeligen Weg emporzuklimmen, der nach dem Kamme der Uferhöhe führte.

Es gelang das jedoch, und die Stange wurde fest in den Erdboden eingerammt. Mittels einer Zugleine hißte Baxter dann die Flagge Großbritanniens, welche Doniphan gleichzeitig mit einem Gewehrschusse begrüßte.

»Aha«, bemerkte Gordon gegen Briant, »der Doniphan nimmt im Namen Englands von der Insel Besitz.«

»Es sollte mich sehr wundern, wenn sie diesem nicht schon angehörte«, erwiderte Briant.

Gordon konnte nicht umhin, den Mund etwas zu verziehen, denn nach der Weise, wie man ihn gelegentlich von »seiner Insel« reden hörte, schien es, daß er diese für amerikanisches Besitztum ansah.

Am folgenden Morgen mit Sonnenaufgang waren alle auf den Füßen. Man beeilte sich, das Zelt abzubrechen und das Bettzeug auf das Floß zu schaffen, wo die Segelleinwand benutzt wurde, letzteres bis zum Endpunkt der Reise zu schützen. Es schien übrigens nicht, als ob von der Witterung etwas zu fürchten wäre. Immerhin hätte ein Umschlag des Windes die Dunstmassen des offenen Meeres über die Insel treiben können.

Um sieben Uhr waren die Vorbereitungen beendet. Die Plattform war so eingerichtet, daß sie nötigenfalls zwei bis drei Tage als Aufenthalt dienen konnte. Den Mundvorrat betreffend, hatte Moko alles, was während der Fahrt voraussichtlich gebraucht wurde, für sich aufbewahrt, und auch darauf gesehen, daß er kein Feuer anzuzünden hatte.

Um acht Uhr morgens nahmen alle auf dem Floße Platz. Die Großen standen mit Bootshaken und Stangen versehen vornan, da das Floß nur durch solche, nicht aber durch ein auf die Strömung wirkungsloses Steuer regiert werden konnte.

Ein wenig vor neun Uhr machte sich die Flut bemerkbar und ein dumpfes Krachen ließ sich in der Grundlage des noch an den Sorrtauen liegenden Floßes vernehmen. Nach diesem ersten Erzittern war aber eine weitere Lageveränderung seiner Teile nicht mehr zu befürchten.

»Achtung!« rief Briant.

»Achtung!« wiederholte Baxter.

Beide standen an den Tauen, welche das Floß am Vorder- und am Hinterteil festhielten und deren Ende wieder in ihre Hände zurücklief.

»Wir sind bereit!« rief Doniphan, der sich mit Wilcox auf dem vordersten Teile der Plattform hielt.

Nachdem er sich überzeugt, daß das Floß unter der Einwirkung der Flut vorwärts trieb, rief Briant:

»Losgelassen!«

Das wurde unverzüglich ausgeführt und der nun frei gewordene Apparat trieb langsam zwischen den beiden Ufern hin und zog die Jolle im Schlepptau nach sich.

Es war eine große Freude, als alle das Werk ihrer Hände in Bewegung sahen. Und wenn sie ein vollkommen seetüchtiges Schiff erbaut hätten, wäre ihre Befriedigung gewiß nicht größer gewesen; eine kleine Eitelkeit, die man ihnen wohl verzeihen kann.

Wie uns bekannt, stieg das rechte, mit Bäumen besetzte Ufer weit höher auf, als das linke mit seinem schmalen, längs des benachbarten Sumpfes verlaufenden Gelände. Das vorn natürlich stumpfe Floß von diesem Ufer, wo es leicht festfahren konnte, abzuhalten, war die Aufgabe Briants, Baxters, Doniphans, Wilcox' und Mokos, der sie sich mit allen Kräften widmeten, vorzüglich da das entgegengesetzte Ufer des Rios es gestattete, dichter an demselben hinzugleiten.

Das Floß wurde also soviel als möglich nahe dem rechten Uferrande gehalten, an dem eine starke Strömung verlief und das einen Stützpunkt für die Bootshaken abgab.

Zwei Stunden nach der Abfahrt konnte der zurückgelegte Weg etwa auf eine Meile geschätzt werden. Einen Stoß hatte das Floß nicht erlitten, und so war zu erwarten, daß alles ohne Beschädigung in French-den ankommen würde.

Jedenfalls bedurfte es aber nach der früheren Schätzung Briants, daß einesteils der Wasserlauf vom See bis zur Mündung der Sloughi-Bai sechs Meilen maß und man andernteils nur zwei Meilen während der wachsenden Flut zurücklegen konnte, mehrerer Flutepochen, ehe an ein Erreichen des Zieles zu denken war.

Gegen elf Uhr schon begann die Ebbe das Wasser stromabwärts zu führen, und man beeilte sich, den Apparat schleunigst festzulegen, um nicht nach dem Meer zurückgetragen zu werden.

Zwar wäre es möglich gewesen, gegen Ende des Tages

wieder zu fahren, wenn die nächste Flut eintrat, damit aber hätte man sich in die Finsternis hinaus gewagt.

»Ich meine, es wäre sehr unklug«, bemerkte Gordon, »denn wir würden damit das Floß Stößen aussetzen, die es zerstören könnten. Ich bin daher der Ansicht, wir warten bis morgen, um die erste Flut wieder zu benützen.«

Dieser Vorschlag war zu vernünftig, um nicht allgemeine Billigung zu finden. Gebrauchte man auch vierundzwanzig Stunden mehr, so war das der Gefahr, die Sicherheit der wertvollen Ladung auf dem Rio zu vermindern, gewiß weit vorzuziehen. Die Gesellschaft verweilte also einen halben Tag an dieser Stelle und blieb hier auch die ganze Nacht. Doniphan und seine gewöhnlichen Jagdbegleiter beeilten sich denn auch, gefolgt von Phann, am rechten Ufer ans Land zu gehen.

Gordon hatte ihnen empfohlen, sich nicht zu weit zu entfernen, und sie trugen auch dieser Ermahnung Rechnung. Da sie jedoch zwei Paar junge fette Trappen und eine Schnur voll Tinamus mitbrachten, so schien ihre Eigenliebe befriedigt. Auf Mokos Rat sollte dieses Wild für die erste Mahlzeit, ob Frühstück, Mittag- oder Abendbrot, aufbewahrt werden, das er in French-den zubereiten würde.

Während seines Jagdausfluges hatte Doniphan nicht das geringste bemerkt, was auf die frühere oder neuerliche Anwesenheit menschlicher Wesen in diesem Teil des Waldes hingedeutet hätte. Von Tieren kamen ihm dabei nur große Vögel vor Augen, welche durch das Dickicht flüchteten, ehe er sie genau erkennen konnte.

Der Tag verstrich, und die ganze Nacht über wachten Baxter, Wilcox und Croß zusammen, stets bereit, gegebenenfalls die Leinen des Floßes fest anzuziehen oder ihnen beim Abfallen des Wassers mehr Spielraum zu geben. Eine Störung kam nicht vor. Am folgenden Morgen, gegen neununddreiviertel Uhr, wurde bei steigender Flut die Fahrt wieder unter den nämlichen Verhältnissen wie am Tage vorher fortgesetzt.

Die Nacht war kalt gewesen; der Tag war es nicht minder, und deshalb schien es höchste Zeit, ans Ziel zu gelangen. Was hätte aus ihnen werden sollen, wenn der Rio gar zum Stehen kam oder aus dem See abtreibende Eisschollen nach der Sloughi-Bai hinabschwammen? Das verursachte ihnen nicht geringe Unruhe, von der sie erst mit der Ankunft bei French-den erlöst werden konnten.

Und doch war es unmöglich, schneller als die Flut vorwärts zu kommen, unmöglich, gegen die Strömung anzukämpfen, wenn die Ebbe ablief, unmöglich also, mehr als eine Meile binnen einundeinerhalben Stunde zurückzulegen. Das war auch die mittlere Geschwindigkeit an diesem Tage. Gegen Mittag wurde auf der Höhe jener Schlammlache haltgemacht, welche Briant bei der Rückkehr nach der Sloughi-Bai hatte umkreisen müssen. Etwa anderthalb Meilen weit drang die von Moko, Doniphan und Wilcox besetzte Jolle hin nach Norden vor und hielt erst an, als ihr das Wasser zu fehlen begann. Diese Schlammlache bildete gewissermaßen eine Fortsetzung des Supfes, der sich jenseits des linken Ufers ausdehnte, und sie schien sehr reich an Wasserwild zu sein. Doniphan konnte auch einige Bekassinen erlegen, welche neben den Trappen und Tinamus aufbewahrt wurden.

Es folgte eine ruhige, aber sehr kalte Nacht mit einer rauhen Brise, welche das Tal des Rios erfüllte. Auch bildete sich ein wenig Eis, das bei dem geringsten Stoß in Stücke ging oder sich auflöste. Trotz aller Vorsichtsmaßregeln gestaltete sich der Aufenthalt an Bord nicht zu einem besonders angenehmen, obgleich jeder bemüht gewesen war, sich unter den Segeln zu verkriechen. Bei einzelnen der Kinder, vorzüglich bei Jenkins und Iverson, kam die üble Laune laut zum Durchbruche, und diese beklagten sich darüber, das Lager auf dem »Sloughi« verlassen zu müssen, so daß Briant sie wiederholt beruhigen und ihnen guten Mut zusprechen mußte.

Am Nachmittag des nächsten Tages endlich kam das Floß mit Hilfe der bis einhalbvier Uhr anhaltenden Flut in Sicht des Sees an und ging am Fuße des hohen Ufers vor dem Eingange von French-den ans Land.

Elftes Kapitel

Erste Einrichtung im Innern von French-den. – Entladung des Floßes. – Besuch am Grabe des Schiffbrüchigen. – Gordon und Doniphan. – Der Kochofen. – Haar- und Federwild. – Der Nandu. – Services Pläne. – Annäherung der schlechten Jahreszeit.

Die Ausschiffung ging unter dem Jubel der Kleinen vor sich, für die jede Abwechslung in ihrem gewöhnlichen Leben ein neues Spiel war. Dole sprang wie ein junges Böckchen auf dem Ufer umher, Iverson und Jenkins liefen nach dem Strande des Sees, Costar aber nahm Moko zur Seite und sagte zu diesem:

»Du hast uns ein gutes Mittagessen versprochen, Moko.«

»Ei, daraus wird nichts werden, Herr Costar«, antwortete der Negerknabe.

»Und warum nicht?«

»Weil ich gar keine Zeit mehr hätte, ein Mittagsmahl herzustellen.«

»Wie, wir sollen gar nicht essen?«

»Zu Mittag nicht, wohl aber zu Abend; und ich denke, die jungen Trappen werden sich zu einem Abendbrot nicht minder gut eignen.«

Und seine weißen Zähne zeigend, lachte Moko hell auf.

Nachdem es ihm einen freundlichen Rippenstoß erteilt, schloß das Kind sich seinen Kameraden wieder an. Briant hatte ihnen übrigens ans Herz gelegt, sich nicht zu entfernen, damit man sie stets im Auge behalten könnte.

»Nun, du gehst nicht auch zu ihnen?« fragte er seinen Bruder.

»Nein, ich bleibe lieber hier!« antwortete Jacques.

»Du würdest aber weit besser tun, dir etwas Bewegung zu machen«, fuhr Briant fort. »Ich bin mit dir nicht zufrieden, Jacques...! Du hast etwas, was du verheimlichst... Oder solltest du etwa krank sein?«

»Nein, Bruder, mir fehlt nichts!«

Immer dieselbe Antwort, welche Briant nicht genügen konnte, der nun einmal entschlossen war, Licht in die Sache zu bringen, selbst wenn er es deshalb auf eine Szene mit dem jungen Trotzkopf ankommen lassen mußte.

Es war indes keine Stunde zu verlieren, wenn man schon diese Nacht in French-den zubringen wollte.

Zunächst sollten diejenigen, welche die Höhle noch nicht kannten, in dieselbe eingeführt werden. Sobald das Floß an dem Ufer inmitten eines Wirbels und außerhalb der Strömung festgelegt war, bat Briant seine Kameraden, ihn zu begleiten. Der Schiffsjunge trug eine Signallaterne, deren Flamme durch die Wirkung einer linsenförmigen Scheibe ein sehr lebhaftes Licht verbreitete.

Man begann nun zuerst den Eingang freizulegen. So wie Briant und Doniphan die Zweige vor derselben verflochten hatten, wurden sie auch wieder aufgefunden, es hatte also kein menschliches Wesen und auch kein Tier nach French-den einzudringen versucht.

Nach Beseitigung der Zweige glitten alle durch die schmale Öffnung. Beim Scheine der Signallaterne erleuchtete sich die Höhle weit besser, als das durch brennende Harzzweige oder durch die groben Kerzen des Schiffbrüchigen möglich gewesen war.

»Ei, hier wird's aber eng hergehen!« ließ Baxter sich vernehmen, als er die Tiefe der Höhle ausgemessen hatte.

»Bah«, rief Garnett, »wenn wir die Lagerstätten übereinander herrichten, wie in einer Kabine . . .«

»Wozu?« fiel Wilcox ein. »Es wird genügen, sie nebeneinander auf dem Erdboden auszubreiten.«

»So, damit uns kein Platz zum Hin- und Hergehen bleibt«, bemerkte Webb.

»Nun, dann wird einfach nicht hin- und hergegangen, damit ist's abgemacht«, meinte Briant. »Weißt du einen besseren Rat, Webb?«

»Nein, aber . . .«

»Aber«, setzte Service den Satz fort, »die Hauptsache ist, ein hinlängliches Obdach zu haben! Ich denke, Webb hat sich's auch nicht eingebildet, hier eine vollständige Familienwohnung mit Salon, Speisezimmer, Schlafzimmer, Vorsaal, Rauch- und Badezimmer vorzufinden.«

»Nein«, sagte Croß; »nur einen Ort brauchen wir, wo die Küche eingerichtet werden kann.«

»Die bring' ich draußen an«, erklärte Moko.

»Das wäre bei schlechter Witterung sehr unbequem«, bemerkte Briant. »Ich meine übrigens, schon morgen können wir den Kochofen vom ›Sloughi‹ eben hier aufstellen ...«

»Den Kochofen ... in der Höhle, wo wir essen und schlafen?« versetzte Doniphan in einem Tone, der seinen Widerwillen erkennen ließ.

»Nun, so wirst du einmal lauter Wohlgerüche einatmen, Lord Doniphan«, rief Service, der dazu auflachte.

»Wenn mir das paßt, du Küchengehilfe!« erwiderte der hochmütige Knabe, die Augenbrauen runzelnd.

»Laßt es gut sein«, beeilte sich Gordon zu sagen. »Ob die Sache angenehm ist oder nicht, werden wir uns für den Anfang doch dazu entschließen müssen. Während er uns übrigens einesteils zum Kochen dient, erwärmt der Ofen gleichzeitig das Innere der Höhle. Uns mehr Gelaß zu schaffen, indem wir andere Räume aus dem Gestein ausbrechen, für diese Arbeit haben wir den ganzen Winter, wenn sie überhaupt auszuführen ist. Jetzt laßt uns French-den nehmen, wie es ist, und richten wir uns so gut wie möglich darin ein!«

Nach dem Essen wurden die Matratzen herbeigeschafft und die Lagerstätten in regelmäßigen Reihen auf dem Sande aufgeschlagen. Obwohl sie ziemlich dicht nebeneinander zu liegen kamen, mußten die Kinder bei ihrer Gewöhnung an die engen Schiffskabinen sich darauf doch ganz behaglich finden.

Diese Einrichtung nahm den Rest des Tages in Anspruch. Dann wurde noch die große Tafel der Yacht in der Mitte der Höhle aufgestellt, und Carnett, dem die Kleinen die nötigen Geräte von Bord zutrugen, übernahm das Decken derselben.

Moko, den Service nach Kräften unterstützte, hatte auch das Seinige getan. Ein zwischen zwei großen Steinen angebrachter Herd am Fuße des Steilufers wurde mit trockenem Holz beschickt, das Webb und Wilcox unter den Bäumen am Ufer suchten. Gegen sechs Uhr kochte der große Topf mit dem Fleischbiskuit, das nur wenige Minuten aufgesotten zu werden braucht, und verbreitete einen angenehmen Geruch. Daneben brieten an einen Draht gereiht, nachdem sie sauber gerupft waren, noch ein Dutzend Tinamus an einer lodernden Flamme über der Bratpfanne, in welcher Costar Lust hatte, noch ein Stück Zwieback zu rösten. Und während Dole und Iverson gewissenhaft ihres Amtes als Bratspießdreher walteten, folgte Phann ihren Bewegungen mit sehr deutlich sprechendem Interesse.

Vor sieben Uhr fanden sich alle in dem einzigen »Zimmer« von French-den – dem Wohn-, Schlaf- und Vorratsraum – zusammen. Die Schemel, Feldstühle und Korbsessel vom »Sloughi« waren gleichzeitig mit den Bänken aus dem Volkslogis hierhergeschafft worden. Die jugendlichen Tischgenossen verzehrten nun, von Moko bedient und sich selbst bedienend, eine recht gehaltvolle Mahlzeit. Die warme Suppe, ein Stück Corned beef, die gebratenen Tinamus, das Fleischbiskuit in Brotteig, frisches Wasser mit dem zehnten Teile Brandy, ein Stück Chester-Käse und einige Gläser Sherry entschädigten sie für die mageren Mahlzeiten der letzten Tage. Trotz des Ernstes der Lage gaben sich die Kleinen doch ganz der ihrem Alter so natürlichen Heiterkeit hin, und Briant hütete sich wohl, sie in ihrer Freude zu beschränken oder ihr Lachen zu unterdrücken.

Der Tag war recht anstrengend gewesen. Nach Stillung des Hungers sehnte man sich also nach nichts anderem als nach Ruhe. Vorher aber schlug Gordon, getrieben durch ein religiöses Pflichtgefühl, seinen Genossen vor, dem Grabe François Boudoins, dessen Wohnung sie jetzt einnahmen, einen Besuch abzustatten.

Schon lag das Abenddunkel auf dem See, und das

Wasser erglänzte nicht einmal mehr in den letzten Strahlen des Tageslichtes. Nachdem sie die Ecke der Uferhöhe umschritten, blieben die Knaben vor einer leichten Bodenerhebung stehen, auf der sich ein hölzernes Kreuz erhob, und dann sandten die Kleinen, auf den Knien liegend, und die Großen, gebeugt neben dem Grabe stehend, ein Gebet zu Gott für die Seele des armen Schiffbrüchigen.

Um neun Uhr waren die Schlafstätten besetzt, und kaum in ihre Decken gehüllt, fielen alle auch schon in sanften Schlummer. Nur Wilcox und Doniphan, welchen es heute oblag, wach zu bleiben, unterhielten ein großes Feuer am Eingang der Höhle, welches, während es das Innere derselben erwärmte, auch dazu diente, gefährliche Besucher zurückzuschrecken.

Am nächsten Tage, am 9. Mai, und während der drei folgenden Tage waren alle Hände mit der Entladung des Floßes beschäftigt. Schon sammelten sich mit dem Westwinde mehr Dünste an, welche eine Periode häufigen Regens und Schneetreibens verkündeten. Die Temperatur überstieg jetzt kaum noch 0 Grad, und die oberen Luftschichten mußten schon recht kalt sein. Es galt jetzt also, was leicht verdorben werden konnte, wie Munition, feste und flüssige Nahrungsmittel, in French-den unter Schutz zu bringen.

Während dieser wenigen Tage zogen, angesichts der dringlichen Arbeit, auch die Jäger nicht weit hinaus, doch da es an Wasserwild weder auf dem See noch über dem Sumpfe mangelte, erhielt Moko immer, was er bedurfte. Bekassinen und Enten, langgeschwänzte und Krickenten, gaben Doniphan Gelegenheit, manch glücklichen Schuß zu tun.

Nichtsdestoweniger sah Gordon, daß die Jagd, selbst wenn sie erfolgreich war, etwas zu viel Pulver und Blei kostete. Er hielt gar sehr viel darauf, den Schießbedarf, dessen Vorrat er in seinem Notizbuch genau verzeichnet hatte, möglichst zu schonen, und so riet er Doniphan, mit Rücksicht darauf ja nicht unnötig zu schießen.

»Es steht unser aller Interesse dabei auf dem Spiel«, sagte er.

»Einverstanden«, sagte Doniphan, »wir müssen aber ebenso vorsichtig mit unseren Vorräten umgehen. Wir würden es bereuen, derselben beraubt zu sein, wenn sich je ein Mittel böte, die Insel zu verlassen ...«

»Die Insel verlassen ...?« entgegnete Gordon. »Sind wir denn imstande, ein Fahrzeug zu bauen, welches das Meer halten könnte?«

»Und warum nicht, Gordon, wenn sich ein Festland in der Nähe befände ...? Auf jeden Fall hab' ich nicht Lust, hier wie der Landsmann Briants zu sterben.«

»Zugegeben«, antwortete Gordon; »doch ehe wir an ein Fortkommen denken können, machen wir uns mit dem Gedanken vertraut, vielleicht gezwungen zu sein, hier lange Jahre zu leben ...«

»Ja, daran erkenne ich meinen Gordon!« rief Doniphan. »Ich bin überzeugt, er wäre entzückt, hier eine Kolonie zu begründen.«

»Gewiß, wenn uns nichts anderes übrigbleibt.«

»Ach, Gordon, ich glaube nicht, daß du zu viele Anhänger einer solchen Marotte finden würdest, nicht einmal deinen Freund Briant.«

»Darüber zu reden, werden wir noch Zeit genug haben«, erwiderte Gordon. »Und was Briant betrifft, so laß mich dir sagen, Doniphan, daß du gegen ihn unrecht handelst. Er ist ein guter Kamerad, der uns schon Beweise seiner Opferwilligkeit gegeben hat ...«

»Ei natürlich, Gordon!« versetzte Doniphan in jenem verächtlichen Tone, den er sich nicht abgewöhnen konnte. »Briant hat alle vortrefflichen Eigenschaften ... Er ist eine Art Held ...«

»Nein, Doniphan, er hat Fehler wie wir alle. Dein Auftreten ihm gegenüber kann aber nur zu einer Veruneinigung führen, welche unsere Lage gewiß verschlimmern müßte. Briant wird von allen hochgeschätzt ...«

»Ja, ja, von allen!«

»Oder wenigstens von der größten Zahl seiner Kameraden. Ich begreife nicht, warum du, nebst Wilcox, Croß und Webb, dich nicht mit ihm verständigen kannst. Ich sage dir das nur beiläufig, Doniphan, und hoffe, du wirst es dir überlegen ...«

»Es ist schon alles überlegt, Gordon!«

Gordon sah wohl ein, daß der stolze Knabe wenig geneigt sein mochte, seinem Rate zu folgen, und das betrübte ihn, da er dadurch in Zukunft manche Mißhelligkeiten entstehen sah.

Wie erwähnt, hatte die Entladung des Floßes drei Tage in Anspruch genommen, jetzt blieb nur noch übrig, die Grundlage und die Plattform wieder auseinanderzunehmen, um deren Planken und Balken im Innern von French-den zu verwenden.

Leider hatte nicht das ganze Material in der Höhle Platz finden können, und wenn es nicht gelang, diese zu vergrößern, würde man sich genötigt sehen, eine Art Schuppen zu erbauen, unter dem die Ballen geschützt gegen die schlechte Witterung liegen konnten.

Inzwischen wurden alle Gegenstände, auf Gordons Rat, in dem Winkel der Uferhöhe untergebracht und hier mit geteerten Leinenstücken, welche sonst zum Schutze der Oberlichtfenster und der Treppenkappen gedient hatten, überdeckt.

Im Laufe des 13. gingen Baxter, Briant und Moko an die Herrichtung des Kochofens, der auf Walzen bis zum Innern von French-den gezogen werden mußte. Hier stellte man ihn an die rechte Wand nahe dem Eingang, um sich einen möglichst guten Zug desselben zu sichern. Was das Rohr anging, welches die Verbrennungsprodukte nach außen abführen sollte, so machte ihnen dessen Anbringung kein besonderes Kopfzerbrechen. Da der Kalkstein ziemlich weich war, gelang es Baxter, ein Loch durch denselben zu schlagen, in welches das Rohr eingepaßt wurde, so daß der Rauch nun nach außen abziehen konnte. Am Nachmittag, als der Schiffsjunge den Ofen in Brand gesetzt, hatte er die Befriedigung zu sehen, daß derselbe ganz nach Wunsch fungierte. Selbst für die schlechteste Jahreszeit war die Zubereitung der Speisen gesichert.

Während der folgenden Wochen konnten Doniphan, Webb, Wilcox und Croß, denen sich noch Garnett und Service anschlossen, ihrer Jagdlust völlig Genüge tun. Eines Tages zogen sie so in den Birken- und Buchenwald, eine halbe Meile von French-den aus und an der Seite des Sees, hinein. An manchen Stellen entdeckten sie deutliche Spuren menschlicher Arbeit. Es waren da im Erdboden ausgehobene und mit Gezweig bedeckte Gruben, tief genug, um Tieren, welche hineinfielen, das Wiederentweichen zu verhindern. Der Zustand der Gruben ließ jedoch erkennen, daß diese schon viele Jahre alt waren, und eine derselben enthielt noch die Überbleibsel eines Tieres, dessen Art jetzt freilich nur noch schwer zu erkennen gewesen wäre.

»Jedenfalls sind das die Knochen von einem ziemlich großen Tier«, bemerkte Wilcox, der sich schnellstens in die Grube hinabgelassen hatte und einige von der Zeit gebleichte Knochen heraufbrachte.

»Und das war ein vierfüßiges Tier, was man noch an den Beinknochen erkennt«, fügte Webb hinzu.

»Wenigstens, wenn es hier nicht gar fünffüßige Tiere gibt«, antwortete Service, »und dann hat das hier nur ein Schaf oder ein ganz gewaltiges Kalb sein können.«

»Du mußt doch immer scherzen, Service«, sagte Croß.

»Nun, das Lachen ist doch nicht verboten«, meinte Garnett.

»Gewiß erscheint mir nur«, fuhr Doniphan fort, »daß dieses Tier ein sehr kräftiges gewesen sein muß. Seht nur die Dicke des Kopfes und die mit Hakenzähnen ausgestattete Kinnlade. Service mag immer mit seinen Gaukler-Kälbern und seinen Jahrmarkts-Schafen scherzen, wenn dieser Vierfüßler hier aber wieder auflebte, würde ihm das Lachen, glaub' ich, schnell vergehen.«

»Gut abgeführt!« rief Croß, der immer geneigt war, die Erwiderungen seines Vetters ausgezeichnet zu finden.

»Du meinst also«, fragte Webb Doniphan, »daß wir

hier ein gefährliches Raubtier vor uns hätten?«

»Ja, ganz sicherlich!«

»Einen Löwen . . . einen Tiger etwa . . .?« fragte Croß, dem es hier gar nicht mehr geheuer vorkam.

»Wenn auch keinen Tiger oder Löwen, so doch mindestens einen Jaguar oder Cuguar!«

»Da werden wir uns also in acht nehmen müssen . . .!« sagte Webb.

»Und dürfen nicht sorglos weit herumstreifen«, setzte Croß hinzu.

»Hörst du wohl, Phann«, sagte Service, sich nach dem Hunde umwendend, »hier gibt es sehr große Bestien.«

Phann antwortete durch ein freudiges Gebell, das keine besondere Unruhe verriet.

Die jungen Jäger schickten sich nun an, nach Frenchden zurückzukehren.

»Halt, da kommt mir ein Gedanke!« sagte Wilcox. »Wenn wir die Fallgruben mit frischen Zweigen bedeckten . . .? Vielleicht könnten wir da noch einmal irgendein Tier fangen.«

»Wie du willst, Wilcox«, antwortete Doniphan, »obwohl ich mehr dafür eingenommen bin, ein Stück Wild in Freiheit abzuschießen, als es im Grunde einer Grube zu ermorden.«

Es war der Sportsmann, der aus ihm sprach; im Grunde erwies sich Wilcox mit seiner natürlichen Neigung zur Aufstellung von Fallen jedoch praktischer als Doniphan.

Er beeilte sich nun, den eigenen Vorschlag auszuführen. Seine Kameraden halfen, von den benachbarten Bäumen Zweige abzuschlagen, welche dann kreuzweise über die Öffnung der Gruben und so gelegt wurden, daß deren Blätter dieselben vollständig bedeckten. Gewiß eine sehr kunstlose Falle, welche von den Trappern der Pampas aber sehr häufig mit Erfolg angewendet wird.

Um die Stelle wiederzufinden, wo diese Grube sich befand, knickte Wilcox verschiedene Zweige der Bäume am Waldessaume an, und hierauf begaben sich alle wieder nach French-den.

Die Jagden lieferten übrigens immer reiche Beute, da es hier einen wahren Überfluß an Federwild gab. Ohne die Trappen und Tinamus zu zählen, flatterten hier in großer Anzahl Hausschwalben umher, deren weißgetüpfeltes Gefieder an das der Perlhühner erinnerte; ferner Holztauben in großen Scharen und antarktische Gänse, welche recht gut eßbar sind, wenn sie durch geeignete Zubereitung ihren tranigen Geschmack verloren haben. Das Haarwild dagegen war vertreten durch »Tucutucos«, eine Art Nagetiere, welche im Frikassee das Kaninchen recht wohl ersetzen können; durch »Maras«, das sind graurötliche Hasen mit einem schwarzen Halbmond auf dem Schwanze und ebenso eßbar wie die Agutis, ferner durch Pichis, eine Art der Gürteltiere oder Säugetiere mit Schuppenpanzer, deren Fleisch ganz vortrefflich schmeckt; durch »Pecaris«, das sind kleine Wildschweine, und endlich durch »Guaculis«, welche den Hirschen gleichen und ebenso flüchtig sind wie diese.

Doniphan gelang es wohl, einzelne dieser Tiere zu erlegen; da er sich aber nur schwer an dieselben heranschleichen konnte, stand der Aufwand an Pulver und Blei doch nicht in rechtem Verhältnisse zu den erzielten Erfolgen. Das ärgerte nicht nur den jungen Jäger selbst, sondern brachte ihm auch noch verschiedene Vorwürfe von Gordon ein – Vorwürfe, welche auch seinen Begleitern nicht erspart blieben.

Bei einem dieser Ausflüge sammelte man auch einen reichlichen Vorrat zweier von Briant gelegentlich seines ersten Besuches am Binnensee entdeckter Pflanzen, nämlich von wildem Sellerie, der auf dem feuchten Boden üppig emporwucherte, und von Kresse, deren junge Triebe, wenn sie eben die Erde durchbrechen, ein vorzügliches Heilmittel des Skorbuts abgeben. Aus Gesundheitsrücksichten erschienen diese Vegetabilien bei jeder Mahlzeit.

Da die Kälte die Oberfläche des Sees und des Rios noch mit keiner Eiskruste überzogen hatte, gelang es auch, mittels Angelhaken Forellen und eine Art Hechte zu fangen, welche sehr gut eßbar sind, wenn man sich nur wegen ihrer vielen Gräten gehörig in acht nimmt. Eines Tages endlich kam Iverson triumphierend heim und brachte einen ansehnlichen Lachs, mit dem er lange Zeit, auf die Gefahr hin, seine Schnur zerreißen zu sehen, gekämpft hatte. Konnte man sich zu der Zeit, wo diese Fische nach der Mündung des Rios zurückkehrten, einen größeren Vorrat derselben zulegen, so mußte damit für den Winter eine köstliche Reserve gewonnen sein.

Inzwischen wurde die von Wilcox wiederhergerichtete Grube wiederholt besucht, doch hatte sich kein Tier in derselben fangen lassen, trotz eines großen darin niedergelegten Stückes Fleisch, welches die Aufmerksamkeit eines Raubtieres hätte erregen können.

Am 17. Mai ereignete sich indes ein unerwarteter Zwischenfall.

Briant und die übrigen hatten sich an diesem Tage nach dem Walde in der Umgebung des Steilufers begeben, in der Absicht, in der Nähe von French-den noch eine andere natürliche Höhle zu suchen, welche als Magazin für das noch übrige Material dienen könnte.

Bei Annäherung an die Grube vernahm man aus derselben ein heiseres Geschrei.

An Briant, der nach dieser Seite zuschritt, schloß sich sofort auch Doniphan an, welcher jenem nicht den Vortritt lassen wollte. Die anderen folgten, die Gewehre schußfertig, einige Schritte hinterher, während Phann mit aufgerichteten Ohren und erhobenem Schwanze dahintrottete.

Sie befanden sich nur noch zwanzig Schritte von der Grube, als das Geschrei sich verdoppelte. In der Mitte der Zweigdecke zeigte sich ein großes Loch, das nur durch das Hindurchstürzen eines Tieres entstanden sein konnte.

Welcher Art dieses Tier war, hätte niemand sagen können; jedenfalls empfahl es sich aber, zu einer Verteidigung bereit zu sein.

»Vorwärts, Phann, vorwärts!« rief Doniphan.

Der Hund sprang bellend, aber ohne besondere Unruhe zu zeigen, voraus.

Briant und Doniphan liefen nach der Grube, und sobald sie sich über dieselbe gebeugt, riefen sie:

»Hierher! kommt nur heran!«

»Es ist kein Jaguar . . .?« fragte Webb.

»Und auch kein Cuguar . . .?« setzte Croß hinzu.

»Nein«, belehrte sie Doniphan. »Es ist nur ein Tier mit zwei Pfoten, ein – Strauß!«

In der Tat war es ein Strauß, und sie hatten alle Ursache, sich über das Vorkommen dieser Tiere im Walde hier zu beglückwünschen, denn das Fleisch derselben ist vortrefflich, vorzüglich an dem die Brust bedeckenden Fettpolster.

Wenn es auch nicht zweifelhaft sein konnte, daß sie einen Strauß vor sich hatten, so zeigten dessen geringere Größe, die kleineren Federn, welche den ganzen Körper mit einem weißlich-grauen Vlies bedeckten, daß derselbe zu der in den Pampas von Südamerika so häufig vorkommenden Sippe der »Nandus« gehörte. Obwohl diese sich mit dem afrikanischen Strauß nicht messen können, bilden sie doch eine Zierde der Fauna jedes Landes.

»Den müssen wir lebend bekommen!« rief Wilcox.

»Ei, das wünscht' ich auch!« jubelte Service.

»Es dürfte aber nicht so leicht sein«, meinte Croß.

»So versuchen wir es wenigstens«, erklärte Briant.

Das kräftige Tier hatte offenbar nicht entkommen können, weil seine Flügel ihm nicht erlaubten, sich bis zur Erdoberfläche zu erheben, und seine Füße an den lotrechten Wänden keinen Stützpunkt fanden. Wilcox mußte sich also nach dem Grunde der Grube selbst auf die Gefahr hin hinabgleiten lassen, einige Schnabelhiebe wegzubekommen, die ihn ernstlich verletzen konnten. Da es ihm jedoch bald gelang, dem Tiere seine Wolljacke über den Kopf zu werfen, so wurde dieses hierdurch völlig unbeweglich gemacht. Nun war es auch leicht, dessen Füße mit zwei oder drei aneinander geknüpften Taschentüchern zu fesseln, und so gelang es allen durch Vereinigung ihrer Kräfte, die einen von unten, die anderen von oben her nachhelfend, ihn aus der Grube zu ziehen.

»Endlich haben wir ihn«, rief Webb erfreut.

»Was fangen wir aber mit dem Burschen an?« fragte Croß.

»Das ist sehr einfach«, antwortete Service, der an nichts verzweifelte. »Wir führen ihn nach French-den, füttern ihn gut und benutzen ihn als Reittier. Ich werde das schon nach dem Vorgange meines Freundes, des schweizerischen Robinson, fertigbringen.«

Ob es möglich sein sollte, den Strauß in dieser Weise zu benutzen, erschien trotz des von Service dafür herangezogenen Beispiels mindestens zweifelhaft. Da es jedoch keine Schwierigkeit machte, ihn nach French-den mitzunehmen, so wurde das ausgeführt.

Als Gordon den Nandu ankommen sah, erschrak er wohl ein wenig über die Aussicht, noch einen Magen mehr sättigen zu sollen, nahm ihn aber, in Berücksichtigung, daß dazu Gras oder Laub genügen würde, doch gut auf. Für die Kleinen war es eine Freude, sich dem Tiere zu nähern – natürlich nicht allzusehr – nachdem dasselbe an einen langen Strick gebunden war, und als sie hörten, daß Service dasselbe zum Reiten abrichten wolle, nahmen sie ihm schon das Versprechen ab, hinter ihm aufsitzen zu dürfen.

»Ja, wenn ihr hübsch artig seid, ihr Kleinen!« antwortete Service, den die Kinder schon als Helden anstaunten.

»Gewiß, gewiß!« rief Costar.

»Wie? Auch du, Costar«, erwiderte Service, »auch du wolltest es wagen, dieses Tier zu besteigen?«

»Hinter dir ... Und wenn ich mich an dir festhalten kann, ja.«

»Du denkst wohl gar nicht mehr an die ausgestandene Angst, als du auf dem Rücken der Schildkröte rittest?«

»Das war ein ganz anderes Ding«, antwortete Costar. »Das Tier hier geht wenigstens nicht unters Wasser.«

»Nein, aber möglicherweise in die Luft!« sagte Dole.

Das machte die Kinder freilich etwas nachdenklich.

Seit sie French-den endgültig bewohnten, hatten Gordon und seine Kameraden eine regelmäßige tägliche Lebensordnung eingeführt. Nach vorläufig vollendeter Einrichtung schlug Gordon nämlich vor, die Beschäftigung eines jeden nach gewissem Plane zu bestimmen und vorzüglich die Kleinen sich selbst zu überlassen. Letztere verlangten übrigens selbst danach, nach Maßgabe ihrer Kräfte an der allgemeinen Tätigkeit teilzunehmen; doch warum sollte man mit ihnen nicht auch den in der Pension Chairman begonnenen Unterricht fortsetzen?

»Wir haben ja Bücher, die uns die weitere Betreibung unserer Studien ermöglichen«, sagte Gordon, »und es scheint mir nicht mehr als billig, das, was wir gelernt haben oder etwa noch lernen werden, auch unsere jüngere Kameraden zu lehren.«

»Ganz recht«, antwortete Briant, »und wenn es uns je vorbehalten bliebe, diese Insel zu verlassen, wenn wir unsere Familien wiedersehen sollten, so wollen wir darauf achten, unsere Zeit nicht zu vergeuden.«

Es wurde also eine Art Programm entworfen, nach dessen allgemeiner Billigung auch streng auf seine Durchführung gesehen werden sollte.

Mit Eintritt des Winters mußten ja viele unfreundliche Tage kommen, während welcher weder Große noch Kleine den Fuß ins Freie setzen konnten, und es galt doch, diese nicht nutzlos vorübergehen zu lassen. Was die Insassen von French-den vorläufig am meisten belästigte, war die Beschränktheit des einzigen Raumes, in dem sie sich zusammendrängen mußten. Das veranlaßte sie denn, ohne Säumen auf Mittel und Wege zu sinnen, der Höhle eine hinreichende Ausdehnung zu geben.

Zwölftes Kapitel

Vergrößerung von French-den. – Ein verdächtiges Geräusch. – Phanns Verschwinden. – Phanns Wiedererscheinen. – Einrichtung des Vorsaales. – Schlechtes Wetter. – Namengebung. – Die Insel Chairman. – Das Oberhaupt der Kolonie.

Während der letzten Ausflüge hatten die jugendlichen Jäger wiederholt das Steilufer untersucht, in der Hoffnung, darin eine zweite Aushöhlung zu entdecken. Hätten sie eine solche gefunden, so konnte diese als allgemeines Magazin, als Niederlage für das noch übrige, jetzt unter freiem Himmel aufgestellte Material dienen. Bei der Erfolglosigkeit dieser Nachforschungen mußte man jedoch auf den früheren Plan einer Erweiterung der jetzigen Wohnung zurückgreifen und einen oder mehrere mit der Höhle François Boudoins zusammenhängende Räume herzustellen suchen.

Im Granitfels wäre diese Arbeit unausführbar gewesen; in dem hier anstehenden Kalkstein aber, den Axt und Spitzhaue leicht angriffen, konnte sie keine großen Schwierigkeiten bieten. Der Zeitaufwand kam ja nicht in Frage. Das war eine Gelegenheit, die langen Wintertage auszufüllen, und bis zum Wiedereintritt der schönen Jahreszeit konnte alles vollendet sein, wenn kein Einsturz erfolgte oder etwa Wasser durchsickerte, was allerdings zu fürchten war.

Zu Sprengmitteln brauchte man übrigens nicht zu greifen. Die gewöhnlichen Werkzeuge mußten genügen, wie sie genügt hatten, als es sich darum handelte, ein Loch herzustellen, in welches das Ofenrohr geführt werden konnte. Außerdem hatte Baxter, freilich mit einiger Mühe, den Eingang von French-den so weit zu erweitern vermocht, daß er an demselben eine Tür aus dem »Sloughi« mit Schloß und Haspen anbringen konnte. Ferner waren links und rechts vom Eingange zwei schmale Fenster oder mehr eine Art Schießscharten durchgebrochen worden, was dem Tageslicht einen besseren Zutritt und der Luft eine leichtere Zirkulation gestattete.

Seit einer Woche hatte jetzt die schlechtere Witterung ihren Einzug gehalten. Heftige Sturmwinde brausten über die Insel hin, denen French-den jedoch, Dank seiner Lage nach Süden und Osten, nicht ausgesetzt war.

Regenschauer und tolles Schneegestöber zogen manchmal mit lautem Geräusch über den Kamm des Steilufers. Nur in der Nachbarschaft des Sees spürten die Jäger noch ihrer Beute nach, nämlich Enten, Bekassinen, Kiebitzen, Wiesenläufern, Wasserhühnern und zuweilen einzelnen jener »Pelzschnäbler«, welche man in den südpazifischen Gebieten unter dem Namen »weiße Tauben« kennt. Waren See und Rio auch noch nicht zum Stehen gekommen, so mußte doch eine klare Nacht hinreichen, sie mit Eis zu überkleiden, wenn nach der stürmischen Erregung der Atmosphäre trockene Kälte eintrat.

Meist auf ihre Wohnung beschränkt, konnten sich die Knaben ungehindert den Erweiterungsarbeiten widmen, und sie begannen mit diesen noch im Laufe des 27. Mai.

Die rechte Wand war es, welche Axt und Schaufel zuerst in Angriff nahmen.

»Dringen wir in schräger Richtung ein«, hatte Briant gesagt, »so gelingt es uns vielleicht, an der Seeseite durchzubrechen und damit einen zweiten Zugang nach French-den zu gewinnen. Das würde uns eine bessere Überwachung der Umgebung ermöglichen, und wenn schlechte Witterung uns an der einen Seite am Austreten hindert, so könnten wir immer noch an der anderen herauskommen.«

Der Vorteil für die Allgemeinheit, den eine solche Anordnung versprach, lag zu sehr auf der Hand, und die Erreichung desselben schien auch nicht unmöglich.

Von innen aus gerechnet, trennten die Höhle höchstens vierzig bis fünfzig Fuß von der östlichen Außenwand der Kalkmasse. Nach Feststellung der Richtung mit Hilfe des Kompasses kam es also nur darauf an, einen Gang durchzuschlagen, bei dieser Arbeit aber wohl darauf zu achten, daß kein Einsturz erfolgte. Ehe man der neuen Aushöhlung die für später in Aussicht genommene Breite und Höhe gäbe, schlug Baxter vor, erst eine Art Stollen durch das Gestein zu treiben, der erweitert werden sollte, wenn und wo sein Ende erst wieder zutage trat. Die beiden Räumlichkeiten von French-den wären dann durch eine Art Vorsaal verbunden, der an beiden Enden abgeschlossen werden könnte und an dessen Seiten zwei dunkle Kammern ausgebrochen werden sollten. Dieser Plan empfahl sich entschieden als der beste, da er gleichzeitig gestattete, die Gesteinsmasse sorgfältig zu untersuchen, und die Arbeit eingetellt werden konnte, wenn man auf durchsickerndes Wasser stieß.

Während der drei Tage vom 27. bis 30. Mai ging die Arbeit unter günstigen Umständen vorwärts. Die Kalkmolasse ließ sich fast mit dem Messer schneiden, deshalb wurde es auch nötig, sie mit einer Auszimmerung zu versehen, was freilich ziemliche Schwierigkeiten machte. Der Abraum wurde stets sofort nach außen befördert, um denselben sich nicht anhäufen und hinderlich werden zu lassen. Wenn wegen Mangels an Raum nicht alle Arme gleichzeitig bei dieser Arbeit angestellt werden konnten, so feierten dieselben doch keineswegs. Hörte es einmal auf zu regnen oder zu schneien, so beschäftigte sich Gordon mit den anderen damit, das Floß wieder zu zerlegen, um die Planken der Plattform und die Rundhölzer der Grundlage zur neuen Einrichtung verwenden zu können. Die Genannten behielten auch die am Winkel der Anhöhenschenkel niedergelegten Gegenstände im Auge, denn die geteerten Decken schützen diese nur unvollkommen gegen die Unbilden der Witterung.

Die Arbeit schritt, wenn auch nicht ohne peinliches Umhertappen, nach und nach voran, und der Stollen war schon auf einer Länge von vier bis fünf Fuß ausgebrochen, als im Laufe des Nachmittags am 30. Mai sich etwas ganz Unerwartetes ereignete.

Auf dem Boden liegend wie ein Minengräber, der die

Galerie zu einer Sprengkammer ausschachtet, glaubte Briant im Innern der Gesteinsmasse einen dumpfen Laut zu vernehmen.

Er unterbrach seine Arbeit, um besser lauschen zu können. Von neuem traf dasselbe Geräusch sein Ohr.

Sich aus dem engen Gange zurückzuwinden, bis zu Gordon und Baxter, die sich an dessen Mündung befanden, zu gelangen und diesen seine Wahrnehmung mitzuteilen, das erforderte nur einige Augenblicke.

»Täuschung!« meinte Gordon. »Du hast nur etwas zu hören geglaubt ...«

»Nimm du meinen Platz ein, Gordon«, antwortete Briant, »lege das Ohr an die Wand und horche du einmal.«

Gordon kroch in den engen Gang und kam sehr bald wieder zurück.

»Du hast dich nicht getäuscht!« sagte er. »Ich habe etwas wie entferntes Knurren gehört.«

Nun wiederholte auch Baxter dieselbe Probe und sagte, als er wieder herauskam:

»Was in aller Welt kann das sein?«

»Ich kann es mir nicht erklären«, antwortete Gordon. »Wir werden Doniphan und die anderen davon benachrichtigen müssen ...«

»Nur die Kleinen nicht«, setzte Briant hinzu; »sie würden sich fürchten.«

Eben fanden sich alle zum Mittagsmahl zusammen, und die Kleinen erfuhren dabei doch von dem Vorfalle, was sie natürlich nicht wenig erschreckte.

Doniphan, Wilcox, Webb und Garnett begaben sich nacheinander in den Stollen. Jetzt hatte das Geräusch aber aufgehört; sie hörten nichts und neigten deshalb dem Glauben zu, daß ihre Kameraden sich doch wohl geirrt haben könnten.

Jedenfalls wurde beschlossen, die Arbeit nicht zu unterbrechen, und nach dem Essen wurde diese auch wieder aufgenommen.

Im Laufe des Nachmittags ließ sich kein weiteres Geräusch vernehmen, bis endlich gegen neun Uhr abends erneutes Knurren deutlich durch die Wand drang.

Da stürzte Phann wütend in den Schacht hinein und kam aus demselben mit emporgesträubtem Fell und bis über die Fangzähne zurückgezogenem Maule wieer hervor, während er in unverkennbarer Aufregung grimmig anschlug, als wollte er auf das aus dem Felseninnern heraustönende Knurren Antwort geben.

Was bei den Kleinen bisher nur ein mit Verwunderung gepaarter Schreck gewesen war, steigerte sich nun zur wahrhaft kläglichen Angst. Die Phantasie des englischen Knaben nährt sich stets mit den in den nordischen Ländern heimischen Sagen, nach welchen Gnomen, Kobolde, Luft- und Wassergeister, Sylphen und Gespenster jeder Art schon um seine Wiege kreisen. Dole, Costar und selbst Jenkins und Iverson verhehlten gar nicht ihre tödliche Furcht. Nach vergeblicher Bemühung, sie zu beruhigen, veranlaßte sie Briant doch, ihre Lagerstätten aufzusuchen, wo sie, wenn auch erst ziemlich spät, einschliefen. Aber auch da träumten sie noch von Geistern, Gespenstern und übernatürlichen Wesen, welche ihren Spuk in der Höhle trieben – kurz, sie litten am schönsten Alpdrücken.

Gordon und die anderen unterhielten sich noch mit gedämpfter Stimme über die seltsame Erscheinung. Wiederholt konnten sie sich überzeugen, daß jenes Geräusch noch fortdauerte und daß Phann eine auffallende Gereiztheit erkennen ließ.

Endlich übermannte sie die Müdigkeit, und außer Moko und Briant legten sich alle schlafen. Dann herrschte bis Tagesanbruch tiefes Schweigen im Innern von French-den.

Am folgenden Morgen war die ganze Gesellschaft sehr zeitig munter. Baxter und Doniphan krochen wieder in den Stollen ... Kein Geräusch ließ sich vernehmen. Der Hund lief umher, ohne irgendwelche Unruhe zu zeigen, und sprang auch nicht wie am Tage vorher gegen die Wand an.

»Gehen wir wieder ans Werk!« sagte Briant.

»Ja«, antwortete Baxter. »Es wird immer Zeit sein, damit einzuhalten, wenn sich wieder ein verdächtiges Geräusch hören läßt.«

»Wär es nicht möglich«, bemerkte da Doniphan, »daß jenes Geräusch nur von einer Quelle herrührte, welche sich murmelnd durch die Felsmassen zwängt?«

»Dann würde es stets hörbar sein«, wandte Wilcox ein, »und augenblicklich ist das nicht der Fall.«

»Richtig«, stimmte ihm Gordon zu; »ich glaube vielmehr, es vom Winde herleiten zu sollen, der sich vielleicht in einem Spalt am Kamme der Anhöhe fängt . . .«

»Steigen wir hinauf«, sagte Service, »und da entdekken wir wahrscheinlich . . .«

Dieser Vorschlag wurde angenommen.

Gegen fünfzig Schritte am Ufergelände hingehend, fanden sie einen Pfad, der den Oberteil der Felsmasse zu erreichen gestattete. Binnen weniger Augenblicke hatte Baxter nebst zwei bis drei anderen denselben erklommen und gingen auf der Höhe bis gerade über French-den zurück. Auf der Oberfläche dieses Höhenrückens fand sich abr kein Spalt, durch den ein Luftstrom oder eine Wasserader hätte eindringen können, und als sie zurückkamen, wußten sie auch nicht mehr über jene merkwürdige Erscheinung, welche die Kleinen in ihrer Naivität für übernatürlich erklärten.

Die Arbeit wurde also wieder aufgenommen und bis zum Ende des Tages fortgesetzt. Das Geräusch vom Vortage hörte man nicht wieder, obwohl nach Baxters Angabe die Wand, an welcher die Schläge bisher nur matt widerhallten, jetzt einen mehr klingenden Ton gab. Befand sich in dieser Richtung also eine natürliche Höhle, auf welche der Stollen zufällig treffen sollte, und entstand das vernommene Geräusch vielleicht in dieser selbst? Die Voraussetzung einer zweiten, an die Höhle grenzenden Aushöhlung erschien nicht unannehmbar; ja, es war sogar wünschenswert, daß sich dieselbe bestätigte, weil dadurch die Arbeit bezüglich der Vergrößerung der Räumlichkeiten wesentlich vermindert werden mußte.

Erklärlicherweise mühten sich nun alle mit größtem Eifer ab, und dieser Tag gehörte zu den anstrengendsten, die sie bisher verlebten. Nichtsdestoweniger verlief er ohne nennenswerten Zwischenfall, wenn wir davon absehen, daß Gordon am Abend das Verschwinden seines Hundes meldete.

Zur Essenszeit stellte sich Phann sonst regelmäßig neben dem Sessel seines Herrn ein; heute blieb der Platz des Hundes leer.

Man rief nach ihm ... Phann antwortete nicht.

Gordon trat auf die Türschwelle und rief von neuem ... Alles still!

Doniphan und Wilcox liefen der eine nach dem Gelände des Rios, der andere nach dem Ufer des Sees ... Keine Spur vom Hund.

Vergebens wurden die Nachsuchungen in der Umgebung von French-den noch auf einige hundert Schritt weit ausgedehnt ... Phann war nirgends zu finden.

Offenbar war der Hund jetzt nicht in Hörweite, denn auf Gordons Stimme hätte er zweifellos geantwortet. Daß er sich nur verirrt hätte, erschien doch kaum glaublich; eher konnte er dem Zahne eines Raubtieres zum Opfer gefallen sein, wenigstens erklärte das am besten sein plötzliches Verschwinden.

Es war jetzt um neun Uhr abends. Tiefe Dunkelheit hüllte das Steilufer und den See ein, und so mußten sich die jungen Leute wohl oder übel entschließen, ihre Nachsuchungen aufzugeben und nach French-den zurückzukehren.

Alle gingen also sehr beunruhigt zurück; nein, nicht beunruhigt allein, sondern wirklich entmutigt bei dem Gedanken, daß das intelligente Tier vielleicht für immer verschwunden sein könne.

Die einen streckten sich auf ihre Lagerstätten aus, die anderen setzten sich, ohne an Schlaf zu denken, um den Tisch. Es erschien ihnen, als wären sie jetzt weit einsamer und verlassener und noch entfernter von der Heimat und ihren Familien.

Plötzlich hörten sie durch die sonst herrschende Stille neue dumpfe Laute. Diesmal ähnelten diese mehr einem mit Schmerzensschreien untermischten Geheul, das wohl eine Minute lang währte.

»Das ist dort ... das kam von dort her!« rief Briant, auf den Stollen zueilend.

Alle hatten sich erhoben, als erwarteten sie irgendwelche Erscheinung. Von Entsetzen gepackt, wickelten sich die Kleinen fester in ihre Decken.

Briant kam wieder aus dem engen Gange hervor.

»Dort muß noch eine Höhle sein«, sagte er, »deren Eingang sich jedenfalls am Fuße der Gesteinsmasse befindet ...«

»Und welche wahrscheinlich Tiere benützen, um die Nacht geschützter zu verbringen«, setzte Gordon hinzu.

»Das muß wohl so sein«, antwortete Doniphan. »Morgen schon suchen wir uns Aufklärung zu verschaffen ...«

Da schlug ein lautes Gebell an ihre Ohren, das ebenso wie das Geheul aus dem Innern des Felsens heraustönte.

»Sollte Phann da drin und vielleicht mit einem Tier im Kampfe sein?« rief Wilcox.

Briant, der wieder in den Stollen geschlüpft war, lauschte mit an die Wand gelegtem Ohre ... Vergeblich! Ob nun aber Phann an dem vermuteten Orte war oder nicht, unzweifelhaft befand sich hier und ihnen ganz nahe eine zweite Aushöhlung, welche mit der Außenwelt wahrscheinlich durch ein von dem Strauchgewirr am Fuße des Steilufers verdecktes Loch in Verbindung stand.

Die Nacht verging, ohne daß ein Geheul oder Gebell sich nochmals vernehmen ließ.

Das mit Tagesanbruch untersuchte Gestrüpp lieferte an der Seite des Sees wie an der des Rios kein besseres Resultat als die gestrigen Nachsuchungen auf dem Kamm des Felsberges.

Phann hatte, obwohl man ihn in der Nachbarschaft von French-den suchte und anrief, keine Antwort gegeben.

Briant und Baxter gingen nun abwechselnd wieder an die Arbeit, bei der Spitzhaue und Schaufel nicht feierten. Während des Vormittags nahm der Stollen um etwa zwei Fuß an Tiefe zu. Von Zeit zu Zeit hielten sie an, um zu horchen – nichts war mehr zu erlauschen.

Die durch das Mittagessen unterbrochene Arbeit wurde nach Verlauf einer Stunde wieder aufgenommen. Unter Beachtung aller Vorsichtsmaßregeln sah man dem durch einen letzten Hieb zu erwartenden Durchbruche der Scheidewand entgegen, aus welcher vielleicht ein gefährliches Tier hervorstürzen konnte. Die Kleinen waren nach dem Ufergelände geführt worden. Gewehre und Revolver in den Händen, hielten sich Doniphan, Wilcox und Webb für jede Möglichkeit bereit.

Gegen zwei Uhr stieß Briant einen lauten Ruf aus. Seine Spitzhaue hatte die gleich weiter nachstürzende Kalkwand durchschlagen, welche nun eine ziemlich große Öffnung zeigte.

Briant schloß sich seinen Kameraden, welche ganz unschlüssig dastanden, wieder an ...

Doch bevor sie den Mund auftun konnten, hörten sie etwas an der Wand des Stollens hinstreifen, und mit gewaltigem Satze sprang ein Tier in die Höhe ...

Das war Phann!

Ja, Phann, der sofort auf einen mit Wasser gefüllten Napf zueilte und gierig trank. Dann kehrte er mit wedelndem Schweife und ohne jedes Zeichen von Unruhe zu Gordon zurück; ein Beweis, daß vorläufig nichts zu fürchten war.

Briant ergriff nun eine Laterne und kroch damit in den Stollen. Gordon, Doniphan, Wilcox, Baxter und Moko folgten ihm nach. Bald darauf und nachdem sie durch die von dem Einsturze herrührende Öffnung gelangt, befanden sich alle in einer dunklen Aushöhlung, in welche kein Strahl des Tageslichtes eindringen konnte.

Es war eine zweite Höhle, die an Höhe und Breite die Größenverhältnisse von French-den zeigte, aber viel tiefer war, und deren Boden im Umfange von etwa fünfzig Quadrat-Yards ein feiner Sand bedeckte.

Da diese Höhle nach außen kaum eine Verbindung zu besitzen schien, konnte man befürchten, daß die Luft darin nicht atembar wäre. Die hell brennende Flamme der Laterne bewies jedoch, daß die Luft irgendwo Zutritt finden mußte: Wie hätte auch Phann sonst hineingelangen können?

Da stieß Wilcox mit dem Fuße an einen schweren, kalten Körper, was er daran erkannte, daß er diesen betastete.

Briant kam mit der Laterne näher heran.

»Der Körper eines Schakals!« rief Baxter.

»Ja, eines Schakals, dem unser braver Phann den Garaus gemacht hat«, antwortete Briant.

»Da haben wir die Erklärung für das, was wir nicht zu erklären vermochten!« setzte Gordon hinzu.

Doch ob nun einer oder mehrere Schakale ihr gewohntes Lager in dieser Höhle haben mochten, blieb noch immer die Frage übrig, durch welchen Eingang sie dahin gelangten.

Nachdem er nach French-den zurückgekehrt, unterwarf Briant das Steilufer an der Seeseite einer genauen Untersuchung. Gleichzeitig gab er laute Rufe von sich, auf welche endlich andere Rufe aus dem Innern antworteten. Hierdurch gelang es ihm, zwischen dem Gestrüpp und dicht am Erdboden eine enge Öffnung zu entdecken, durch welche die Schakale eindringen mochten. Nachdem Phann diesen aber nachgefolgt war, hatte, wie sich bald herausstellte, ein teilweiser Nachsturz von Geröll stattgefunden, der jene Öffnung fast ganz verschloß.

Nun war also alles geklärt, das Geheul des Schakals wie das Gebell des Hundes, dem es vierundzwanzig Stunden unmöglich gewesen war, wieder herauszukommen.

Das gewährte aber eine Befriedigung! Nicht allein Phann war seinem Herrn wiedergegeben, sondern auch eine schwierige Arbeit erspart worden. Da lag »fix und fertig«, wie Dole sich ausdrückte, eine weite Höhle, deren Vorhandensein der schiffbrüchige Boudoin gar nicht geahnt hatte. Durch Erweiterung ihrer Mündung gewann man noch eine zweite, nach der Seite des Sees zu offene Tür. Das erleichterte wesentlich die Befriedigung so mancher Bedürfnisse. Die Knaben riefen denn auch, als sie in der neuen Höhle versammelt waren, ein lautes Hurra nach dem anderen, das Phann noch mit freudigem Gebell begleitete.

Mit welchem Eifer ging es nun daran, den engen Stollen zu einem brauchbaren Gang zu erweitern! Die zweite Höhle, der der Name »die Halle« beigelegt worden war, rechtfertigte denselben vollkommen durch den Umfang. Bis die Behälter dieser Seite des Verbindungsganges ausgebrochen waren, wurde das ganze Material noch in die Halle geschafft. Sie sollte daneben als Schlaf- und Arbeitsraum dienen, während das erste Zimmer zur Küche, Speisekammer und zum Speisesaal bestimmt wurde. Da dasselbe vorläufig auch als allgemeines Magazin galt, schlug Gordon vor, es Store-room zu nennen, was alle gern annahmen.

Zunächst beschäftigte man sich jetzt damit, die Lagerstätten überzuführen, welche symmetrisch auf dem Sande der Halle angeordnet wurden, wo es an Platz nicht fehlte. Dann brachte man das Mobiliar aus dem »Sloughi«, die Sofas, Lehnstühle, Tische, Schränke usw. dorthin, und – was von besonderer Wichtigkeit war – auch die Öfen aus dem Zimmer und dem Salon der Yacht, welche sofort instand gesetzt wurden, um diesen ganzen Raum heizen zu können. Gleichzeitig erweiterte man den Eingang von der Seeseite, um daselbst eine der Türen des Schoners anzubringen – eine Aufgabe, deren sich Baxter nicht ohne Mühe entledigte; nachdem endlich zwei neue Schießscharten auf jeder Seite der genannten Tür durchgebrochen worden waren, drang auch hinreichendes Licht in die Halle, welche des Abends durch eine an der Wölbung hängende Signallaterne erleuchtet werden sollte.

Diese Einrichtungen erforderten fast vierzehn Tage. Es war hohe Zeit, daß sie vollendet wurden, denn das bisher ziemlich ruhig gebliebene Wetter zeigte Neigung umzuschlagen. Herrschte auch noch keine besondere Kälte, so wehten doch oft so stürmische Winde, daß sich jeder Ausflug ins Freie von selbst verbot.

Die Gewalt des Sturmes wurde gelegentlich so groß, daß er die Gewässer des Sees, trotz des Schutzes, den die Uferwand gewährte, wie ein Meer aufwühlte. Wild schäumend stürzten die Wellen übereinander hin, und jedes Fahrzeug, der Fischerkahn wie die Piroge der Wilden, wäre unrettbar zugrunde gegangen. Zuweilen bedeckten die gegen seine Strömung emporwirbelnden Wellen des Rios sogar die Uferlande bis zur daneben verlaufenden Anhöhe. Zum Glück waren weder Store-room noch die Halle dem direkten Angriffe des Unwetters ausgesetzt, da der Wind von Westen her wehte.

Die mit dürrem Holz beschickten Öfen des Zimmers und der Küche erlitten auch keinerlei Störung.

Zu wie gelegener Zeit hatte jetzt alles, was vom »Sloughi« gerettet werden konnte, unter sicherem Obdach aufgestapelt werden können! Die Mundvorräte hatten nun nichts mehr von der Unbill der Witterung zu fürchten. Für die Dauer der schlechten Jahreszeit eingeschlossen, fanden Gordon und seine Kameraden Muße genug, sich bequem einzurichten. Sie hatten den Gang erweitert und zwei tiefe Kammern neben demselben ausgebrochen, von denen die eine mit einer Tür verschlossen und zur Aufbewahrung des Schießbedarfs erwählt wurde, um jede etwaige Explosion zu verhüten. Obwohl endlich sich die Jäger nicht weit von French-den wegwagen konnten, fehlte es doch nie an Wasservögeln, deren unangenehmen Geschmack Moko nicht immer zu beseitigen vermochte – was manche Proteste und Grimassen veranlaßte –, doch war damit die tägliche Ernährung gesichert. Es versteht sich von selbst, daß endlich dem Nandu in einem Winkel des Store-rooms ein Plätzchen eingeräumt wurde, bis für ihn im Freien ein Gehege errichtet werden konnte.

Zu dieser Zeit kam Gordon der Gedanke, eine Art Programm zu entwerfen, dem sich jeder zu fügen hätte, nachdem es von allen gebilligt worden wäre. Außer an das materielle hatten sie doch auch an das geistige Leben zu denken, da ja keiner wußte, wie lange sich der Aufenthalt auf dieser Insel ausdehnen würde. Glückte es dereinst, sie zu verlassen, welche Befriedigung mußte es ihnen dann gewähren, die Zeit verständig ausgenützt zu haben. Mit den wenigen Büchern aus der Bibliothek des Schoners konnten die Großen ebenso ihre eigenen Kenntnisse vermehren wie als Lehrer für die Jüngsten auftreten.

Ein vortrefflicher Vorsatz, der die langen Winterstunden nützlich und angenehm zu verkürzen versprach.

Bevor dieses Programm jedoch aufgesetzt wurde, schritt man noch zu einer anderen, durch die Verhältnisse selbst sich empfehlenden Maßnahme.

Als am Abend des 10. Juni nach dem Nachtessen alle in der Halle um die knisternden Öfen versammelt waren, lenkte sich das Gespräch auf die Vorteile, die es haben würde, wenn man den geographisch wichtigsten Punkten der Insel eigene Namen gäbe.

»Das wäre sehr nützlich und sehr praktisch«, sagte Briant.

»Ja, ja, Namen«, rief Iverson, »und wir wollen auch recht hübsche Namen wählen!«

»Wie es die wirklichen und erfundenen Robinsons stets tun«, fügte Webb ein.

»Und wir, liebe Freunde«, sagte Gordon, »sind in der Tat nichts anderes.«

»Ein großes Pensionat von Robinsons!« rief Service.

»Übrigens werden wir«, fuhr Gordon fort, »wenn die Bai, die Rios, Wälder, der See und das Steilufer besondere Namen bekommen, uns immer leichter zurechtfinden.«

»Wir haben schon die Sloughi-Bai, an der unsere Yacht scheiterte«, sagte Doniphan, »und ich denke, wir behalten diesen Namen bei, da wir ihn einmal gewöhnt sind.«

»Gewiß«, erklärte Croß.

»Ebenso wie wir den Namen French-den für unsere Wohnung nicht ändern«, fügte Briant hinzu, »schon zum Andenken an den Schiffbrüchigen, dessen Stelle wir nun eingenommen haben.«

Hiergegen erhob sich kein Widerspruch, nicht einmal seitens Doniphans, obwohl diese Bemerkung von Briant ausging.

»Und wie nennen wir nun«, ließ Wilcox sich vernehmen, »den Rio, der sich in die Sloughi-Bai ergießt?«

»Den Rio Sealand«, schlug Baxter vor. »Dieser Name wird uns immer an die Heimat erinnern.«

»Angenommen ...! Einverstanden!« tönte es von allen Seiten.

»Und den See?« fragte Garnett.

»Da der Rio den Namen unseres Neuseeland erhalten hat«, meinte Doniphan, »so geben wir dem See einen Namen, der an unsere Angehörigen erinnert, und nennen ihn Family-lake (Familien-See).«

Auch das fand freudige Zustimmung.

Es herrschte, wie man sieht, vollständige Einmütigkeit, und unter dem Einflusse ähnlicher Empfindungen taufte man das Steilufer mit dem Namen Aucklandhill (Auckland-Hügel). Das Kap, welches jenes abschloß – dasselbe, von dessen Gipfel aus Briant im Osten das Meer erkannt zu haben glaubte –, nannte man auf seinen Vorschlag False-Sea-Point (Spitze des falschen Meeres).

Die anderen Benennungen, welche nach und nach angenommen wurden, waren folgende:

Traps-woods (Trappenwald) nannte man den Teil des Waldes, wo die Trappen angetroffen worden waren; Bog-woods (Schlammwald) den anderen Teil zwischen der Sloughi-Bai und dem Steilufer; Southmoores (südlicher Morast) den Sumpf, der den ganzen südlichen Teil der Insel bedeckte; Dike-creek (Chausséebach), über den der kleine Weg aus flachen Steinen gelegt war; Wrackcoast (Wrackküste) die Küste der Insel, an der die Yacht strandete, Sportfeld (Sportterrasse) endlich den von den Ufern des Rios und des Sees eingeschlossenen Platz, der von der Halle einen Rasengrund bildete, welcher zu den im Programme vorzunehmenden Leibesübungen dienen sollte.

Was die übrigen Punkte der Insel betraf, so sollten diese, je nach dem sie näher bekannt wurden, oder nach den Vorfällen, die sich daselbst etwa abspielten, getauft werden.

Inzwischen schien es ratsam, noch den hauptsächlichsten auf der Karte François Boudoins eingezeichneten Vorgebirgen gewisse Namen zu erteilen; so entschied man sich für North-cape im Norden der Insel und für South-cape im Süden derselben. Endlich stimmten alle darin überein, den drei Spitzen, welche im Westen nach dem Stillen Ozean hineinragten, die Namen French-cape, British-cape und American-cape zu geben, zu Ehren der drei in der kleinen Kolonie vertretenen Nationen, der französischen, englischen und amerikanischen.

Kolonie! Ja, dieses Wort wurde beliebt, um anzudeuten, daß die Ansiedlung hier nicht als eine kurz vorübergehende aufzufassen sei. Natürlich geschah das auf Anregung Gordons, der stets mehr daran dachte, das Leben in diesem neuem Gebiete zu organisieren, als daran, das letztere wieder zu verlassen. Die Knaben waren eben nicht mehr Schiffbrüchige vom »Sloughi«, sondern Kolonisten der Insel . . .

Doch welcher Insel? Jetzt mußte auch diese noch getauft werden.

»Ei . . . Ich weiß, wie man sie nennen sollte«, meldete sich Costar.

»Du weißt das . . . Du?« erwiderte Doniphan.

»Ohne Zweifel will er sie Insel Baby nennen«, scherzte Service.

»Nun, laß nur deine Witze, Service, und hören wir seine Idee?«

Trotz dieser Aufforderung schwieg jetzt das verdutzte

Kind.

»Sprich nur, Costar«, fuhr Briant fort, indem er diesen mit einer Handbewegung ermunterte. »Ich bin überzeugt, daß dein Vorschlag gut ist.«

»Nun denn«, sagte Costar, »da wir alle Zöglinge der Pension Chairman sind, so sollten wir sie Insel Chairman nennen!«

In der Tat konnte ein besserer Name kaum gefunden werden, und er wurde denn auch unter dem Beifall aller angenommen – worüber sich Costar nicht wenig stolz zeigte.

Die Insel Chairman! Wahrhaftig, der Name hatte eine Art geographischen Anklang, und er konnte füglich in den Atlanten der Zukunft aufgenommen werden.

Nachdem diese Feierlichkeit zur allgemeinen Zufriedenheit beendet war, war auch die Zeit herangekommen der Ruhe zu pflegen, als Briant noch einmal das Wort verlangte.

»Liebe Freunde«, begann er, »wäre es jetzt, wo wir unserer Insel einen Namen gegeben haben, nicht auch geraten, ein Oberhaupt zu ernennen, um dieselbe zu regieren?«

»Ein Oberhaupt?« warf Doniphan lebhaft ein.

»Ja, mir scheint, es müsse alles besser gehen, wenn einer von uns Autorität über die anderen besäße. Sollte sich das, was in jedem Lande geschieht, nicht auch für die Insel Chairman eignen?«

»Jawohl . . .! Ein Oberhaupt . . .! Wählen wir ein Oberhaupt!« riefen die Großen und die Kleinen wie aus einem Munde.

»Gut, ernennen wir ein Oberhaupt«, sagte da Doniphan, »doch nur für eine gewisse Zeit . . . Etwa für ein Jahr . . .«

»Das aber dann wieder wählbar wäre«, setzte Briant hinzu.

»Zugestanden . . .! Wen wählen wir dazu?« fragte Doniphan etwas befangen.

Der eifersüchtige Knabe schien nur die eine Furcht zu

haben, daß seine Kameraden, wenn nicht ihn selbst, wahrscheinlich Briant erwählen könnten.

Er sollte sich in dieser Beziehung jedoch getäuscht haben.

»Wen wir wählen sollen«, hatte Briant geantwortet, »natürlich den Weisesten von allen, unseren Kameraden Gordon.«

»Ja...! Ja...! Hurra für Gordon!«

Gordon wollte erst die ihm zugedachte Ehre ablehnen, da er sich mehr zum Organisieren als zum Regieren berufen fühlte. Als er jedoch an die Störungen dachte, welche die in diesen Knaben fast ebenso hell wie bei Erwachsenen auflodernden Leidenschaften in Zukunft noch herbeiführen könnten, sagte er sich, daß seine Autorität nicht unnütz sein würde.

So wurde denn Gordon zum Oberhaupte der kleinen Kolonie der Insel Chairman ausgerufen.

Dreizehntes Kapitel

Das Programm. – Feier des Sonntags. – Schneeballwerfen. – Doniphan und Briant. – Strenge Kälte. – Das Brennmaterial. – Ausflug nach den Traps-woods. – Nach der Sloughi-Bai. – Robben und Fettgänse. – Eine öffentliche Züchtigung.

Vom Mai ab war der Winter endgültig in der Umgebung der Insel Chairman eingezogen. Welche Dauer würde derselbe haben? Mindestens fünf Monate, wenn die Insel in ebenso hoher Breite wie Neuseeland lag. Gordon traf also alle Vorsichtsmaßregeln, um gegen die schlimmen Zufälligkeiten eines langen Winters geschützt zu sein.

Der junge Amerikaner hatte unter seinen meteorologischen Beobachtungen folgendes verzeichnet: Der Winter hatte erst mit dem Monat Mai angefangen, d. h. zwei Monate vor dem Juli der südlichen Erdhälfte, der dem Januar der nördlichen entspricht. Daraus war zu schließen, daß er zwei Monate nach diesem, also im September zu Ende gehen würde. Doch auch nach dieser Periode hatte man noch mit den Stürmen zu rechnen, welche zur Zeit der Tagundnachtgleiche so häufig sind. Es war ja auch möglich, daß die jungen Kolonisten bis zum Oktober auf French-den beschränkt blieben, ohne einen weiteren Ausflug über oder um die Insel Chairman unternehmen zu können.

Um auch für das Leben im Innern der Wohnung eine gewisse Ordnung zu sichern, unterzog sich Gordon der Entwerfung eines Programms für die täglichen Beschäftigungen.

Es versteht sich von selbst, daß die Ausschreitungen des Fuchswesens, von denen wir schon bei der Schilderung der Pension Chairman sprachen, auf der Insel dieses Namens nicht zur Einführung gelangten. Alle Bemühungen Gordons zielten nur dahin, die jüngeren Knaben an den Gedanken zu gewöhnen, daß sie fast Männer wären, um als solche handeln zu lernen. »Füchse« gab es also in French-den nicht, das heißt, die Kleinen sollten nicht verpflichtet sein, die Größeren zu bedienen. Sonst aber beobachtete man alle Überlieferungen, welche nach der Bemerkung des Verfassers vom »Collegienleben in England«, die »vis major (höhere Gewalt) der englischen Schulen« vertreten.

In diesem Programm erschienen der Anteil der Kleinen und der der Großen sehr ungleich. Da die Bibliothek von French-den außer Reisebeschreibungen nur eine geringe Anzahl Bücher enthielt, so konnten die letzteren ihre Studien nur in beschränktem Maße fortsetzen. Die Schwierigkeit ihrer Existenz, der Kampf für Beschaffung der notwendigsten Bedürfnisse, der Zwang, Urteil und Erfindungsgabe gegenüber Zufälligkeiten aller Art zu üben, mußte sie freilich lehren, den Ernst des Lebens kennenzulernen. Da sie nun von Natur zu Erziehern der Kleinen bestimmt schienen, mußten sie das wohl als eine

Pflicht betrachten, der sie sich zu fügen hatten.

Weit davon entfernt aber, die Kleinen durch eine Anstrengung zu überlasten, sollte vorzüglich auch darauf Rücksicht genommen werden, mit ihnen körperliche Übungen ebenso zu treiben, wie für ihre geistige Ausbildung zu sorgen. Wenn die Witterung es erlaubte, sollten diese, vorausgesetzt, daß sie warme Kleider trugen, angehalten werden, sich in der freien Luft zu bewegen und nach Maßgabe ihrer Kräfte selbst mitzuarbeiten.

Alles in allem wurde dieses Programm nach den in der angelsächsischen Erziehungsmethode geltenden Grundsätzen entworfen, nämlich:

1. Allemal, wenn eine Sache dich erschreckt, tue sie.
2. Versäume niemals die Gelegenheit zu einer für dich irgend zu überwindenden Anstrengung.
3. Verachte keine Mühe, denn das wird nie unnütz sein.

Durch Übertragung dieser Vorschriften in das praktische Leben erstarken Leib und Leben gleichmäßig.

Man kam also unter Zustimmung der kleinen Kolonie über folgendes überein:

Zwei Stunden des Vormittags und zwei des Nachmittags sollten allgemeinen Arbeiten in der Halle gewidmet sein. Abwechselnd sollten Briant, Doniphan, Croß und Baxter aus der fünften und Wilcox und Webb aus der vierten Abteilung des Pensionats ihren Genossen aus der dritten, zweiten und ersten Abteilung Unterricht erteilen, und sie mit Mathematik, Erdbeschreibung und Geschichte beschäftigen, wobei einzelne Bücher der Bibliothek, so wie ihre früheren Kenntnisse sie unterstützen sollten. Das bildete für sie mit eine Gelegenheit, nicht zu vergessen, was sie schon wußten. Zweimal in der Woche, nämlich sonntags und mittwochs, sollte eine Art allgemeine Versammlung abgehalten, das heißt, ein wissenschaftliches Thema entweder aus der Geschichte oder aus der Jetztzeit frei besprochen werden. Die Großen hatten sich dann dafür oder dagegen ums Wort zu melden und sollten ebenso zur eigenen Ausbildung wie zur allgemeinen Unterhaltung über den gewählten Gegenstand diskutieren.

Gordon, in seiner Eigenschaft als Oberhaupt der Kolonie, hatte darüber zu wachen, daß dieses Programm streng eingehalten wurde und nur unter ganz besonderen Umständen eine Abänderung erlitt.

Zuerst wurde eine Maßregel getroffen, welche die Bestimmung der Zeit betraf. Man besaß wohl den Kalender vom »Sloughi«, in diesem aber mußte jeder verflossene Tag allemal gestrichen werden; man hatte auch Uhren vom Schiff her, diese mußten aber regelmäßig aufgezogen werden, um die genaue Zeit zu zeigen.

Zwei der größeren Knaben wurden mit dieser Aufgabe betraut, Wilcox für die Uhren und Baxter für den Kalender; auf die Zuverlässigkeit beider konnte man gewiß rechnen. Was das Barometer und das Thermometer anging, so fiel Webb die Verpflichtung zu, die täglichen Angaben derselben abzulesen und aufzuzeichnen.

Ein weiterer Beschluß ging dahin, ein Tagebuch über alles zu führen, was sich bisher auf der Insel Chairman zugetragen oder was noch geschehen sollte. Baxter erbot sich zu dieser Arbeit, und Dank seiner pünktlichen Gewissenhaftigkeit wurde das »Journal von French-den« mit großer Genauigkeit geführt.

Eine nicht minder wichtige Angelegenheit, welche auch keinen ferneren Aufschub zuließ, betraf die Reinigung der Leib- und Bettwäsche, wozu es an Seife glücklicherweise nicht fehlte, und Gott weiß, daß die Kleinen sich trotz aller Ermahnungen Gordons doch stets beschmutzten, wenn sie auf dem Sportfeld spielten oder am Ufer des Rios angelten. Wieviel hatten sie hierfür schon Vorwürfe und selbst Strafe bekommen. Das Waschen war nun eine Tätigkeit, auf welche Moko sich aus dem Grunde verstand. Er allein wäre damit freilich nicht fertig geworden, und trotz ihres Widerwillens gegen diese Arbeit mußten die Großen sich entschließen, ihm zu Hilfe zu kommen, um den Wäschebestand von French-den in gutem Zustande zu erhalten.

Der nächste Tag war gerade Sonntag, und man weiß ja, mit welch außerordentlicher Strenge dieser Tag in England und Amerika gefeiert wird. In den Städten, Flecken und Dörfern ist das Leben wie ausgestorben. »An diesem Tage – hat man mit Recht gesagt – ist jede Zerstreuung, jede Belustigung durch die Gewohnheit verboten. Man muß sich nicht allein langweilen, sondern muß auch ein gelangweiltes Aussehen zeigen, und diese Regel gilt für Kinder ebenso streng wie für Erwachsene!« Die Überlieferungen! Immer die berühmten Überlieferungen!

Auf der Insel Chairman kam man jedoch dahin überein, nach dieser Seite die Zügel etwas lockerer zu lassen, und an jenem Sonntage gestatteten sich die jungen Kolonisten einen Ausflug nach den Gestaden des Family-lake. Da es indessen außergewöhnlich kalt war, freuten sich alle nach zweistündigem Spaziergange, der mit einem Schnellauf, an welchem die Kleinen wenigstens auf dem Sportfeld teilnahmen, geschlossen wurde, nicht wenig, in der Halle eine behagliche Temperatur und im Store-room ein warmes Essen vorrätig zu finden, das von dem geschickten Oberkoch von French-den mit besonderer Sorgfalt zubereitet war.

Der Abend endete mit einem Konzert, bei dem die Ziehharmonika Garnetts die Stelle des Orchesters vertrat, während die anderen mit echt angelsächsischer Überzeugungstreue mehr oder weniger falsch dazu sangen. Der einzige unter diesen Kindern, der eine recht hübsche Stimme besaß, war Jacques; bei seiner unerklärlichen Art des Benehmens aber nahm er an den Zerstreuungen seiner Kameraden keinen Anteil und schlug es trotz wiederholter Bitte ab, bei dieser Gelegenheit eines der reizenden Kinderlieder zum besten zu geben, mit welchen er in der Pension Chairman stets so freigebig gewesen war.

Dieser Sonntag, der mit einer kurzen Ansprache »Seiner Hochwürden des Herrn Gordon«, wie Service sagte, angefangen wurde, wurde durch ein gemeinschaftliches Gebet beschlossen. Gegen zehn Uhr lag dann alles in tiefem Schlaf, und nur Phann, auf den man sich ja bezüglich jeder irgend verdächtigen Annäherung verlassen konnte, bewachte die ganze Gesellschaft.

Im Laufe des Juni nahm die Kälte immer mehr zu. Webb bestätigte, daß das Barometer im Mittel über siebenundzwanzig Zoll hoch stand, während das hundertteilige Thermometer zehn bis zwölf Grad unter dem Gefrierpunkte zeigte. Wenn der meist aus Süden wehende Wind mehr nach Westen umging, erhob sich die Temperatur ein wenig, und die Umgebung von French-den bedeckte sich dann mit tiefem Schnee. Die jugendlichen Ansiedler lieferten sich auch einige Kämpfe mit mehr oder weniger festen Schneeballen, wie das in England Sitte ist, und eines Tages kam dabei gerade Jacques am schlechtesten weg, obwohl er dem übermütigen Spiele nur als Zuschauer beiwohnte. Ein von Croß recht kräftig geschleuderter Schneeball traf ihn, nach dem er gar nicht gezielt war, ganz empfindlich und entlockte dem Knaben einen lauten Schmerzensschrei.

»Ich habe es nicht mit Absicht getan«, sagte Croß – die gewöhnliche Entschuldigung für alle Ungeschicklichkeiten.

»Gewiß nicht«, antwortete Briant, den der Schrei seines Bruders nach dem Schlachtfelde gelockt hatte. »Immerhin tust du unrecht daran, so stark zu werfen.«

»Warum stand Jacques auch so nahe, da er ja doch nicht mitspielen wollte?« erwiderte Croß.

»Ist das ein Umstand«, mischte sich Doniphan ein, »und wegen eines ungezogenen Jungen!«

»Zugegeben, die Sache hat nicht eben viel zu bedeuten«, entgegnete Briant, es wohl empfindend, daß Doniphan nur eine Handhabe suche, sich wieder einmal an ihm zu reiben, »ich wollte Croß nur ersuchen, es nicht wieder zu tun.«

»Und was ist's denn so Schlimmes . . .?« fuhr Doniphan höhnisch fort; »er hat's ja nicht einmal mit Absicht getan . . .«

»Ich weiß nicht, Doniphan, warum du dich in eine Sache mengst, welche doch nur Croß und mich angeht . . .«

»Mich geht es ebenso gut an, Briant, da du einen solchen Ton anschlägst«, antwortete Doniphan.

»Wie du willst . . . und wann du willst«, versetzte Briant, der schon die Arme gekreuzt hatte.

»Auf der Stelle!« rief Doniphan.

Da trat, und recht zur gelegenen Zeit, Gordon noch dazu, um zu verhindern, daß dieser Streit in eine regelrechte Boxerei auslaufe. Er gab übrigens Doniphan unrecht.

Dieser mußte nachgeben und zog sich grollend nach French-den zurück; es blieb aber immer noch zu fürchten, daß die beiden Rivalen bei der ersten besten Gelegenheit doch aneinandergerieten.

Achtundvierzig Stunden lang hielt der Schneefall unausgesetzt an. Zur Unterhaltung der Kleinen bauten Service und Garnett einen großen Schneemann auf; eine Gestalt mit großem Kopfe, ungeheurer Nase und weit gähnendem Munde – so etwas wie einen richtigen Knecht Ruprecht. Wenn es Dole und Costar nun auch wagten, bei Tageslicht diesen mit Schneebällen zu bombardieren, so betrachteten sie ihn doch mit einer gewissen Scheu, wenn die Dunkelheit seine Verhältnisse ins Ungeheuerliche vergrößerte.

»Oh, diese Prahlhänse!« riefen dann Iverson und Jenkins, welche die mutigen Ritter spielten, obwohl es ihnen nicht viel besser zumute war als ihren kleinen Kameraden.

Gegen Ende des Juni mußte man auf derlei Belustigungen verzichten. Drei bis vier Fuß dick liegender Schnee machte das Gehen darüber gar zu beschwerlich, und wer sich nur wenige hundert Schritte von French-den hinausgewagt hätte, der wäre Gefahr gelaufen, nicht wieder zurückkehren zu können.

Die jungen Kolonisten blieben also volle vierzehn Tage – bis zum neunten Juli – auf das Haus beschränkt, was ihren Studien eher förderlich als hinderlich war. Das tägliche Programm wurde streng eingehalten, und auch die »allgemeine Versammlung« an den dazu bestimmten Tagen jedesmal einberufen. Das gewährte allen ein großes Vergnügen, und es darf nicht wundernehmen, daß Doniphan mit seiner Redegewandtheit und schon weiter vorgeschrittenen Ausbildung gewöhnlich die erste Rolle dabei spielte. Warum trug er nur immer solchen Stolz zur Schau? Dieser Hochmut verdunkelte wieder selbst die besten Seiten des Knaben.

Obwohl die Erholungsstunden jetzt nur in der Halle verbracht werden konnten, so litt doch, Dank dem reichlichen, durch den Verbindungsgang von einem Zimmer zum anderen stattfindenden Luftwechsel, die allgemeine Gesundheit keineswegs. Die hochwichtige Frage der Gesunderhaltung der Mitglieder ihrer kleinen Kolonie schwebte ihnen immer vor Augen. Wie hätte man einem etwa erkrankenden Kinde hier auch die nötige Pflege und Sorgfalt zuteil werden lassen können? Zum Glück kam in dieser Hinsicht nichts weiter vor, als einmal ein Schnupfen oder eine leichte Heiserkeit, welche durch Ruhe und Wärme immer unschwer zu beseitigen waren.

Jetzt beschäftigte sie auch die Lösung einer anderen Frage. Gewöhnlich wurde das Wasser für die Bedürfnisse von French-den bei niedrigem Meere aus dem Rio geschöpft, da es dann keinen Salzgehalt zeigte. Wenn der Rio aber vollständig zufror, mußte sich dasselbe ganz von allein verbieten. Gordon besprach deshalb mit Baxter, seinem »Leibingenieur«, die dagegen zu ergreifenden Maßregeln. Nach einiger Überlegung schlug Baxter vor, einige Fuß unter der Erde eine Leitung anzulegen, welche, da sie nicht zufrieren konnte, Store-room mit Wasser versehen würde. Das war gewiß eine schwierige Arbeit, welche Baxter kaum hätte zu Ende führen können, wenn er nicht die Bleirohre zur Verfügung gehabt hätte, die auf dem »Sloughi« als Wasserleitung nach den Waschtischen gedient hatten. Nach verschiedenen mißlungenen Versuchen wurde endlich der Wasserzufluß nach Store-room gesichert. Was die Beleuchtung betraf, so waren jetzt noch hinreichende Ölvorräte für die Lampen und Laternen vorhanden, nach Ablauf des Winters mußte es aber notwendig werden, diese irgendwie zu ersetzen oder Kerzen aus dem Fette herzustellen, das Moko nicht gebraucht und aufgehoben hatte.

Einige Sorge erregte während dieser Zeit auch die Ernährung der kleinen Kolonie, denn Jagd und Fischfang lieferten jetzt nicht die gewohnte Ausbeute. Wohl schweiften, vom Hunger getrieben, einzelne Tiere gelegentlich auf dem Sportfeld umher, doch das waren nur Schakale, welche Doniphan und Croß durch Gewehrschüsse zu vertreiben sich begnügten. Eines Tages erschien sogar eine ganze Bande derselben – wohl an zwanzig Stück –, so daß man die Türe der Halle und des Store-room fest verbarrikadieren mußte. Ein Einbruch dieser durch den Hunger noch mehr gereizten Raubtiere hätte schreckliche Folgen haben können. Da sie Phann jedoch beizeiten meldete, kamen sie gar nicht dazu, die Tür von French-den zu stürmen.

Unter so mißlichen Umständen sah Moko sich gezwungen, dann und wann auf den Proviant von der Yacht zurückzugreifen, der doch so viel als möglich geschont werden sollte. Nur sehr ungern erteilte Gordon die Erlaubnis, denselben zu verwenden, und mit Betrübnis sah er in seinem Notizbuche die Rubrik der Ausgaben sich immer mehr verlängern, während die der Einnahmen stets gleich lang blieb. Da es jedoch auch einen reichen Vorrat an Enten und jungen Trappen gab, welche in halbgekochtem Zustande luftdicht in Fässer verpackt worden waren, so konnte Moko diese in Anspruch nehmen, ebenso wie er von den in Salzlake aufbewahrten Lachsen immer etwas auf die Tafel brachte. Man darf hierbei nicht vergessen, daß French-den fünfzehn Mägen zu ernähren und den Appetit von acht- bis vierzehnjährigen Knaben zu befriedigen hatte.

Immerhin fehlte es den Winter über keineswegs ganz an frischem Fleisch. Wilcox, der in der Herstellung aller Art Hilfsgeräte für Jagdzwecke sehr erfahren war, hatte auf dem Ufergelände mehrere Fallen errichtet, welche, einfach aus elastischen Zweigen in Form einer 4 bestehend, doch manches Stück Kleinwild lieferten.

Mit Hilfe seiner Kameraden spannte Wilcox auch am Ufer des Rios eine Art Luftnetze aus, wozu er die Schleppnetze vom »Sloughi« verwendete, welche an Stangen in geeigneter Weise befestigt wurden. In den Maschen dieser ausgedehnten leinenen Spinnengewebe blieben viele Vögel aus den South-moores hängen, wenn sie von einem Ufer zum anderen flogen. Konnten sich auch viele derselben aus den für diesen Zweck zu engen Maschen wieder befreien, so gab es doch Tage, wo noch genug gefangen wurden, um die beiden Hauptmahlzeiten für die ganze Gesellschaft abzugeben.

Nur die Ernährung des Nandu machte nicht wenig Schwierigkeiten, und wir müssen gestehen, daß die Zähmung dieses wilden Stelzvogels, was auch der damit besonders betraute Service sagen mochte, noch recht viel zu wünschen übrig ließ.

»Das muß einmal ein Renner werden!« wiederholte er öfters, obwohl noch gar nicht zu ersehen war, wie er denselben besteigen könnte.

Da der Nandu aber nicht zu den Fleischfressern zählte, mußte Service dessen täglichen Bedarf von Gräsern und Wurzeln unter der zwei bis drei Fuß hohen Schneedecke zu gewinnen suchen. Was hätte er indes nicht alles getan, um seinen Lieblingstiere ein zusagendes Futter zu beschaffen! Wenn der Nandu während dieses scheinbar endlosen Winters etwas abmagerte, so lag das gewiß nicht an seinem treuen Hüter, und man durfte getrost hoffen, daß jener mit der Rückkehr des Frühlings seine gehörige Körperfülle wieder gewinnen werde.

Als Briant frühmorgens am 9. Juli einmal ins Freie hinausgetreten war, konnte er beobachten, daß der Wind plötzlich nach Süden umgesprungen war.

Der ungemein strenge Frost nötigte ihn, schleunigst nach der Halle umzukehren, wo er Gordon von dieser Veränderung der Temperatur Mitteilung machte.

»Das war ja zu befürchten«, antwortete Gordon, »und

es sollte mich nicht verwundern, wenn wir noch einige Monate strengen Winters auszuhalten hätten.«

»Das beweist aber«, meinte Briant, »daß der ›Sloughi‹ weit tiefer als wir annahmen nach Süden zu verschlagen wurde.«

»Gewiß«, bestätigte Gordon, »und doch zeigt unser Atlas keine Insel in der Nähe des antarktischen Meeres.

»Das ist wirklich unerklärlich, Gordon, und wahrlich, ich wüßte nicht, welche Richtung wir einschlagen sollten, wenn uns einst die Möglichkeit geboten wäre, die Insel Chairman zu verlassen . . .«

»Die Insel verlassen . . .?« rief Gordon. »Aber, Briant, denkst du denn daran noch immer?«

»Alle Tage, Gordon. Wenn es uns gelänge, ein einigermaßen seetüchtiges Fahrzeug zu erbauen, würd ich keinen Augenblick Bedenken tragen, damit auf Entdeckung auszuziehen.«

»Schon gut, schon gut«, erwiderte Gordon, »damit hat's noch keine Eile . . . Warten wir wenigstens, bis unsere kleine Kolonie vollständig organisiert ist . . .«

»Ei, mein wackerer Gordon«, unterbrach ihn Briant, »du denkst wohl nicht daran, daß wir da draußen noch Angehörige haben . . .«

»Gewiß . . . Gewiß, Briant. Alles in allem sind wir aber hier doch gar nicht so schlimm dran. Die Sache macht sich, und ich frage mich manchmal, was uns eigentlich noch fehlen sollte.«

»Ich dächte, so mancherlei«, antwortete Briant, der es nicht für angezeigt hielt, das Gespräch über dieses Thema noch weiter auszuspinnen. »Da fällt mir eben ein, daß unser Brennmaterial zu Ende geht . . .«

»Nun, ich dachte, der ganze Wald der Insel wäre noch nicht verbrannt.«

»Nein, Gordon, aber es wird doch hohe Zeit, unsere Holzvorräte wieder zu erneuern.«

»Meinetwegen noch heute«, erwiderte Gordon. »Komm, wir wollen nach dem Thermometer sehen!«

Das im Store-room hängende Thermometer zeigte nur

fünf Grad über Null, obwohl im Kochofen ein tüchtiges Feuer prasselte. Als es dagegen an der Außenwand angebracht wurde, zeigte es sehr bald siebzehn Grad unter dem Gefrierpunkt.

Es war eine strenge Kälte, welche voraussichtlich noch zunahm, wenn die Witterung während einiger Wochen klar und trocken blieb. Trotz beständigen Feuers im Kochherde und in den beiden Öfen der Halle erniedrigte sich die Temperatur merklich im Innern von French-den.

Gegen neun Uhr und nach dem ersten Frühstück wurde beschlossen, nach den Traps-woods zu ziehen und eine Ladung Holz zu holen.

Wenn die Luft ruhig ist, kann man sich selbst den niedrigsten Temperaturen ungestraft aussetzen. Vorzüglich schmerzhaft ist nur der schneidende Wind, der den Händen und dem Gesicht so zusetzt, daß man sich kaum dagegen zu schützen vermag. Zum Glück war an diesem Tage der Wind ganz schwach und der Himmel so vollkommen klar, als ob die Luft gefroren wäre.

Anstelle des lockeren Schnees, in den man noch am Vortage bis zur Taille versank, schritt der Fuß jetzt auf einer metallharten Fläche dahin. Wenn es sich nur um die Gefahrlosigkeit des Weges gehandelt hätte, wäre es möglich gewesen, ebenso über den ganz übereisten Family-lake wie über den Rio wegzuziehen. Mit einigen Schneeschuhen, wie sie die Bewohner der Polargebiete häufig benützen, oder selbst in einem mit Hunden und Rentieren bespannten Schlitten hätte der See in seiner ganzen Ausdehnung von Norden nach Süden binnen weniger Stunden besucht werden können.

Für den Augenblick handelte es sich aber nicht um einen so weit ausgedehnten Ausflug, sondern um einen Gang in die benachbarten Wälder, um daraus neue Brennholzvorräte zu holen.

Die Überführung einer hinreichenden Holzmenge nach French-den mußte immerhin eine schwierige Arbeit werden, weil dieser Transport nur auf dem Arme oder dem Rücken zu bewerkstelligen war. Da kam Moko ein guter Gedanke, der schleunigst zur Ausführung gebracht wurde, dahingehend, daß man sich doch ein für den Augenblick genügendes Gefährt beschaffen könnte. Der festgebaute, zwölf Fuß lange und vier Fuß breite Tisch des Store-room brauchte ja nur, die Beine nach oben umgewendet und dann über die glatte Fläche des vereisten Schnees gezogen zu werden; daß das ging, sahen alle sofort ein. Nachdem sich vier größere Knaben mit Stricken vor dieses etwas primitive Gefährt gespannt, brach man gegen neun Uhr in der Richtung nach den Traps-woods auf.

Mit roter Nase und brnnenden Wangen sprangen die Kleinen gleich jungen Hunden voran, wozu Phann ihnen ein vorzügliches Beispiel gab. Manchmal kletterten sie auch unter Streit und einigen sanften Püffen auf den Tisch, selbst auf die Gefahr hin, einmal umzupurzeln, was hier niemals schlimm ablaufen konnte. Ihr Gejubel widerhallte mit außerordentlicher Deutlichkeit in der kalten, trockenen Atmosphäre. Es war wirklich herzerquickend, die ganze kleine Kolonie bei so übermütiger Laune und tadelloser Gesundheit zu beobachten.

Zwischen dem Auckland-hill und dem Family-lake war alles gleichmäßig weiß. Die Bäume mit ihren übereisten Zweigen und mit schimmernden Kristallen beladenen Ästen dehnten sich gleich einer feenhaften Dekoration in unabsehbare Fernen aus. Über dem See flatterten ganze Scharen von Vögeln bis zum Abhange des Steilufers hin. Doniphan und Croß hatten nicht vergessen, ihre Flinten mitzunehmen. Eine weise Vorsicht, denn da und dort zeigten sich neben Spuren von Schakalen auch solche von Jaguaren und Cuguaren.

»Diese gehören vielleicht zu den wilden Katzen, welche man ›Paperos‹ nennt und die nicht minder furchtbar sind«, sagte Gordon.

»Oh, wenn es nur Katzen sind!« rief Costar mit den Achseln zuckend.

»Die Tiger sind aber auch nur Katzen«, ließ Jenkins sich vernehmen.

»Ist es wahr, Service«, fragte Costar, »daß die Katzen bösartig sind?«

»Gewiß«, versicherte Service, »und kleine Kinder verzehren sie wie Mäuse!«

Diese Antwort machte Costar doch recht bedenklich.

Die halbe Meile zwischen French-den und den Traps-woods wurde in kurzer Zeit zurückgelegt, und die jungen Holzfäller gingen an die Arbeit. Ihre Axt legten sie nur an Bäume von einiger Dicke, deren schwächere Zweige abgehauen wurden, nicht um sich mit einen Augenblick flackernden Reisigbündeln zu versorgen, sondern tüchtige Scheite zu gewinnen, welche den Koch- und die Heizöfen dauernder zu erhitzen geeignet waren. Der »Tafelschlitten« erhielt zwar eine recht schwere Last, er glitt aber so leicht dahin und alle zogen ihn mit so frohem Mute über die harte Kruste, daß im Laufe des Vormittags zwei Fuhren gemacht werden konnten.

Nach dem Essen ging man wieder an die Arbeit, welche erst um vier Uhr, als der Tag zur Küste ging, unterbrochen wurde. Die Anstrengung war eine ziemlich große gewesen, und da man sich ja nicht zu übernehmen brauchte, verschob Gordon die Fortsetzung bis zum folgenden Tage. Gordons Befehl mußte aber allgemein beachtet werden.

Nach der Heimkehr nach French-den beschäftigte man sich nur noch damit, die Scheite zu zersägen, zu spalten und aufzuschichten, was bis zur Schlafenszeit andauerte.

Sechs Tage lang wurden diese Fahrten unausgesetzt wiederholt, wodurch sich Brennmaterial für eine Reihe von Wochen anhäufte. Es versteht sich von selbst, daß diese großen Vorräte im Store-room nicht untergebracht werden konnten, es schadete ja aber auch nichts, sie in freier Luft am Fuße des Steilufers aufzustapeln.

Am 15. Juli war nach Angabe des Kalenders der Saint-Swithin-Tag; in England entspricht dieser Tag im Volksglauben ganz unserem Siebenschläfer.

»Nun«, begann Briant, »wenn heute Regen fällt, werden wir sehen, daß es vierzig Tage lang fort regnet.«

»Meiner Treu«, versetzte Service, »was hat das auch Großes zu bedeuten, da wir jetzt in der schlechten Jahreszeit sind. Ja, wenn es Sommer wäre . . .«

In der Tat brauchen sich die Bewohner der südlichen Erdhälfte nicht wegen des Einflusses zu beunruhigen, den derartige Werktage des Volkes haben könnten, denn die Siebenschläfer sind wie Sankt Medardus für sie nur Winterheilige.

Der Regen hielt jedoch, da der Wind nach Südosten umsprang, nicht an, dagegen trat solcher Frost ein, daß Gordon den Kleinen jeden Ausgang untersagte.

In der Mitte der ersten Augustwoche sank die Thermometersäule nämlich bis auf siebenundzwanzig Grad unter Null herab. Sobald man sich da der freien Luft aussetzte, schlug sich der Atem in Form von Schnee nieder. Mit der Hand konnte man kein metallenes Gerät anfassen, ohne heftigen Schmerz wie von einer Verbrennung zu empfinden. Da mußten denn auch die umfassendsten Maßregeln getroffen werden, um die Luftwärme des Innern nur erträglich zu erhalten.

Jetzt folgten sich vierzehn recht unangenehme Tage. Alle litten mehr oder weniger von dem Mangel an Bewegung. Briant sah nicht ohne Sorge die blassen Wangen der Kleinen, von denen jede Farbe gewichen war. Dank den warmen Getränken, woran es nie fehlte, überstanden die jungen Kolonisten jedoch diesen gefährlichen Zeitraum, abgesehen von einigen Schnupfen- und Hustenanfällen, ohne ernstlichen Nachteil.

Gegen den 16. August neigte sich, mit nach und nach umgehenden Winden, der Zustand der Atmosphäre einer Veränderung entgegen. Das Thermometer erhob sich auf zwölf Grad unter dem Gefrierpunkt, zeigte also bei gleichzeitig ruhiger Luft eine erträgliche Temperatur an.

Doniphan, Briant, Service, Wilcox und Baxter kamen da auf den Gedanken, sich einmal nach der Sloughi-Bai zu begeben, von wo sie bei frühzeitigem Aufbruche an demselben Abend zurück sein konnten.

Es handelte sich dabei darum, zu sehen, ob die Küste nicht stark besetzt sei von jenen Amphibien, den gewöhnlichen Wintergästen der antarktischen Gegenden, von denen man schon zur Zeit der Strandung einzelne Exemplare gesehen hatte. Gleichzeitig sollte die Flagge erneuert werden, von der nach den Winterstürmen ja nur noch Fetzen übrig sein konnten. Auf Briants Anraten wollte man den Signalmast überdies mit einer Tafel versehen, welche die Lage von French-den angab, für den Fall, daß Seeleute nach Wahrnehmung des Mastes einmal hier landen sollten.

Gordon gab seine Zustimmung unter der Empfehlung, vor Anbruch der Nacht unbedingt heimzukehren, und die kleine Truppe brach also am Morgen des 19. August noch vor dem Hellwerden auf. Der Himmel war klar und der Mond erleuchtete ihn mit den schrägen Strahlen seines letzten Viertels. Sechs Meilen bis zur Bai hin zu wandern, das konnte junge Beine nach so langem Ausruhen nicht in Verlegenheit setzen.

Mit schnellen Schritten ging es vorwärts. Die Schlammlache der Bog-woods brauchte, weil sie mit Eis bedeckt war, nicht umgangen zu werden, ein Umstand, der den Weg wesentlich abkürzte. Vor neun Uhr morgens schon kam Briant mit seinen Kameraden auf dem Vorlande der Bai an.

»Da seht, ganze Scharen von Vögeln!« rief Wilcox.

Er wies damit nach einigen Tausenden auf den Klippen sitzender Vögel hin, welche mit ihrem langen miesmuschelförmigen Schnabel und dem ebenso durchdringenden wie häßlichen Geschrei etwa großen Enten glichen.

»Man könnte sie für Soldaten halten, die ihr General Revue passieren läßt«, meinte Service.

»Es sind Fettgänse«, belehrte ihn Baxter, »und die sind keinen Schuß Pulver wert.«

Die stumpfsinnigen Vögel, welche sich infolge ihrer weit hinten eingelenkten Pfoten fast ganz aufrecht hielten, dachten gar nicht daran, zu entfliehen, und man hätte sie mit Stockhieben erlegen können. Doniphan hatte vielleicht auch nicht üble Lust zu einem solchen nutzlosen Gemetzel; da Briant aber so klug war, sich demselben zu widersetzen, wurden die Pinguine (Fettgänse) in Ruhe gelassen.

Wenn dieses Geflügel übrigens gar keine Verwendung finden konnte, so gab es dafür andere Tiere, deren Fett zur Erleuchtung von French-den während des folgenden Winters zu gebrauchen war.

Es waren Robben, zur Abart der sogenannten Rüssel-Robben gehörig, die sich hier auf den mit dicker Eiskruste bedeckten Klippen tummelten. Um einige derselben zu erlegen, hätte man ihnen den Rückweg an der Außengrenze des Klippengürtels verlegen müssen. Sobald sich Briant und seine Kameraden jedoch herannahten, entflohen jene mit ganz erstaunlichen Luftsprüngen und verschwanden unter dem Wasser, so daß man sich vornehmen mußte, später einmal eine förmliche Jagd zu veranstalten, um diese Amphibien einzufangen.

Nachdem die Knaben von dem mitgeführten Proviant ein einfaches, aber kräftiges Frühstück verzehrt, besichtigten sie die Bai in ihrer ganzen Ausdehnung.

Eine gleichmäßig weiße Fläche erstreckte sich hier von der Mündung des Rio Sealand bis zum Vorgebirge False-sea-point. Bis auf die Fettgänse und einzelne Seevogelarten, wie Sturmvögel, weiße und graue Möwen u. dergl., schien das andere Geflügel den Strand gänzlich verlassen und sich, jedenfalls zur Befriedigung seines Nahrungsbedürfnisses, nach dem Innern der Insel gewendet zu haben. Zwei bis drei Fuß tiefer Schnee bedeckte das Vorland, und was von den Trümmern des Schoners vielleicht noch übrig war, lag unter dieser dichten Hülle versteckt. Der aus Tang und Seegras bestehende Auswurf des Meeres, der sich am Klippenrande in langer Linie angehäuft hatte, bewies, daß die Sloughi-Bai von besonders heftigen Äquinoktialfluten nicht betroffen worden war.

Das Meer selbst erschien bis zur äußersten Grenze des Horizontes heute ebenso verlassen, wie Briant es vor drei

Monaten gesehen hatte. Und da hinaus lag in der Entfernung von Hunderten von Meilen das heimatliche Neuseeland, das er immer eines Tages wiederzusehen hoffte.

Baxter ging nun daran, eine neue Flagge, die er mitgebracht hatte, aufzuziehen und die Tafel zu befestigen, welche die Lage von French-den sechs Meilen stromaufwärts des Rios angab. Gegen ein Uhr mittags traten dann alle auf das linke Ufer über.

Unterwegs erlegte Doniphan noch ein paar langgeschwänzte Enten, nebst einigen über dem Flusse umherfliegenden Kiebitzen, und gegen vier Uhr, als es langsam zu dämmern begann, traf er mit seinen Begleitern wieder glücklich in French-den ein. Hier wurde Gordon von allem, was sie gesehen und beobachtet, unterrichtet, und da die Robben so überaus zahlreich in der Sloughi-Bai vorkamen, wollte man auf diese bei einigermaßen günstiger Witterung einmal Jagd machen.

Die schlechte Jahreszeit mußte nun bald zu Ende gehen. Während der letzten Woche des Augusts und der ersten des Septembers gewann der Seewind schon wieder die Oberhand. Schwere Regenböen führten eine schnelle Steigerung der Luftwärme herbei. Der Schnee kam deshalb bald zum Schmelzen, und an der Seeoberfläche donnerte und krachte es vom Bersten des Eises. Diejenigen Schollen, welche sich nicht an Ort und Stelle auflösten, trieben in tollem Durcheinander in den Rio hinein und türmten sich hier übereinander, wodurch eine Eisstopfung entstand, die erst gegen den 10. September wieder völlig gebrochen wurde.

So war der Winter denn vorübergegangen. Dank den getroffenen Vorsichtsmaßregeln hatte die kleine Kolonie davon nicht allzuviel zu erdulden gehabt. Alle waren frisch und gesund geblieben und Gordon hatte, da sie ihre Studien mit großem Eifer fortsetzten, keine Veranlassung gefunden, etwaige Widerspenstige zu bestrafen.

Eines Tages jedoch mußte sich Dole, dessen Betragen eine exemplarische Buße erforderte, doch züchtigen lassen.

Wiederholt hatte der Trotzkopf sich geweigert, »seine Pflicht zu tun«, und Gordons Ermahnungen und Warnungen schlug er leichten Sinnes in den Wind. Er wurde deshalb nicht zu Wasser und Brot – was sich mit dem in den angelsächsischen Schulen geübten System nun einmal nicht verträgt –, sondern zu einer Anzahl Hiebe verurteilt.

Die jungen Engländer empfinden, wie wir schon sagten, keineswegs denselben Abscheu gegen eine derartige körperliche Züchtigung, wie ihn junge Franzosen derselben gegenüber zeigen würden. Auch im vorliegenden Falle hätte Briant gern gegen eine solche, seiner Ansicht nach entehrende Strafart Einspruch erhoben, wenn er nicht die Entscheidung Gordons zu respektieren verpflichtet gewesen wäre. Wo ein französischer Zögling sich übrigens der Strafe selbst schämen würde, schämt sich der englische Schüler davor, Furcht vor derselben merken zu lassen.

Dole erhielt also einige Rutenhiebe von den Händen Wilcox', der durch Losung zum öffentlichen Stockmeister bestimmt worden war, und diese Abstrafung wirkte so nachhaltig, daß sich keine Wiederholung derselben nötig machte.

Am 10. September waren übrigens sechs Monate verflossen, seit der »Sloughi« an den Klippen der Insel Chairman gescheitert war.

Vierzehntes Kapitel

Letzte Wintererscheinungen. – Der Wagen. – Rückkehr des Frühlings. – Service und sein Nandu. – Vorbereitungen zu einem Zuge nach Norden. – Die Erdgruben. – Stop-river. – Fauna und Flora. – Das Ende des Family-lake. – Die Sandy-Wüste.

Mit der sich ankündigenden schöneren Jahreszeit konnten die Knaben nun einige Pläne zur Ausführung bringen, die sie während der langen Wintermuße entworfen hatten.

Gegen Westen – das lag ja auf der Hand – fand sich kein Land in der Nachbarschaft der Insel. War das nach Norden, Süden und Osten hin aber ebenso der Fall, oder bildete diese nicht das Glied eines Archipels oder einer Inselgruppe des Stillen Weltmeeres? Nach Maßgabe der Karte François Boudoins mußte diese Frage gewiß mit Nein! beantwortet werden. Nichtsdestoweniger konnten in diesem Meeresteile sich noch Länder befinden, die der Schiffbrüchige wegen Mangels an einem Fernrohr nur nicht hatte wahrzunehmen vermocht, da von Auckland-hill nur ein Umkreis von wenigen Meilen zu übersehen war. Die in dieser Beziehung viel besser ausgerüsteten Knaben entdeckten doch vielleicht, was dem Überlebenden vom »Duguay-Trouin« zu erkennen unmöglich gewesen war.

Ihrer eigentümlichen Gestaltung entsprechend, maß die Insel Chairman in ihrem mittleren Teile, östlich von French-den, nicht mehr als etwa ein Dutzend Meilen. Da auf der der Sloughi-Bai gegenüberliegenden Seite die Küste eine tiefe Einbuchtung bildete, empfahl es sich von selbst, eine Untersuchung in dieser Richtung vorzunehmen.

Vor einer Besichtigung der verschiedenen Gebietsteile der Insel schien es jedoch angezeigt, erst das zwischen dem Auckland-hill, dem Family-lake und den Traps-woods gelegene Terrain genauer kennenzulernen. Es erschien ja von Wichtigkeit zu erfahren, welche Hilfsmittel dasselbe bot, ob es reich an nutzbaren Bäumen und Sträuchern sei oder nicht, und zur Lösung dieser und ähnlicher Fragen wurde denn für die ersten Tage des Novembers ein Ausflug festgesetzt.

Wenn der astronomische Frühling jetzt seinen Anfang nehmen sollte, so spürte freilich die unter ziemlich hoher Breite liegende Insel Chairman davon noch nicht gerade viel. Während des ganzen Septembers und der ersten Hälfte des Oktobers herrschte noch recht schlechtes, rauhes Wetter, gelegentlich sogar ziemlich strenge Kälte, die jedoch nicht anhielt, da der Wind ungemein häufig seine Richtung wechselte. Während der Zeit der Tagundnachtgleiche traten äußerst heftige atmosphärische Störungen ein, ähnlich denen, welche den »Sloughi« über den Stillen Ozean gejagt hatten. Bei den entsetzlichen Windstößen schien selbst der Auckland-hill bis in seine Grundfesten erschüttert zu werden, als der wütende Sturm aus Süden, der über die ihm kein Hindernis bietenden Southemoors hinwegfegte, die eisige Luft des antarktischen Polarmeers in diese Gegenden herauftrug. Es war ein hartes Stück Arbeit, ihm das Eindringen in French-den zu verwehren. Zwanzigmal drückte er wohl die in den Storeroom führende Tür ein und stürmte durch den Verbindungsgang bis in die Halle hinein. Unter diesen mißlichen Verhältnissen litten alle fast noch mehr, als zur Zeit des strengsten Frostes, der die Quecksilbersäule des hundertteiligen Thermometers bis auf dreißig Grad unter Null herabgedrückt hatte. Jetzt hatte man übrigens nicht gegen den Sturm allein, sondern auch gegen heftige Regen- und Hagelschauer anzukämpfen. Um das Maß dieser Unannehmlichkeiten vollzumachen, schien das eßbare Wild auch ganz verschwunden zu sein, als hätte es in den tieferen, den Wetterlaunen der Tagundnachtgleiche minder ausgesetzten Teilen der Insel Zuflucht gesucht – und ebenso die Fische, welche durch die tolle Aufregung des langhin am ganzen Seeufer andonnernden Wassers erschreckt sein mochten.

In French-den legte man deshalb aber die Hände keineswegs in den Schoß. Da der Tisch nach dem Verschwinden der harten glatten Schneekruste als Gefährt nicht mehr dienen konnte, bemühte sich Baxter, einen zum Transport schwererer Gegenstände geeigneten Wagen herzustellen.

Zu diesem Zwecke dachte er zwei gleichgroße Räder zu verwenden, welche zum Gangspill des Schoners gehört hatten. Diese Arbeit gelang freilich nicht ohne manche mißglückten Versuche, welche jeder Sachverständige zu vermeiden gewußt hätte. Diese Räder hatten nämlich Zähne, und nachdem sich Baxter erfolglos mit dem Ausbrechen derselben bemüht, mußte er sich begnügen, deren Zwschenräume mit Holzklötzchen auszufüllen und das Ganze mit einem Eisenbande zu umschließen. Nach Vereinigung der beiden Räder durch eine Eisenstange, überbaute er das feste Gerüst mit einer Art Kasten aus starken Planken. Das im ganzen recht mangelhafte Gefährt sollte, wie es war, doch recht ersprießliche Dienste leisten. Natürlich mußten an Stelle eines Pferdes, Esels oder Maulesels die kräftigsten Knaben der Kolonie als Bespannung aushelfen.

Welche Anstrengung hätte man sich ersparen können, wenn es gelang, irgendwelche Vierfüßler einzufangen, die zu diesem Zwecke abgerichtet werden konnten! Warum schien auch die Insel Chairman, außer einigen Raubtieren, deren Überreste oder Spuren man entdeckt hatte, so reich an Geflügel und so arm an Wiederkäuern zu sein! Und durfte man, nach dem Strauße Services zu urteilen, wohl hoffen, daß diese sich den erwünschten »häuslichen Pflichten« fügen lernen würden?

Der Nandu nämlich hatte von seinem wilden Charakter noch ganz und gar nichts verloren. Er ließ sich niemand nahe kommen, ohne sich mit dem Schnabel und den Beinen zu verteidigen, suchte die Fesseln zu brechen, mit denen er angebunden war, und wenn ihm das gelang, wäre er gewiß sofort unter den Bäumen der Traps-woods verschwunden.

Service ließ deshalb aber den Mut nicht sinken. Er hatte seinen Nandu natürlich ebenso »Brausewind« getauft, wie es der Meister Jack im Schweizer Robinson bezüglich seines Straußes getan. Doch obwohl er seine ganze Eigenliebe daransetzte, das widerspenstige Tier zu zähmen, blieb gute oder schlechte Behandlung desselben gleichmäßig erfolglos.

»Und dennoch«, sagte er eines Tages mit Bezug auf den von ihm immer wieder durchlesenen Roman von Wyß, »ist Jack dahin gelangt, seinen Strauß zum schnellfüßigen Reittier auszubilden.«

»Ganz recht«, antwortete Gordon. »Doch zwischen deinem Helden und dir, Service, ist derselbe Unterschied wie zwischen seinem Strauß und dem deinigen.«

»Und welcher denn, Gordon?«

»Ganz einfach der, der die Einbildung von der Wirklichkeit unterscheidet.«

»Tut nichts!« erwiderte Service. »Ich werde mit meinem Strauß schon noch fertig ... Oder er soll mich kennenlernen!«

»Nun, auf mein Wort«, entgegnete Gordon lachend, »ich würde weniger erstaunt sein, ihn in reinem Englisch antworten zu hören, als ihn dir gehorchen zu sehen.«

Trotz der Spötteleien seiner Kameraden war Service entschlossen, auf seinem Nandu auszureiten, sobald die Witterung das gestattete. In treuer Nachahmung seines Vorbildes verfertigte er ihm schon aus Segelleinwand eine Art Reitzeug nebst einer Kappe mit beweglichen Scheuledern. Jack hatte sein Tier nämlich dadurch gelenkt, daß er mit dem einen oder dem andern Scheuleder nach Bedarf das rechte oder das linke Auge desselben bedeckte. Warum sollte nun, was jenem Knaben gelungen war, seinem Nachahmer unerreichbar sein? Service flocht auch ein Halsband aus Trossen, das er an dem Hals des darüber gewiß nicht besonders erfreuten Stelzvogels befestigte. Was aber die über den Kopf zu ziehende Kappe anging, so erwiesen sich alle dahin zielenden Versuche vorläufig erfolglos.

So verliefen die Tage unter allerlei Arbeiten, welche French-den schließlich recht wohnlich machten, und mit denselben füllte man am besten die Stunden aus, die nicht im Freien ausgenützt werden konnten, ohne diejenigen zu beschränken, welche den geistigen Arbeiten gewidmet waren.

Die Tagundnachtgleichen-Periode ging zu Ende. Die Sonne gewann schon an Kraft und der Himmel heiterte sich mehrfach auf. Es war jetzt Mitte Oktober. Die Bodenwärme trieb wieder den Saft in die frisch ergrünenden Bäume und Sträucher.

Nun konnte man auch French-den auf ganze Tage verlassen. Die warmen Kleidungsstücke, grobtuchenen Hosen, dic Flanell- und die gestrickten Jacken wurden tüchtig ausgeklopft, ausgebessert, zusammengeschlagen und nach vorheriger Etikettierung durch Gordon sorgsam in die Koffer verpackt. Die in der leichten Kleidung sich behaglicher fühlenden Kolonisten hatten die Rückkehr der schönen Jahreszeit freudig begrüßt. Dazu kam auch die nie ersterbende Hoffnung, irgendeine Entdeckung zu machen, welche eine Wendung ihrer Lage herbeiführen könnte. Während des Sommers war es ja möglich, daß ein Schiff diese Gegenden besuchte, das beim Vorübersegeln an der Insel Chairman ans Land ging, wenn es die auf dem Gipfel des Auckland-hill wehende Flagge bemerkte.

Während der zweiten Oktoberhälfte wurden nun mehrere Ausflüge im zweimeiligen Umkreise von French-den ausgeführt, an denen nur die Jäger teilnahmen. Den gewöhnlichen Bedarf an Nahrung lieferten sie allemal, obwohl auf Empfehlung Gordons Pulver und Blei möglichst geschont wurden. Wilcox stellte große Sprenkel auf, in welchem er einige Paar Tinamus und Trappen und zuweilen auch einzelne Maras-Hasen fing, die den Meerschweinchen sehr ähnlich sind. Mehrmals am Tage besichtigte man diese Fanggerätschaften, denn Schakale und Paperos waren nicht faul, den Jägern zuvorzukommen und die Beute zu rauben. Es war wirklich sehr ärgerlich, für dieses Gesindel zu arbeiten, dem übrigens bei jeder passenden Gelegenheit nachgestellt wurde; auch gelang es, verschiedene schädliche Tiere sowohl in den wiederhergestellten alten wie in mehreren am Saume des Waldes ausgehobenen neuen Fallgruben abzufangen. Was eigentliche wilde Raubtiere betraf, so fand man wohl da und dort Fährten derselben, kam aber nicht in die Notwendigkeit, einen Überfall derselben, gegen den alle stets sorglich auf der Hut waren, abzuwehren.

Doniphan erlegte auch einige Pecaris und Guaculis – das sind etwa eine Art Eber und Hirsch von geringer Größe –, deren Fleisch sehr schmackhaft ist. Bezüglich der Nandus bedauerte niemand, keine weiteren einfangen zu können, da der geringe Erfolg, den Service mit der Zähmung des seinigen hatte, zu keiner Wiederholung dieses Versuchs ermunterte.

Das zeigte sich recht deutlich, als der starrköpfige Knabe am Morgen des 26. seinen Strauß, den er nicht ohne Mühe gesattelt und gezäumt hatte, besteigen wollte.

Auf dem Sportfeld hatten sich alle versammelt, um diesem interessanten Experimente beizuwohnen. Die Kleinen betrachteten ihren Kameraden mit einem Gefühl von Neid, dem sich freilich etwas Ängstlichkeit beimischte. Im entscheidenden Augenblick zögerten sie denn auch, sich einen Platz hinter Service zu erbitten. Die Großen zuckten nur die Achseln. Gordon hatte sich auch bemüht, Service von einem Versuche abzuhalten, der ihm immerhin etwas gefährlich erschien; dieser bestand aber auf seinem Willen, und so beschloß man, ihn gewähren zu lassen.

Während Garnett und Baxter das Tier hielten, dessen Augen durch die Scheuleder der Kappe verschlossen waren, gelang es Service nach mehreren vergeblichen Versuchen, sich auf dessen Rücken zu schwingen. Dann rief er mit halb zuversichtlicher Stimme:

»Loslassen!«

Der des Gebrauchs seiner Augen beraubte Nandu blieb zunächst, zurückgehalten durch den Knaben, der ihn fest zwischen den Schenkeln drückte, ganz still stehen; sobald aber die Scheuleder durch Anziehung der Leinen, welche gleichzeitig als Zügel dienten, zurückgezogen waren, machte er einen gewaltigen Sprung und lief in der Richtung des Waldes davon.

Service war nicht länger Herr seines wilden Reittieres, das mit der Schnelligkeit eines Pfeils dahinraste. Vergeblich bemühte er sich, ihn durch Blendung aufs neue zum Stehen zu bringen. Durch eine heftige Bewegung des Kopfes schüttelte der Nandu die Kappe so weit ab, daß sie ihm über den Hals hinabrutschte, an den sich Service mit beiden Armen anklammerte. Dann warf er durch einen gewaltigen Stoß den unsicheren Reiter aus dem Sattel, und dieser fiel gerade in dem Augenblick herunter, als das Tier unter den Bäumen der Traps-woods verschwinden wollte.

Die Genossen Services liefen herbei; als sie ihn erreichten, war der Strauß schon außer Sehweite.

Glücklicherweise hatte Service, der auf dichtes Gras herabgerollt war, keinen Schaden genommen.

»Das dumme Tier . . .! Das dumme Tier!« rief er erbost. »Ach, wenn ich es wieder erwische . . .!«

»Du wirst es aber nicht erwischen«, erwiderte Doniphan, der seinen Kameraden gründlich auslachte.

»Entschieden war dein Freund Jack ein besserer Stallmeister als du«, sagte Webb.

»Mein Nandu war nur noch nicht genügend gezähmt«, gab Service zur Antwort.

»Und konnte es auch gar nicht sein«, bemerkte Gordon; »tröste dich, Service, du hättest mit diesem Tiere doch nichts anfangen können, und den Roman von Wyß muß man auch nicht in allen Stücken ernst nehmen.«

So endete das Abenteuer, und die Kleinen brauchten sich nicht zu beklagen, nicht auf einem Strauße geritten zu sein.

Mit den ersten Tagen des Novembers schien das Wetter günstig genug für einen länger andauernden Ausflug, bei dem das westliche Ufer des Sees bis an dessen Nordrand besichtigt werden sollte. Der Himmel war klar, die Wärme ganz erträglich und man durfte es ohne Scheu wagen, auch einige Nächte unter freiem Himmel zuzubringen. So wurden denn die nötigen Vorbereitungen getroffen . . .

Die Jäger der Kolonie sollten an dieser Expedition teilnehmen, der sich auch Gordon anschloß. Diejenigen seiner Gefährten, welche in French-den zurückblieben, sollten daselbst von Briant und Garnett überwacht werden. Später, vor dem Ende der schönen Jahreszeit, dachte Briant selbst einen anderen Ausflug zu unternehmen, der den Zweck hatte, den unteren Teil des Sees zu besuchen, wobei die Teilnehmer entweder an dessen Ufern mit der Jolle hinfuhren oder geradenwegs über denselben hinwegsegelten, da er in der Höhe von French-den nur fünf bis sechs Meilen maß.

Nachdem alles in dieser Weise geordnet, brachen Gordon, Doniphan, Baxter, Wilcox, Groß und Service, die von ihren Kameraden herzlichen Abschied nahmen, am Morgen des 5. Novembers auf.

In French-den sollte an der gewohnten Lebensweise nichts geändert werden. Außer den der Arbeit gewidmeten Stunden beschäftigten sich Iverson, Jenkins, Dole und Costar immer mit dem Fischfange im See oder im Flusse – was ihre liebste Erholung bildete. Wenn Moko die jungen Forscher nicht auf ihrem Wege begleitete, so darf man daraus nicht schließen, daß bei ihnen Schmalhans Kellermeister gewesen wäre. Service war ja da, der den Schiffsjungen häufig genug unterstützt hatte. Gerade diese Eigenschaft hatte es wünschenswert erscheinen lassen, ihn bei jenem Ausfluge mitzunehmen. Wer weiß, ob er nicht auch eine leise Hoffnung hegte, seinen Strauß wieder zu entdecken.

Gordon, Doniphan und Wilcox waren mit Gewehren bewaffnet; außerdem hatten alle einen Revolver im Gürtel; Jagdmesser und zwei Äxte vollendeten ihre Ausrüstung. So weit es anging, sollten sie Pulver und Blei nur zu ihrer Verteidigung gebrauchen, wenn sie angegriffen würden, oder um sich Wild zu verschaffen, wenn das auf eine minder kostspielige Weise nicht gelang. Zu diesem Zweck waren der Lasso und die Bolas nach vorheriger Ausbesserung von Baxter mitgenommen worden, und letzterer hatte sich auch schon längere Zeit in deren Gebrauche geübt. Baxter, ein etwas lauter Knabe, war doch von Natur sehr geschickt und hatte es in der Handhabung jener Fanggeräte wirklich ziemlich weit gebracht. Bisher hatte er damit freilich immer nur nach stillstehenden Gegenständen gezielt, was noch nicht den Schluß erlaubte, daß er auch schnell entfliehenden Tieren gegenüber Erfolg haben werde.

Doch das wird sich im weiteren zeigen.

Gordon hatte auch den Gedanken gehabt, das bei seinem geringen Gewicht von zwölf Pfund leicht tragbare Halkett-boat aus Kautschuk mitzuführen, das sich ja in Form eines Reisesacks zusammenfalten ließ. Die Karte zeigte nämlich zwei Zuflüsse des Sees, über welche er mit dem Halkett-boat zu gelangen gedachte, wenn sie dieselben nicht durchwaten konnten.

Nach der Karte Boudoins, von der Gordon nur eine Kopie mit hatte, um diese zu benützen oder richtigzustellen, wenn es notwendig erscheine, mußte sich das Westufer des Family-lake unter Berücksichtigung seiner Einbiegungen gegen achtzehn Meilen weit hinziehen. Der Ausflug erforderte demnach, Hin- und Rückweg zusammen, mindestens drei Tage, wenn sie keine unerwarteten Verzögerungen erlitten.

Phann vorauslaufend, ließen Gordon und seine Begleiter die Traps-woods zur Linken liegen und marschierten schnellen Schrittes auf dem sandigen Boden des Uferlandes hin.

Nach Zurücklegung von zwei Meilen hatten sie die Grenze überschritten, welche seit der Einrichtung von French-den bei den bisherigen Ausflügen je erreicht worden war.

Hier wucherte eine Art sehr hohes Stengelgras, »Cortaderen« genannt, das in Büschen zusammensteht und unter dem auch die Großen bis zum Kopfe verschwanden.

Das Vorwärtskommen wurde hierdurch natürlich etwas verzögert. Doch hatten sie das nicht zu bedauern, da Phann hier vor einem halben Dutzend Gruben »stand«, welche den Erdboden durchlöcherten.

Offenbar hatte Phann hier irgendein Tier aufgespürt, das man in seinem Lager leicht töten konnte. Doniphan brachte auch schon das Gewehr in Anschlag, als Gordon ihn aufhielt.

»Spare dein Pulver, Doniphan«, sagte er, »ich bitte dich, spare das Pulver!«

»Wer weiß denn, Gordon, ob unser Frühstück nicht da unten steckt?« antwortete der junge Jäger.

»Und unser Mittagessen obendrein . . .?« setzte Service hinzu, der sich über eine solche Aushöhlung beugte.

»Wenn das der Fall ist«, meinte Wilcox, »so werden wir sie schon daraus zu erlangen wissen, ohne ein Schrotkörnchen zu verschwenden.«

»Und wie denn?« fragte Baxter.

»Wir räuchern die Höhle einfach aus, wie man es mit einem Fuchs- oder Iltisbau machen würde.«

Zwischen den Cortaderen-Büschen war der Erdboden mit dürrem Gras bedeckt, das Wilcox sehr bald am Eingange jener Baue angezündet hatte. Eine Minute später wurden schon ein Dutzend halb erstickter Nagetiere sichtbar, welche vergeblich zu entkommen suchten. Es waren Tucutuco-Kaninchen, von denen Service und Wilcox mehrere Paare mit der Axt erschlugen, während Phann drei andere mit den Zähnen abtat.

»Ei, das wird einen vortrefflichen Braten geben!« sagte Gordon.

»Und ich bereite denselben«, rief Service, der große Eile zu haben schien, seinem Amte als Küchenmeister Ehre zu machen. »Wenn ihr wollt, auf der Stelle . . .«

»Nein, erst bei unserer ersten Rast«, erklärte Gordon.

Es bedurfte einer vollen halben Stunde, um aus diesem Miniatur-Wald von Cortaderen herauszukommen. Jenseits derselben wurde wieder der Strand mit langen Dünenlinien darauf sichtbar, deren außerordentlich feiner Sand bei jedem Windhauch aufwirbelte.

An diesem Punkte lag die Rückseite des Auckland-hill schon mehr als zwei Meilen hinter ihnen im Westen. Das erklärte sich durch den schrägen Verlauf des Steilufers von French-den bis zur Sloughi-Bai. Dieser ganze Teil der Insel war von dem dichten Wald bedeckt, durch den Briant und seine Kameraden bei Gelegenheit ihres ersten Ausflugs nach dem See gekommen waren und den der von ihnen Dike-creek genannte Bach bewässerte.

Wie die Karte es anzeigte, verlief dieser Creek nach dem See, und gerade an der Mündung desselben Baches war es, wo die Knaben um elf Uhr vormittags nach Zurücklegung von sechs Meilen von French-den aus anlangten.

An dieser Stelle und unter dem schirmartigen Gezweig einer Fichte machte man halt. Zwischen zwei großen Steinen wurde ein großes Feuer angezündet, und kurz darauf brieten zwei von Service gehäutete und ausgenommene Tucutucos über der lodernden Flamme, und wir brauchen wohl kaum zu versichern, daß der junge Koch, während Phann vor dem Herde liegend den erfrischenden Geruch einsog, sorgfältig darauf achtete, daß sein Braten gehörig gewendet und wieder umgewendet wurde.

Man frühstückte mit dem größten Appetit, ohne sich über den ersten kulinarischen Versuch Services besonders zu beklagen zu haben. Die Tucutucos sättigten alle soweit, daß sie die in Säcken mitgenommenen Mundvorräte nicht in Anspruch zu nehmen brauchten, mit einziger Ausnahme des Schiffszwiebacks,der hier die Stelle des Brotes vertrat. Und auch hiermit ging man sehr sparsam um, da es an Fleich ja nicht fehlte – übrigens ein köstliches Fleisch mit dem Beigeschmack der aromatischen Pflanzen, von denen sich jene Nagetiere ernähren.

Nachher ging es über den Creek, und da man diesen durchwaten mußte, brauchte man das Kautschukboot nicht zu Hilfe zu nehmen, was immer einigen Zeitverlust bedeutet hätte.

Da das Uferland des Sees allmählich sumpfiger wurde, mußte man nach dem Saume des Waldes zurückgehen, doch mit der Absicht, sich sofort wieder nach Osten zu wenden, wenn der Boden das gestatten würde. Überall traf man die nämlichen Arten, dieselben Bäume von prächtigem Wuchs, wie Buchen, Birken, immergrüne Eichen und Fichten verschiedener Abarten.

Eine Anzahl reizender Vögel hüpften von Zweig zu Zweig, wie schwarze Spechte mit rotem Schopf, Fliegenschnäpper mit weißer Haube, Zaunkönige von der Sippe der Scytalopen, neben Tausenden von Baumhähern, welche unter dem Laubwerk kicherten, während Bachfinken, Lerchen und Amseln nach Herzenslust sangen. Höher in der Luft kreisten Condors, Urulus und einzelne Paare jener höchst gefräßigen Caracaras, welche die Gebiete von Südamerika mit Vorliebe besuchen.

In Erinnerung seines Robinson Cruso bedauerte Service es gewiß, daß die Familie der Papageien in der Ornithologie der Insel nicht vertreten war. Hatte er auch einen Strauß nicht zu zähmen vermocht, so würde sich ein solcher geschwätziger Vogel doch vielleicht minder widerspenstig gezeigt haben. Er bekam aber keinen einzigen vor Augen.

Wild gab es übrigens im Überfluß, und zwar Maras, Pichis und vorzüglich Grouses, welche etwa Auerhähnen zu vergleichen wären. Gordon konnte Doniphan das Vergnügen nicht verwehren, ein Bisamschwein von mittlerer Größe zu erlegen, welches das Frühstück, wenn nicht auch das Mittagessen des folgenden Tages liefern sollte.

Übrigens wurde es nicht nötig, tiefer unter die Bäume einzudringen, was das Fortkommen entschieden erschwert hätte. Es genügte am Saume derselben hinzuziehen, und das geschah denn auch bis gegen fünf Uhr abends, da versperrte der zweite gegen vierzig Fuß breite Wasserlauf den weiteren Weg.

Es war einer der Ausflüsse des Sees, der, nachdem er

sich um den Auckland-hill gewunden, jenseits der Sloughi-Bai in den Stillen Ozean mündete.

Gordon beschloß, hier Rast zu machen. Zwölf Meilen zu Fuß, das war genug für einen Tag. Inzwischen erschien es unumgänglich, dem Wasserlauf einen Namen zu geben, und da man an seinem Ufer haltmachte, wurde er Stop-river (Fluß der Rast) genannt.

Das Lager wurde unter den ersten Bäumen des Ufers aufgeschlagen. Die Grouses bewahrte man für den folgenden Tag auf, und so bildeten die Tucutucos das Hauptgericht, bezüglich dessen Service sich auch diesesmal seiner Pflichten recht anerkennenswert entledigte. Übrigens besiegte das Verlangen zu schlafen jetzt das Verlangen zu essen, und wenn die Münder sich öffneten, so schlossen sich die Augen. Auch ein großes Feuer wurde angezündet, vor dem jeder sich ausstreckte, nachdem er sich in seine Decke gehüllt hatte. Der helle Feuerschein, wegen dessen Unterhaltung Wilcox und Doniphan abwechselnd wachten, mußte hinreichen, wilde Tiere in gebührender Entfernung zu halten.

Eine Störung kam nicht vor, und mit Tagesanbruch waren alle bereit, weiterzuziehen.

Inzwischen genügte es nicht, dem Flusse einen Namen gegeben zu haben, man mußte ihn auch überschreiten, und da er nicht zu durchwaten war, mußte das Halkettboat zu Hilfe genommen werden. Diese gebrechliche Nußschale konnte leider nur eine einzige Person auf einmal aufnehmen; so befestigten sie also eine Leine an dessen Hinterteil und zogen es, wenn einer übergefahren war, allemal zurück. Die siebenmalige Wiederholung dieses Verfahrens erforderte freilich eine gute Stunde Zeit. Das hatte jedoch nicht viel zu bedeuten, wenn nur der Proviant und die Munition trocken hinüberkamen.

Phann, der sich nicht scheute, die Pfoten naß zu machen, sprang einfach ins Wasser und schwamm in kurzer Zeit von einem Ufer zum anderen. Da der Erdboden nicht mehr sumpfig war, schlug Gordon eine schräge Richtung nach dem See ein, der vor zehn Uhr erreicht wurde. Nach dem Frühstück, das aus gerösteten Fleischschnitten des Bisamschweines bestand, ging es dann auch nach Norden zu weiter.

Nichts verriet bisher, daß das Ende des Sees schon nahe sei, da der Horizont im Osten noch immer eine ununterbrochene Kreislinie von Himmel und Wasser bildete. Da rief Doniphan gegen Mittag, als er durch das Fernrohr blickte:

»Dort ist das andere Ufer!«

Alle sahen nach der bezeichneten Stelle hin, wo einzelne Baumkronen sich über die Wasserfläche zu zeigen begannen.

»Halten wir uns hier nicht auf«, antwortete Gordon, »sondern versuchen wir, vor dem Dunkelwerden dort anzukommen.«

Eine dürre, von langen Dünenwellen unterbrochene Ebene, welche nur da und dort einzelne Binsen oder Rohrbüschel trug, breitete sich hier bis über Sehweite nach Norden zu aus. In ihrem nördlichen Teile schien die Insel Chairman überhaupt nur weite sandige Flächen einzuschließen, welche sich von den üppig grünen Wäldern des südlicheren Teils wesentlich unterschieden und denen Gordon mit vollem Rechte den Namen Sandy-desert (Sandwüste) beilegte.

Gegen drei Uhr wurde das entgegengesetzte Ufer, das nach Nordosten zu einen wenigstens zwei Meilen langen Bogen bildete, ganz deutlich sichtbar. Diese Gegend schien von jedem lebenden Wesen verlassen, außer verschiedenen Seevögeln und Silbertauchern, welche auf dem Zug nach den Uferfelsen vorüberflogen.

Wäre der »Sloughi« seinerzeit in dieser Gegend gestrandet, so hätten die jungen Schiffbrüchigen beim Anblick eines so unfruchtbaren Landes gewiß glauben müssen, daß sie hier von allen Hilfsmitteln entblößt wären. Vergebens hätten sie auch inmitten dieser Wüstenei einen Ersatz für ihre bequeme Wohnung in French-den gesucht, und wenn ihnen der Schoner kein Obdach mehr bot, so hätten sie nicht gewußt, wo sie eine Zuflucht finden sollten.

Erschien es nun ratsam, in dieser Richtung noch weiter vorzudringen und den offenbar völlig unbewohnbaren Teil der Insel näher zu besichtigen? War es nicht besser, bis zu einer zweiten Expedition die Untersuchung des rechten Ufers zu verschieben, auf dem andere Wälder ihnen vielleicht neue Schätze boten? Lag die Insel übrigens in nicht zu großer Entfernung vom Festlande Amerikas, so war dieses in der Richtung nach Osten hin zu suchen.

Auf Doniphans Vorschlag hin beschloß man doch noch, bis zum Ende des Sees weiterzuwandern; dasselbe konnte nicht mehr weit entfernt sein, da die zweifache Einbiegung seiner Ufer mehr und mehr zutage trat.

Das wurde also noch ausgeführt, und mit Anbruch der Nacht machte man halt im Grunde einer kleinen Bucht, welche in den nördlichen Winkel des Family-lake einschnitt.

Hier ragte kein Baum auf und fand man keine Anhäufung von Gräsern, Moos oder trockenen Flechten. Aus Mangel an Brennmaterial mußten sie sich auch begnügen, von dem in ihren Säcken befindlichen Mundvorrat zu zehren. Und bei dem Fehlen jeden Obdachs streckten sie sich auf den mit den ausgebreiteten Decken belegten Sand nieder.

Während dieser ersten Nacht sollte nichts das Stillschweigen über Sandy-desert unterbrechen.

Fünfzehntes Kapitel

Der Heimweg. – Ausflug nach Westen. – Trulca und Algarobe. – Der Teebaum. – Der Dike-creek. – Weinstöcke. – Eine unruhige Nacht. – Guanakos. – Baxters Gewandtheit im Werfen des Lassos. – Rückkehr nach French-den.

Gegen zweihundert Schritte von der Bucht erhob sich eine gegen fünfzig Fuß hohe Düne – ein ganz erwünschter Aussichtspunkt, von dem Gordon und seine Kameraden einen weiten Umblick haben mußten.

Sogleich nach Sonnenaufgang beeilten sie sich, diese Düne bis zum Gipfel zu erklimmen.

Hier angelangt, wurde das Fernrohr sofort nach Norden zu gerichtet.

Wenn die öde Wüste sich bis zum Ufer hin fortsetzte, wie es die Karte erkennen ließ, so mußte es unmöglich sein, deren Ende zu erkennen, denn der Horizont des Meeres lag dann über zwölf Meilen nach Norden und über sieben Meilen nach Osten zu.

Es erschien also unnötig, noch weiter nach dem nördlichen Teil der Insel Chairman vorzudringen.

»Nun«, fragte Croß, »was beginnen wir denn jetzt?«

»Wir treten den Rückweg an«, erwiderte Gordon.

»Doch nicht vor Einnahme des ersten Frühstücks!« beeilte sich Service zu bemerken.

»So decke nur den Tisch«, sagte Webb.

»Wenn wir denn zurückkehren müssen«, ließ sich Doniphan da vernehmen, »könnten wir nicht einen anderen Weg einschlagen, um nach French-den zu gelangen?«

»Das werden wir versuchen«, antwortete Gordon.

»Mir scheint unsere Nachforschung sogar«, setzte Doniphan hinzu, »nur dann vollständig zu sein, wenn wir auch noch um das rechte Ufer des Family-lake wandern.«

»Das dürfte doch etwas weit sein«, bemerkte Gordon. »Der Karte nach hätten wir dazu dreißig bis vierzig Meilen zurückzulegen, was vier bis fünf Tage erforderte, immer vorausgesetzt, daß wir auf dem Wege kein größeres Hindernis antreffen. Da unten in French-den würden sie sich beunruhigen, und ich denke, es ist besser, das unseren Kameraden zu ersparen.«

»Früher oder später«, fuhr Doniphan fort, »wird es aber noch nötig werden, diesen Teil der Insel zu besichtigen.«

»Gewiß«, bestätigte Gordon, »und ich denke auch einen Ausflug zu diesem Zwecke anzuordnen.«

»Im allgemeinen hat Doniphan doch recht«, sagte Croß. »Es wird vorteilhaft sein, nicht denselben Weg zur Heimkehr zu wählen . . .«

»Natürlich«, fiel Gordon ein, »und ich schlage vor, dem Seeufer bis zum Stop-river zu folgen und dann direkt nach der hohen Uferwand zu marschieren, an deren Fuße wir hinziehen können.«

»Doch weshalb erst nach dem Ufer zurückkehren, an dem wir schon hingegangen sind?« fragte Wilcox.

»Ja, freilich, Gordon«, setzte Doniphan hinzu. »Warum sollten wir nicht die kürzeste Strecke quer durch die Sandebene vorziehen, um nach den ersten Bäumen der Traps-woods zu kommen, welche ja nur drei bis vier Meilen südwestlich von hier liegen?«

»Weil wir doch immer gezwungen sind, über den Stop-river zu setzen«, erklärte Gordon. »Da, wo wir denselben überschritten, wissen wir, daß wir darüber hinwegkommen, während wir weiter unten in Verlegenheit kämen, wenn er da vielleicht eine zu starke Strömung hätte. In den Wald dürfen wir also nicht eher eindringen, als bis wir den Fuß auf das linke Ufer des Stop-river gesetzt haben; das scheint mir unerläßlich.«

»Immer klug und weise!« rief Doniphan mit einem Anklang von Ironie.

»Das kann man niemals genug sein!« antwortete Gordon.

Alle ließen sich nun die Böschung der Düne hinabgleiten, begaben sich dann nach dem Halteplatz, verzehrten ein Stück Schiffszwieback und kalten Wildbraten, rollten ihre Decken zusammen, hingen sich die Waffen über die Schultern und schlugen schnellen Schrittes den gestern eingehaltenen Weg wieder ein.

Der Himmel war prächtig, eine leichte Brise kräuselte kaum das Gewässer des Sees, so daß ein schöner Tag zu erwarten war. Gordon wünschte nicht mehr, als daß die heutige Witterung noch sechsunddreißig Stunden anhalten möchte, da er French-den vor dem Abend des nächsten Tages wieder zu erreichen hoffte.

Von sechs Uhr morgens bis gegen elf Uhr legte man ohne Schwierigkeiten die neun Meilen zurück, welche das Ende des Sees vom Stop-river trennten. Unterwegs ereignete sich nichts Bemerkenswertes, außer daß Doniphan noch in der Nachbarschaft des Rios zwei schön behaubte Tauben mit schwarzem Gefieder erlegte, welch letzteres oben mit fuchsroten und mit weißen Federn durchsetzt war. Das brachte ihn ebenso in gute Laune wie Service, der stets gern bei der Hand war, jedes beliebige Stück Federwild zu rupfen, auszunehmen und zu braten.

Das geschah denn auch eine Stunde später, als seine Kameraden und er den Wasserlauf mittels des Halkett-boat in derselben Weise wie früher überschritten hatten.

»Da sind wir nun unter dem Gehölz«, sagte Gordon, »und ich hoffe, Baxter wird Gelegenheit finden, seinen Lasso oder seine Bolas zu gebrauchen.«

»Tatsache ist, daß sie bis jetzt gerade noch keine Wunder getan haben«, antwortete Doniphan, der eine nur sehr geringe Achtung für jedes Hilfsmittel der Jagd mit Ausnahme der Flinte und der Büchse hegte.

»Und was hätten sie gegen Vögel auszurichten vermocht?« fragte Baxter.

»Vögel oder Vierfüßler, Baxter, ich habe nicht viel Vertrauen dazu.«

»Ich auch nicht«, ließ Croß sich vernehmen, der stets zur Unterstützung seines Vetters bereit war.

»Wartet wenigstens, bis Baxter Gelegenheit gehabt hat, sich ihrer zu bedienen, ehe ihr darüber urteilt«, ermahnte Gordon. »Ich bin überzeugt, daß er seine Sache schon gut machen wird. Wenn uns die Munition eines Tages fehlt, werden doch Lasso und Bolas niemals fehlen!«

»Dagegen fehlen sie das Wild!« entgegnete der unverbesserliche Knabe.

»Das werden wir ja sehen«, erwiderte Gordon; »inzwischen wollen wir aber frühstücken.«

Die Vorbereitungen erforderten jedoch einige Zeit, da Service seine Trappen ordentlich durchbraten lassen wollte. Wenn dieser Vogel den Hunger der jungen Leute zu stillen vermochte, kam es daher, daß er von ziemlich bedeutender Größe war. In der Tat gehören diese Trappen, die bei einem Gewicht von dreißig Pfund fast drei Fuß vom Schnabel bis zum Schwanz messen, zu den größten Mitgliedern der Familie der Gallinaceen (Hühnervögel). Freilich wurde dieser hier bis zum letzten Stück aufgezehrt, selbst bis zum letzten Knochen, denn Phann, der das Gerippe desselben bekam, ließ nicht mehr als seine Herren davon übrig.

Nach vollendetem Frühstück drangen die Knaben nun in den bis jetzt unbekannten Teil der Traps-woods ein, welchen der Stop-river durchströmte, ehe er sich in den Stillen Ozean ergoß. Die Karte ließ erkennen, daß sein Lauf sich nach Norden zu wendete und daß seine Mündung jenseits des Vorgebirges False-sea-point lag. Gordon beschloß nun, das Ufer des Stop-river zu verlassen, da er beim weiteren Verfolgen desselben nach einer von French-den entgegengesetzten Richtung geführt worden wäre. Ihm lag vor allem daran, auf kürzestem Wege nach den Ausläufern des Auckland-hill zu gelangen, um an deren Fuße nach Süden hinabzuziehen.

Nachdem er sich mittels des Kompasses orientiert, wandte sich Gordon geradenwegs nach Westen. Die im südlichen Teil der Traps-woods etwas dünn stehenden Bäume boten einen ziemlich freien Pfad, der von Gras und Gebüsch weniger bedeckt war.

Zwischen den Birken und den Buchen öffneten sich da

und dort kleine Lichtungen, wo die Sonne ungehinderten Zutritt hatte. Hier vermischten wilde Blumen ihre leuchtenden Farben mit dem Grün der Gesträuche und des Grasteppichs. An einigen Stellen schaukelte das prächtige Kreuzkraut auf zwei bis drei Fuß hohen Stengeln. Sie pflückten auch einige dieser Blätter, mit denen Service, Wilcox und Webb ihre Westen schmückten.

Da machte Gordon, dessen Kenntnisse in der Botanik bei so mancher Gelegenheit sich für die kleine Kolonie nützlich erwiesen, eine recht wertvolle Entdeckung. Seine Aufmerksamkeit wurde durch einen dichtverzweigten Busch mit wenig entwickelten Blättern erregt, dessen mit Dornen besetzte Zweige eine rötliche Frucht von der Größe einer Erbse trugen.

»Das sind Trulcabeeren, wenn ich nicht irre«, rief er, »eine Frucht, welche die Indianer vielfach verwenden.«

»Wenn sie eßbar ist«, antwortete Service, »so lassen wir sie uns schmecken, da sie nichts kostet!«

Und ehe Gordon ihn daran zu hindern vermochte, zerdrückte Service schon einige Beeren zwischen den Zähnen.

Doch wie verzog er da das Gesicht und wie lachten darüber seine Kameraden auf, während er den reichlichen Speichel auswarf, den die Säure der Frucht durch Reizung seiner Zungenpapillen hervorgerufen hatte.

»Und du, du sagst auch noch, daß man das essen könne, Gordon!« rief Service.

»Ich habe keineswegs gesagt, daß diese Beeren im Naturzustande eßbar seien«, verwahrte sich Gordon. »Wenn die Indianer diese Früchte verwenden, so erzeugen sie aus denselben durch Gärung eine Art Likör. Ich meine auch, daß ein solcher Likör uns recht wünschenswerten Ersatz bieten würde, wenn unser Brandy einmal zu Ende gegangen ist, freilich unter der Bedingung sehr mäßigen Gebrauchs, da er stark nach dem Kopfe steigt. Wir wollen einen Sack voll solcher Trulcabeeren mitnehmen und werden in French-den einen Versuch mit denselben anstellen.«

Inmitten der Tausende sie umgebenden Stacheln waren die Früchte nicht gerade leicht zu pflücken; schlug man aber mäßig kräftig an die betreffenden Zweige, wie Baxter und Webb es bald lernten, so fielen eine große Menge Beeren davon ab. Mit diesen wurde einer der Reisesäcke gefüllt, und dann ging der kleine Zug weiter.

Auf dem ferneren Wege wurden auch einige Schoten eines anderen, den benachbarten Ländern Südamerikas eigentümlichen Strauches gepflückt. Es waren das Schoten der Algarrobe, deren Früchte durch Gärung ebenfalls einen sehr starken Likör liefern. Diesmal hielt Service aber den Mund davon weg, und er tat sehr klug daran. Wenn die Algarrobe anfänglich auch ziemlich süß schmeckt, so erzeugt sie hinterher doch eine fast schmerzhafte Trockenheit des Mundes und nur nach längerer Gewöhnung ist man imstande, deren Körner ungestraft zu kauen.

Im Laufe des Nachmittags gelang noch, kaum eine Viertelmeile von dem Fuße des Auckland-hill, eine andere nicht minder wichtige Entdeckung. Der Wald zeigte hier ein verändertes Aussehen. Mit der den Lichtungen reichlicher zuströmenden Luft und der gleichzeitig höheren Wärme erreichte die Pflanzenwelt eine vorzügliche Entwicklung. Sechzig bis achtzig Fuß weit streckten die Bäume ihr Geäst hinaus, unter dem eine ganze Welt geschwätziger Vögel lärmte. Zu den schönsten Baumarten gehörten hier die antarktische Buche, welche das zarte Grün ihres Laubwerkes das ganze Jahr hindurch bewahrt. Daneben wuchsen, wenn auch minder hoch, doch sehr schön anzusehen, gruppenweise verschiedene jener »Winters«, deren Rinde den Zimmet zu ersetzen vermag, für den Küchenmeister von French-den gewiß eine willkommene Würze.

Unter den Vegetabilien erkannte Gordon ferner die »Pernettia« oder den Teebaum aus der Familie der Baccineen, der auch noch unter höheren Breiten vorkommt und dessen aromatische Blätter als Aufguß ein sehr wohltuendes Getränk liefern.

»Das könnte unsere Teevorräte ergänzen«, sagte Gordon. »Nehmen wir vorläufig von diesen Blättern ein paar Handvoll mit; später versorgen wir uns damit für den ganzen Winter.«

Etwa um vier Uhr war es, als der Auckland-hill fast an seinem nördlichen Ende erreicht wurde. Obwohl der Hügelzug hier etwas niedriger erschien als in der Nähe von French-den, wäre es doch unmöglich gewesen, desen lotrecht aufstrebende Wand zu erklimmen. Das verschlug jedoch nichts, da es nur darauf ankam, derselben rückwärts bis zum Rio Sealand zu folgen.

Zwei Meilen weiter hin, hörte man das Murmeln einer Strömung, welche nachher eine enge Schlucht des Steilufers schäumend durchbrach und die man ein wenig stromaufwärts bequem durchwaten konnte.

»Das muß der Rio sein, den wir bei unserem ersten Zuge nach dem See antrafen«, bemerkte Doniphan.

»Also wohl derselbe, über den der kleine Weg aus flachen Steinen gelegt ist?« fragte Gordon.

»Ganz wohl«, antwortete Doniphan; »eben deshalb haben wir ihn Dike-creek getauft.«

»Nun gut; rasten wir einmal an seinem rechten Ufer«, fuhr Gordon fort. »Es ist schon fünf Uhr, und da wir noch eine Nacht unter freiem Himmel zubringen müssen, so kann es auch neben diesem Creek und unter dem Schutze der hohen Bäume hier geschehen. Morgen abend hoffe ich, werden wir alle, wenn uns nichts Besonderes aufhält, auf unseren Lagerstätten in French-den schlafen können.«

Service beschäftigte sich nun mit dem Abendbrote, für welches er die zweite Trappe aufgehoben hatte. Es gab also Geflügelbraten, immer wieder Braten, doch wär es unrecht gewesen, Service, der seine Speisekarte unmöglich abändern konnte, daraus einen Vorwurf zu machen.

Inzwischen waren Gordon und Baxter etwas tiefer in den Wald hineingegangen, der eine nach neuen Gebüschen und Nutzpflanzen, der andere mit der Absicht, Lasso und Bolas zur Anwendung zu bringen – geschah es auch nur, um Doniphans Spötteleien ein Ende zu machen.

Beide mochten gegen hundert Schritte durch das Dikkicht zurückgelegt haben, als Gordon, der Baxter zu sich heranwinkte, diesem ein Rudel von Tieren zeigte, welche im hohen Grase ihr Spiel trieb.

»Wie . . .? Ziegen?« fragte Baxter leise.

»Oder wenigsten Tiere, welche einigermaßen Ziegen ähneln«, antwortete Gordon. »Versuchen wir eines oder das andere zu fangen . . .«

»Lebend zu fangen . . .?«

»Ja, Baxter; es ist ein Glück, daß Doniphan nicht bei uns ist, er hätte schon eines mit der Flinte erlegt und die anderen in die Flucht getrieben. Schleichen wir uns sorgsam gedeckt näher heran.«

Die graziösen Tiere – es mochten ihrer ein halbes Dutzend sein – hatten noch keine Witterung bekommen. Wie eine Vorahnung der Gefahr schnüffelte jedoch eine dieser Ziegen, wahrscheinlich ein Muttertier, in der Luft umher und hielt sich auf der Lauer, bereit, mit der kleinen Herde zu flüchten.

Plötzlich sauste etwas pfeifend durch die Luft. Die Bolas flogen aus den Händen Baxters, der sich nur einige zwanzig Schritte von den Tieren befand. Geschickt und kraftvoll geschleudert, schlangen sie sich um eine der Ziegen, während die anderen eiligst im dichteren Gehölz verschwanden.

Gordon und Baxter sprangen auf die Ziege zu, welche sich vergeblich den Bolas zu entwinden suchte. Sie wurde ergriffen, ihr jedes Entfliehen unmöglich gemacht, und dabei wurden auch noch zwei junge Tiere gefangen, welche der Instinkt bei ihrer Mutter zurückgehalten hatte.

»Hurra!« rief Baxter, der seiner Freude lauten Ausdruck geben mußte. »Hurra . . .! Sind denn das auch wirklich Ziegen . . .?«

»Nein«, antwortete Gordon, »ich halte sie vielmehr für peruanische (sog. Vigogne-)Schafe.«

»Und geben diese Tiere Milch?«

»Natürlich, ganz wie Ziegen.«

»Nun gut, dann mögen es auch Schafe sein!«

Gordon täuschte sich nicht. In der Tat ähneln die Vigogne-Schafe den Ziegen, doch sind ihre Pfoten oder Klauen länger, das Vlies aber kurz und fein wie Seide, der Kopf klein und mit Hörnern versehen. Diese Tiere bewohnen hauptsächlich die Pampas von Amerika und selbst die Nachbargebiete der Magellanstraße.

Man begreift leicht, welcher Empfang Gordon und Baxter zuteil wurde, als sie, der eine das Vigogne-Schaf an der Leine der Bolas nach sich ziehend, der andere mit den beiden Lämmern desselben unter den Armen, nach dem Halteplatz zurückkamen. Da die Mutter die jungen Tiere noch ernährte, durfte man hoffen, diese ohne besondere Mühe aufziehen zu können. Vielleicht besaß man hiermit den Kern einer zukünftigen Herde, welche der kleinen Kolonie sehr nützlich zu werden versprach. Natürlich bedauerte Doniphan die ihm entgangene Gelegenheit, einen guten Schuß abzugeben; da es aber darauf ankam, diese Tiere lebend einzufangen, nicht sie zu töten, mußte er zugeben, daß die Bolas dazu besser geeignet waren als die Feuerwaffe.

Alle verzehrten vergnügt ihr Mittag- oder vielmehr ihr Abendbrot. Das an einem Baume festgebundene Vigogne-Schaf ließ sich nicht abhalten zu weiden, und die kleinen Tiere sprangen munter um dasselbe herum.

Die Nacht verlief jedoch nicht so friedlich wie die in den Ebenen der Sandy-desert. Dieser Teil des Waldes erhielt den Besuch von gefährlicheren Tieren als Schakale, welche leicht zu erkennen sind, weil ihr Geschrei gleichzeitig wie ein Heulen und ein Bellen klingt. Gegen drei Uhr Morgens kam es denn auch zu einer Alarmierung, diesmal aber durch ein bedrohliches Gebrüll, das sich in der Nachbarschaft vernehmen ließ.

Doniphan, der beim Feuer mit dem Gewehre nahe zur Hand Wache hielt, glaubt zuerst, seine Kameraden davon nicht unterrichten zu sollen. Das Gebrüll wurde indes nach und nach so laut, daß Gordon und die anderen davon allein aufwachten.

»Was gibt es denn?« fragte Wilcox.

»Es muß wohl eine Rotte größerer Raubtiere sein, welche in der Umgebung umherschweift«, antwortete Doniphan.

»Das sind wahrscheinlich Jaguare oder Cuguare!« meinte Gordon.

»Die einen sind gerade so viel wert wie die anderen!«

»Oh, keineswegs, Doniphan, der Cuguar ist entschieden minder zu fürchten als der Jaguar. In größerer Zahl sind aber auch letztere ein gefährliches Raubgesindel.«

»Wir sind darauf vorbereitet, sie warm zu empfangen!« versicherte Doniphan.

Er stellte sich zur Abwehr bereit, während seine Kameraden ihre Revolver zur Hand nahmen.

»Schießt nur, wenn ihr sicher seid zu treffen!« mahnte Gordon. »Übrigens denk' ich, das lodernde Feuer wird die Tiere selbst abhalten, zu nahe heranzukommen.«

»Sie sind schon nicht mehr fern!« rief Croß.

In der Tat mußte die Bande nahe dem Lagerplatze sein, wenigstens nach der Wut Phanns zu urteilen, den Gordon nur mit Mühe zurückhalten konnte. Es war jedoch unmöglich, durch die tiefe Finsternis des Waldes irgendeine Gestalt zu erkennen.

Offenbar waren jene Raubtiere gewöhnt, in der Nacht ihren Durst an dieser Stelle zu löschen, und da sie dieselbe besetzt fanden, bezeugten sie ihren Unmut durch ein entsetzliches Gebrüll. Doch würden sie sich darauf beschränken, oder sollten die Knaben in die Lage kommen, sich eines Angriffes zu erwehren, der ja die schlimmsten Folgen haben konnte ...?

Plötzlich erschienen, kaum zwanzig Schritte entfernt, leuchtende und sich bewegende Punkte im Schatten. Fast gleichzeitig krachte ein Schuß.

Doniphan hatte denselben abgegeben. Noch furchtbareres Geheul gab darauf Antwort. Den Revolver gespannt, hielten er und seine Kameraden sich bereit,

Feuer zu geben, wenn die Raubtiere sich auf den Lagerplatz stürzen sollten.

Ein flammendes Holzstück ergreifend, drang Baxter mutig nach der Seite vor, wo die wie Feuerfunken leuchtenden Augen sichtbar geworden waren.

Im nächsten Augenblick hatten die Raubtiere von denen die Kugel Doniphans eines getroffen haben mußte, sich zurückgezogen und waren in den Tiefen der Trapswoods verschwunden.

»Sie haben Fersengeld gezahlt!« rief Croß.

»Glückliche Reise!« setzte Service hinzu.

»Sollten sie nicht wiederkommen können . . .?« fragte Croß.

»Wahrscheinlich ist das nicht«, antwortete Gordon, »doch wollen wir bis zum Hellwerden scharf aufpassen.«

Sie legten nun frisches Holz auf das Feuer, dessen Schein bis zu den ersten Frührotstrahlen lebhaft erhalten blieb. Dann wurde das Lager aufgehoben, und die Knaben drangen unter das Dickicht ein, um zu sehen, ob nicht eines von den Tieren durch den Schuß niedergestreckt worden sei.

Zwanzig Schritte weiterhin zeigte sich ein großer Blutfleck an der Erde. Das getroffene Tier hatte noch zu entfliehen vermocht, doch wäre es gewiß leicht aufzufinden gewesen, wenn man Phann dessen Fährte hätte nachspüren lassen; Gordon hielt es aber für nutzlos, noch tiefer in den Wald einzudringen.

Die Frage, ob man es hier mit Jaguaren, Cuguaren oder mit noch anderen, nicht minder gefährlichen Raubtieren zu tun gehabt habe, blieb also ungelöst; die Hauptsache war ja, daß es Gordon und seinen Kameraden gelang, heil und gesund davongekommen zu sein.

Um sechs Uhr morgens brach man schon wieder auf, denn es war keine Zeit zu verlieren, wenn die neun Meilen, welche diese Stelle des Dike-creek von French-den trennten, im Laufe des Tages zurückgelegt werden sollten.

Service und Webb hatten die beiden Lämmer in die

Arme genommen und so ließ sich deren Mutter nicht bitten, dem sie an einer Leine führenden Baxter zu folgen.

Der Weg längs des Auckland-hill bot wenig Abwechslung. Zur Linken hin erstreckte sich der Vorhang von Bäumen, welche bald undurchdringliche Dickichte bildeten, bald nur gruppenweise an den Rändern der Waldblößen standen. Zur Rechten erhob sich die senkrecht abfallende, durch Geschiebe anderer Gesteinsarten gestreifte Kalksteinwand, deren Höhe nach Süden hin langsam zunahm.

Gegen elf Uhr wurde der erste Halt gemacht, um zu frühstücken, diesmal aber zehrte man der Zeitersparnis wegen gleich von dem Mundvorrat aus den Reisesäcken und brach dann schnell wieder auf.

Rasch ging es des Weges dahin; es schien nichts die Wanderer aufhalten zu sollen, als plötzlich, etwa um drei Uhr nachmittags, noch einmal ein Flintenschuß unter den Bäumen krachte.

Doniphan, Webb und Croß, mit denen auch Phann dahintrabte, waren ihren Kameraden eben vielleicht um hundert Schritte voraus, so daß diese sie nicht sehen konnten, als sie laut riefen:

»Achtung . . .! Aufpassen!«

Sollten diese Zurufe Gordon, Wilcox, Baxter und Service auffordern, auf ihrer Hut zu sein?

Plötzlich brach ein ziemlich großes Tier durch das Gestrüpp. Baxter, der den Lasso schon bereitgehalten hatte, schleuderte die lange Leine, nachdem er sie mehrmals über dem Kopfe geschwungen, nach demselben.

Das geschah so rechtzeitig, daß der Laufknoten des langen Lederstreifens über den Hals des Tieres fiel, welches sich vergeblich daraus zu entwinden suchte. Da dasselbe sehr kräftig war, hätte es Baxter gewiß mit sich fortgezogen, wenn Gordon, Wilcox und Service nicht noch das freie Ende des Lassos erfaßten und es um den Stamm eines Baumes schlangen.

Fast gleichzeitig kamen Webb und Croß zwischen dem Gestrüpp hervor, und auf dem Fuße folgte ihnen Doniphan, der in recht mißmutiger Laune laut rief:

»Verwünschtes Tier ...! Wie konnte ich es nur fehlen!«

»Baxter hat es aber nicht gefehlt«, antwortete Service, »wir haben es, und zwar lebend!«

»Was nützt das? Wir müssen das Tier doch töten«, erwiderte Doniphan.

»Es töten«, fiel Gordon ein, »es töten, wo es uns so passend in die Hände läuft, um als Zugtier zu dienen?«

»Das da ...?« rief Service.

»Es ist ein Guanako (eine Art Lama)«, erklärte Gordon, »und die Guanakos spielen in den Stallungen Südamerikas eine recht wichtige Rolle.«

So nützlich sich dieses Guanako aber auch zu erweisen versprach, wurmte es Doniphan doch, es nicht zu Boden gestreckt zu haben. Freilich hütete er sich, das auszusprechen, sondern betrachtete mit Aufmerksamkeit den schönen Vertreter der Fauna der Insel Chairman.

Obwohl das Guanako in der Naturbeschreibung der Familie der Kamele zugezählt wird, gleicht es doch keineswegs diesem in Nordafrika so verbreiteten Tiere. Das hier gefangene Exemplar mit schlankem Halse, feinem Kopfe und langen, verhältnismäßig dünnen Beinen – den Kennzeichen eines besonders flüchtigen Tieres – sowie mit seinem braunroten, weißgefleckten Felle, hätte den schönsten Pferden der amerikanischen Rasse nichts nachgegeben. Auf jeden Fall konnte es zum Schnellfahren benützt werden, wenn es gelang, dasselbe zu zähmen und abzurichten, was in den Haziendas der argentinischen Pampas keine besonderen Schwierigkeiten zu machen scheint.

Das Tier zeigte sich übrigens ziemlich furchtsam und versuchte es gar nicht, sich zu sträuben. Sobald Baxter den seinen Hals einschnürenden Laufknoten gelöst, ließ es sich am Lasso so leicht wie an einem Halftergurte führen.

Ganz entschieden verlief dieser Ausflug nach Norden zum großen Vorteil der Kolonie. Das Guanako, das peruanische Schaf mit seinen Lämmern, die Trulcas wie die Algarroben, das sicherte Gordon gewiß einen guten Empfang, vorzüglich aber auch Baxter, dem es, ohne den abstoßenden Hochmut Doniphans, gar nicht einfiel, sich wegen seiner Erfolge vor Stolz aufzublähen.

Gordon schätzte sich jedenfalls sehr glücklich, zu sehen, daß die Bolas und der Lasso recht greifbare Dienste zu leisten versprachen. Gewiß war Doniphan ein geschickter Schütze, auf dessen sichere Hand man im gegebenen Fall rechnen durfte; seine Geschicklichkeit kostete aber allemal eine Ladung Pulver und Blei. Gordon nahm sich deshalb vor, alle seine Gefährten aufzufordern, sich mit dem Gebrauche jener Fanggeräte vertraut zu machen, welche die Indianer so häufig mit großem Vorteil anzuwenden verstehen.

Der Karte nach waren jetzt noch vier Meilen bis nach French-den zu überwinden, und man beeilte sich, um daselbst vor Anbruch der Nacht einzutreffen.

Service spürte zwar schon eine gewaltige Lust, sich auf das Guanako zu schwingen und seinen feierlichen Einzug auf dem Rücken dieses »flotten Renners« zu halten, Gordon wollte das aber nicht gestatten. Es war wohl auch vernünftiger, damit zu warten, bis das Tier abgerichtet war, einen Reiter zu tragen.

»Ich denke nicht, daß es sich dagegen allzu ernstlich auflehnt«, sagt er. In dem wenig wahrscheinlichen Falle jedoch, daß es sich wirklich nicht reiten ließe, wird es sich mindestens gewöhnen müssen, unseren Wagen zu ziehen. Geduld also, Service, und vergiß den Denkzettel nicht, den du von deinem Strauße bekommen hast.«

Gegen sechs Uhr gelangte die kleine Gesellschaft in Sicht von French-den an.

Der kleine Costar, der auf dem Sportfeld spielte, meldete die Annäherung Gordons. Sofort liefen Briant und die Übrigen herzu, und freudige Hurras begrüßten die Rückkehr der mehrere Tage abwesend gewesenen Wanderer.

COLLECTION JULES VERNE

1. Von der Erde zum Mond
   Direkte Fahrt in 97 Stunden 20 Minuten
2. Reise um den Mond
3. Reise um die Erde in 80 Tagen
4. Reise zum Mittelpunkt der Erde
5. Fünf Wochen im Ballon
6./7. Zwanzigtausend Meilen unter dem Meer
8. Abenteuer von drei Russen und drei Engländern in Süd-Afrika
9./10. Abenteuer des Kapitän Hatteras
11./12./13. Die Kinder des Kapitän Grant
14./15./16. Die geheimnisvolle Insel
17./18. Das Land der Pelze
19. Eine schwimmende Stadt
   Die Blockadebrecher
20. Eine Idee des Doktor Ox
   Meister Zacharius
   Ein Drama in den Lüften
   Eine Überwinterung im Eis
   Eine Mont-Blanc-Besteigung
21. Der Chancellor
   Tagebuch des Passagier J. R. Kazallon
22./23. Der Kurier des Zaren
   Michael Strogoff
24. Schwarz Indien
25./26. Reise durch die Sonnenwelt
27./28. Ein Kapitän von 15 Jahren
29./30./31. Die Entdeckung der Erde
32. Die fünfhundert Millionen der Begum
33. Die Leiden eines Chinesen in China
34./35. Die großen Seefahrer des 18. Jahrhunderts
36./37. Das Dampfhaus

38./39. Der Triumph des 19. Jahrhunderts
40./41. Die Jangada
42. Die Schule der Robinsons
43. Der grüne Strahl
44./45. Keraban der Starrkopf
46. Der Südstern oder das Land der Diamanten
47. Der Archipel in Flammen
48./49./50. Mathias Sandorf
51. Robur der Sieger
52. Ein Lotterie-Los
53./54. Nord gegen Süd
55./56. Zwei Jahre Ferien
57. Kein Durcheinander
58./59. Die Familie ohne Namen
60./61 Mistreß Branican
62. Das Karpatenschloß
63. Claudius Bombarnac
Notizbuch eines Reporters
64./65. Der Findling
66./67. Meister Antisers wunderbare Abenteuer
68./69. Die Propeller-Insel
70. Vor der Flagge des Vaterlandes
71. Clovis Dardentor
72./73. Die Eissphinx
74./75. Der stolze Orinoco
76./77. Das Testament eines Exzentrischen
78./79. Das zweite Vaterland
80. Das Dorf in den Lüften
81. Die Historien von Jean-Marie Cabidoulin
82./83. Die Gebrüder Kip
84./85. Reisestipendien
86. Ein Drama in Livland
87. Der Herr der Welt
88. Der Einbruch des Meeres
89. Der Leuchtturm am Ende der Welt
90./91. Der Goldvulkan
92./93. Reisebüro Thompson & Co.
94. Die Jagd nach dem Meteor
95. Der Pilot von der Donau
96./97. Die Schiffbrüchigen der Jonathan
98. Wilhelm Storitz' Geheimnis
99./100. Cäsar Cascabel